价值引领
润心铸魂

新时代大学生
思想政治教育实效性提升研究

杨红英 著

暨南大学出版社
JINAN UNIVERSITY PRESS

中国·广州

图书在版编目（CIP）数据

价值引领　润心铸魂：新时代大学生思想政治教育实效性提升研究/杨红英
著. —广州：暨南大学出版社，2022.11
ISBN 978 - 7 - 5668 - 3535 - 2

Ⅰ.①价…　Ⅱ.①杨…　Ⅲ.①大学生—思想政治教育—研究—中国　Ⅳ.①G641

中国版本图书馆 CIP 数据核字（2022）第 196929 号

价值引领　润心铸魂：新时代大学生思想政治教育实效性提升研究
JIAZHI YINLING RUNXIN ZHUHUN：XINSHIDAI DAXUESHENG SIXIANG ZHENGZHI
JIAOYU SHIXIAOXING TISHENG YANJIU
著　者：杨红英

出 版 人：张晋升
责任编辑：黄　斯
责任校对：苏　洁
责任印制：周一丹　郑玉婷

出版发行：暨南大学出版社（511443）
电　　话：总编室（8620）37332601
　　　　　营销部（8620）37332680　37332681　37332682　37332683
传　　真：（8620）37332660（办公室）　37332684（营销部）
网　　址：http：//www. jnupress. com
排　　版：广州市天河星辰文化发展部照排中心
印　　刷：深圳市新联美术印刷有限公司
开　　本：787mm×1092mm　1/16
印　　张：13.75
字　　数：250 千
版　　次：2022 年 11 月第 1 版
印　　次：2022 年 11 月第 1 次
定　　价：49.80 元

前　言

　　当今中国正处在全球化和信息化加剧的背景下，特别是改革开放40多年来，我国的经济、社会、文化发生了翻天覆地的变化。随着全球化进一步推进，我国社会发展的方方面面与国际社会接轨更加频繁，社会结构、经济发展、文化变迁都呈现出多元化趋势，价值观也从以前的一元化慢慢地转变成多元化。在此大背景下，作为社会精英群体的在校大学生，他们正切实地感受着社会转型对他们的洗礼。他们不仅在行动上，而且在价值观上实践着自我转型，不断地与转型社会进行全方位的互动。高校在很大程度上承担着引导、干预大学生价值观塑造的职能，这一职能更多地通过思想政治教育途径来实现。

　　党的十八大以来，习近平总书记对培育和践行社会主义核心价值观进行了系统、丰富和深刻的论述，并着眼于培养担当民族复兴大任的时代新人，提出了一系列明确的要求。社会主义核心价值观在高校思政教育中占据核心地位。高校思政教育承担着引导大学生把握社会主流意识形态、培育和践行社会主义核心价值观的历史重任。无论是高校思政教育的创新内容，还是高校思政教育的实践途径，都需要社会主义核心价值观的有效参与。因此，高校应积极运用社会主义核心价值观导引思政教育工作，强化社会主义核心价值观对高校思政教育的思想指引，突显对思政教育的理论指引，实现对思政教育的实践导引，从而推动大学生全面健康成长，为社会发展培养出品德卓越的社会主义建设者与接班人。

　　当今世界正面临百年未有之大变局，中国社会生活也发生了复杂而深刻的变化，高校学生的思想政治教育面临许多新情况、新问题。高校思想政治工作关系到高校培养什么样的人、如何培养人以及为谁培养人这个根本问题。本书从全局和战略的高度，坚持把"立德树人"作为中心环节，在习近平新时代中国特色社会主义思想指导下，立足国际和国内两个大局，从历史和现实的角度，认真研究社会生活的深刻变化及其对高校学生思想活动的影响，坚持社会主义核心价值观的引领，积极探讨新形势下高校思想政治教育创新发展的路径，使思想政治教育与时俱进，保持强大的生机和活力。为此，本书上篇收录《践行新的发展理念　推进高校思想政治教育革新》等具有代表性的论文10篇。

社会主义核心价值观教育承载着新时代高校人才培养的重任。培育和践行社会主义核心价值观，不仅是帮助大学生树立正确价值观的需要，也是帮助大学生树立科学理想信念以及培养良好道德的需要。新时代大学生价值观总体积极向上，但也存在着不少值得我们关注的问题：在价值目标上，表现为功利化、实用化的倾向；在价值手段上，表现为市场化、目的化的倾向；在价值评价上，主要表现为模糊化、错位化的倾向。大学生价值观需要在矛盾和冲突中进行整合，进而不断完善自身的价值体系。大学生核心价值观培养需要实现从德育向公民教育的转型，打造大学生社会主义核心价值观培养体系。通过学校、家庭、社会的紧密合作，大学生社会主义核心价值观教育才能得到保障。本书中篇收录的《素质教育视域下当代大学生核心价值观培育探微》《道德文化自觉与社会主义核心价值观的培育践行》等文章对社会主义核心价值观的培育有很好的阐述，能给予新时代大学生社会主义核心价值观教育多方面启示。

思想政治理论课不仅具有科学性和知识性，更具有政治性和思想性，是大学生信仰塑造、政治导向和价值引导的直接载体和重要平台，是高校思想政治工作的主渠道、主阵地。本书坚持"立德树人"教育理念，紧紧把握思想政治理论课主阵地，将理论研究与教学实践相结合，以社会主义核心价值观为导向，丰富思想政治理论课内容，优化思想政治理论课教学模式，坚持以人为本，激发大学生学习兴趣，提高大学生敏锐的政治洞察力，用喜闻乐见的语言和形式向大学生讲深、讲透、讲活社会主义核心价值观，使大学生真心喜欢、终身受益，进而全面把握和深刻理解社会主义核心价值观的理论内涵，做到内化于心、外化于行。本书下篇收录笔者在这方面的代表性成果，如《培养学生自主学习能力　增强思想政治理论课教育的实效性》《思想政治理论课实现"体系转化"的基本路径探索——以"思想道德修养与法律基础"课为例》等论文11篇。

本书坚持历史与现实的统一，历史方法和逻辑方法的统一，观点鲜明，力求创新。本书的出版有助于深入领会习近平总书记关于社会主义核心价值观的学习、践行与教育的重要论述，进一步厚植青少年价值观教育的理论基础，拓展社会主义核心价值观培育维度与领域的研究，促进高校思想政治工作质量提升；有助于深入贯彻落实习近平总书记对思想政治理论课建设的重要要求，以实际行动推动思政课创新发展，切实发挥思政课在立德树人过程中的主渠道和关键课程作用。同时，也有助于促进我国思想政治教育学界的理论交流，破解当前高校意识形态工作中面临的难题，对于丰富和拓展高校意识形态研究视域具有重要价值。

　　在写作的过程中，由于笔者学识水平和客观原因等限制，对一些问题的论述可能会有不全面或者不恰当的地方，恳请专家予以指正，以利笔者进一步深入研究。

杨红英

2022 年 7 月 20 日

下篇

高校思政课教育教学实效性提升探索

上篇

高校思想政治教育理论与实践研究

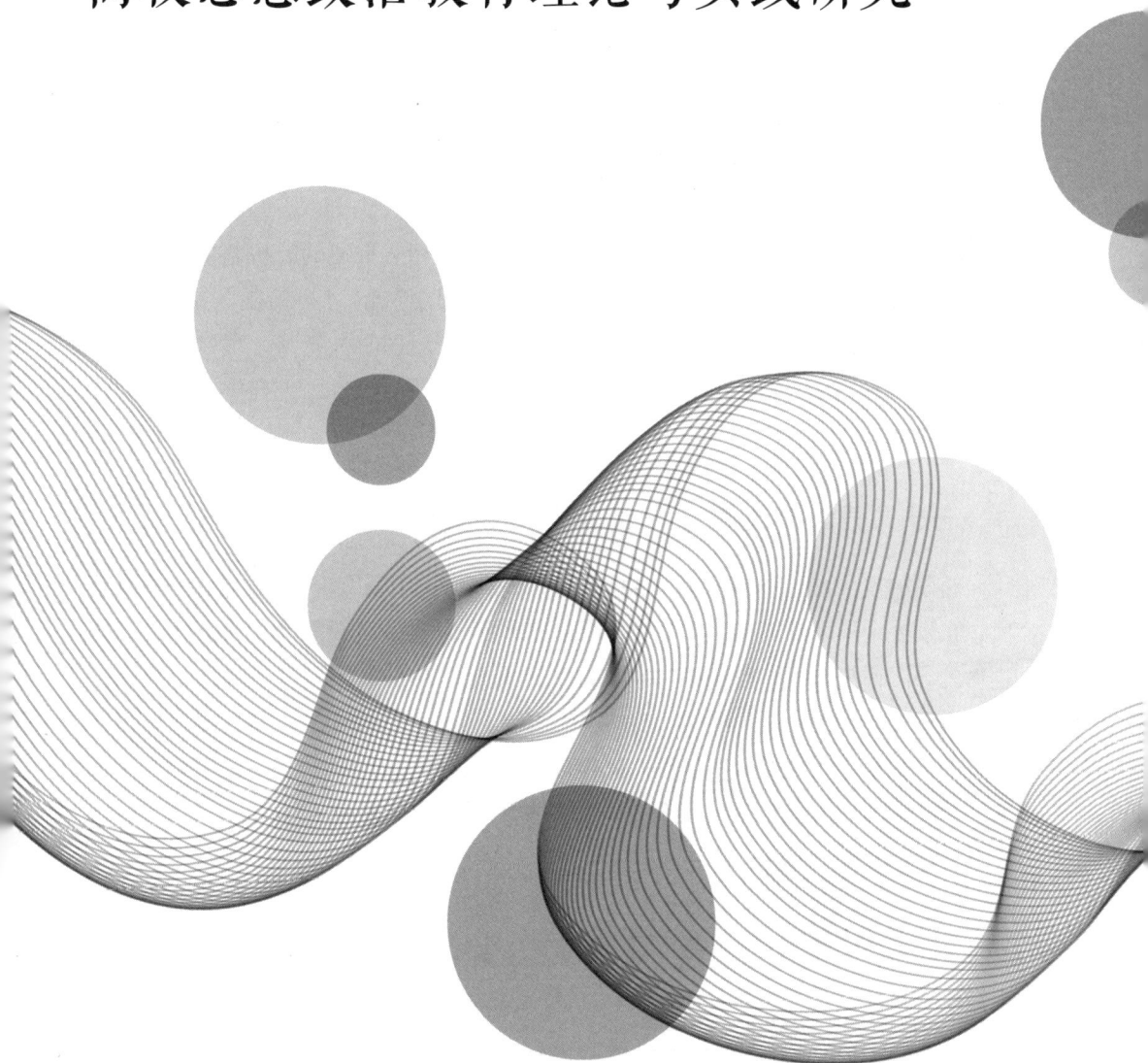

践行新的发展理念
推进高校思想政治教育革新

党的十八届五中全会指出，实现我国"十三五"时期经济社会发展目标，必须牢固树立并切实贯彻"创新、协调、绿色、开放、共享"的发展理念（以下简称"五大发展理念"）。"五大发展理念"是指导我国"十三五"乃至更长时期发展思路、发展方向、发展着力点的思想灵魂，是相互贯通的有机整体，是马克思主义中国化的新篇章。深入理解"五大发展理念"的思想精髓与精神实质，将其融入高校思想政治工作之中，契合了当代大学生的时代特点，可以为当前高校思想政治教育的革新提供理论指引，为高校思想政治教育工作提供正确的方法和有效的路径。

一、"五大发展理念"的深刻内涵与精神实质

科学的发展理念引领正确的发展方向，使发展举措得以实施，发展计划得以落实，在发展全局中发挥至关重要的作用。2015 年 10 月，党就第十三个五年规划所遵循的导向，提出了"创新、协调、绿色、开放、共享"的新发展理念，为顺应时代变化、突破发展瓶颈提供了新的理论指导。"五大发展理念"是针对我国当前发展面临的现实问题提出新思路、新方向，深入学习其精神实质与思想精髓，对于保证"十三五"规划的实施及全面建成小康社会都具有现实指导意义。①

（一）创新发展

创新理念的精神实质是挖掘矛盾、转化矛盾，促使矛盾成为下一个发展环节

---

① 中国共产党第十八届中央委员会第五次全体会议通过：中共中央关于制定国民经济和社会发展第十三个五年规划的建议［N］. 人民日报，2015 – 11 – 04（1）.

的诞生点。我们要利用好创新的内在潜力，为发展注入新的生命力。面对我国经济发展过程中遇到的新问题、新矛盾及深层次问题、深层次矛盾，想要突破发展瓶颈、寻找新出路，关键在于创新。各领域的创新都要在国家各个领域中崭露头角，成为各个区域发展的主推力。创新是新鲜涌流的血液，是民族不断进取的精魂，是国家永盛不衰的巨大宝藏。创新的核心作用决定其处于我国全方位发展中的中枢统领地位，这是目前我国全面深入改革的新标准和新飞跃。①

（二）协调发展

在事物不断更新、变化、前进的过程中，旧的平衡势必会被打破，继而要求新的平衡，事物进程就是在新旧平衡之间实现飞跃。协调不仅是发展手段，更是发展目标，同时协调作为一把发展标尺，也衡量、评价发展状态健康与否。运用协调理念就是在抓住主要矛盾的同时，合理配置资源，不仅找出短板，更要补齐短板，在把握总体发展布局的基础上，统筹协调，发掘潜力。② 协调发展理念的提出，是以唯物辩证法的哲学思考为基础，实现了马克思主义在当代中国实际发展中的又一次理论检验和思维创新。

（三）绿色发展

随着科技的进步，人类利用自然、改造自然的能力进一步加强，在工业化、现代化逐步深入的进程中，资源储藏量的限制性与人类对资源的无限制索取已成为一对巨大矛盾。绿色发展要求环境与经济协调平衡，继续坚持可持续路线，强化节约资源、低碳清洁的理念，构建人与自然和谐共处的绿色生活局面，推动建设青山碧水好中国、绿土蓝天美华夏。在新形势下，绿色发展理念不仅成为破解人地矛盾的关键，更有利于现阶段我国发展问题的瓶颈突破。

（四）开放发展

在国际经济一体化的大浪潮中，打开国门、激流勇进不仅是一场严峻的考验，更是一次难得的机遇，是中国走向世界、加入世界经济体的机遇。这既对世界经济贡献了一份力量，同时也带动了国内经济的快速增长。要继续坚持开放，进一步加大开放力度，抓住国际金融一体化机遇，沉着应对全球经济挑战，深入挖掘开放潜力。

---

① 任理轩．坚持创新发展［N］．人民日报，2015－11－06（4）．
② 中共中央宣传部．习近平总书记系列重要讲话读本［M］．北京：人民出版社，2016：147－149．

（五）共享发展

伴随改革开放的持续推进，国民收入实现连年稳增，人民生活也愈发显示出欣欣向荣的美好景象。但城乡、区域间收入分配差距日益扩大，医疗、卫生、交通、教育等领域的矛盾问题日益突出。共享发展理念从理论和政策两个方面就此问题做出阐释：指明了发展过程由人民参与，发展果实由人民共享；消除不公正、不公平是共享理念的思想精髓；共享是全民共享、共建共享。全面共享涵盖社会生活各个领域，不仅要满足人民群众日益增长的精神文化需求，更要使广大人民群众的根本利益得到切实落实和充分保障。我们要清醒认识到，实现目标是一个渐进过程，扎扎实实、摒除浮躁，才能实现全民共享，实现全体人民共同富裕。①

二、以"五大发展理念"的精神实质为指引，革新高校思想政治教育工作

"五大发展理念"是"十三五"规划的精髓和主线，是引领"十三五"乃至更长时期我国科学发展的思想灵魂。科学理念具有划时代的精神特质。深入研究、理解新发展理念的精神实质，可以为当前高校思想政治教育的改革提供理论指引，使我们明确努力的方向和工作重点，研究并解决好突出的问题。

（一）以创新理念增强高校思想政治教育发展活力

首先是认知创新。当前高校教师对大学生思想政治教育的认知仅仅停留在传播马克思主义思想、弘扬共产主义理论阶段，并未就当前高校思想政治教育具有的复杂性、动态性等特点予以新的认知。青年学生是高校思想政治的教育主体，这就意味着高校思想政治教育首先要在研究大学生行为习惯、思维特征等基础上进一步沟通、引导。思想政治教育的内容不仅要以马克思主义为基础进行传统理论教育，还要遵循当代大学生成长规律，开展正确的世界观、人生观、价值观教育，使大学生在努力学习掌握科技和人文知识的同时，实现自我价值，成为德才兼备的高素质人才。

其次是内容创新。高校思想政治教育应以当下时代特点为基础进行内容方面

---

① 任仲平. 关系发展全局的深刻变革：论贯彻和落实五大发展理念［N］. 人民日报，2015 – 11 – 04（7）.

的改革。主要有：

（1）重视理想信念教育。坚定正确的理想信念，不仅为青年学生步入社会打下坚实的基础，更为青年学生的前途提供正确的方向。

（2）加强公民意识教育。让大学生认识到作为公民所拥有的权利和义务尤为必要，以"有理想、有道德、有文化、有纪律"的"四有"目标作为自我要求，对于提升大学生素质、促进大学生全面发展都是大有裨益的。

（3）注重时事政策教育。强化青年学生时事政策学习，促使高校活动符合党中央要求，使学生思想与党中央同步，有利于大学生运用知识和能力加快祖国建设，为社会主义发展作出应有的贡献。

（4）强化心理健康教育。心理健康是现代社会中衡量健全人格的重要指标之一。近年来，由人际关系、情感问题、就业问题等造成大学生心理失衡，从而选择轻生、犯罪等行为的现象层出不穷，心理问题已成为思想政治教育中的关键。开展心理健康教育、心理咨询服务等活动是必不可少的，引导学生保持乐观的心态、培养健全的人格是大学生思想政治教育的一项重要内容。[①]

（二）以协调理念统筹高校思想政治教育发展潜力

高校思想政治教育不是单一项目的教育，而是理论、思想、实践、沟通、宣传、管理等各个方面统筹兼顾、协调并进、共同发展实施的教育。这就要求高校思想政治教育要从各个要素、多方领域着手，以增强其整体性。

一是坚持思想政治理论课教学与学生具体实际相协调。高校思想政治教育不仅要承担起思想政治教育的主体责任，而且要承担起社会主义核心价值体系建设的主要任务。然而，思想政治教育在日常教学活动中仍有所出入，教师忽视自身在日常行为中的师德示范作用，且不注重解决学生个体差异问题，不着重于加强思想政治理论课的价值引导作用。思想政治理论课作为主阵地，应与日常思想政治教育工作相互作用、相互补充，共同促进大学生思想政治教育的全面协调发展。

二是坚持学校思想政治教育与社会实践锻炼相协调。当代高校思想政治教育不仅是对学生进行主流价值观教育、理想信仰指引、先进文化熏染及道德伦理渗透，更是为国家和社会培育高素质的创新型人才。学校课堂知识固然重要，实习

---

① 齐卫平. 五大发展理念融入高校思想政治教育：新任务和新要求［J］. 思想理论教育，2016（5）：5-6.

实践活动也同等重要，实际操作不仅有利于学生的成长与发展，更有利于各招录单位对人才的运用，是高校切实实现为社会输送人才、培养学生从学校向社会成功转型的重要步骤。高校思想政治教育要把课堂理论运用于实际调查研究、参观访问、生产情况、志愿服务、专业见习与实习、假期下乡等实践活动中去，拓宽学生视野，锻炼学生能力，磨砺学生意志，实现学生知行合一的目标。

（三）以绿色理念提升高校思想政治教育发展品质

高校思想政治教育以绿色发展理念为引领，就是要提高思想政治教育质量，在发展中不断提升内涵。绿色的发展就是品质的发展、健康的发展、可持续的发展。

绿色是一种生态理念。绿色发展理念必须作为一个重要理念深入国民思想，让每一个国民都具备绿色意识、生态意识、节约意识。青年群体作为新时代的建设者，更要具备这种生态理念。令绿色理念深入大学生思想政治教育，加强学生生态理念培育，对于培养新时代合格的社会主义接班人，建设绿色中国、美丽中国有着重要意义。

绿色是一种可持续发展理念。高校学生是一群思维活跃、思想变动大、易受其他文化熏陶和影响的群体，这需要学校根据各种新问题对思想政治工作的内容随时做出调整。高校思想政治教育的改革发展需要秉持一种可持续发展的理念，时刻保持可持续发展意识，这样高校思想政治教育活动才不会固守陈旧，才能不断在新问题、新矛盾中得到突破与发展。高校思想政治教育工作的有效运行离不开各种资源的整合，信息资源、时间资源、人力资源、精力资源、思想资源、心理资源等，各项资源的有效调动是思想政治教育工作可持续发展的保证；同时还要注重高校思想政治教育新源泉的开发，保证高校思想政治教育永续发展。

绿色是一种健康的教育理念，旨在遵循大学生身心健康成长规律。在思想政治教育方法方面，在准确引领的基础上，要注重教师与学生的立体互动有机结合，思想政治教育工作不仅要深入学生中去聆听学生的心声、抓住学生的心理特点、关注学生所关心的热点问题；更要以民主的方式与学生平等交流与对话，不断激发学生主动参与、配合高校思想政治工作的热情，加强师生之间的交流与互动，摆脱单一的、灌输式的教育模式。思想政治教育工作要以感情为纽带，动之以情，晓之以理，以情动人，以情育人，避免照本宣科、生搬硬套的空洞说教，提高思想政治工作的艺术，尽量使用生动和丰富的事例来揭示深刻道理，使思想政治工作不再成为枯燥、乏味的说理教育。

（四）以开放理念拓展高校思想政治教育发展格局

在新时代背景下，社会经济发生了前所未有的改变，促使我国对外经济开放进一步扩大。在高校思想政治教育领域，坚持扩大开放，坚持思想政治教育的空间、环境、内容、方式等方面进一步开放，对于高校思想政治教育提升包容度、拓展新思路都有很好的引导作用。

其一是高校思想政治教育空间的开放。高校思想政治教育要有国际化的战略目光，以一种开放的心态去理解、学习、研究国外文化中值得借鉴的部分。加强国内外思想文化的对比与研判，有利于开拓我国的思想政治教育研究，也有利于以开放带动革新、指引改革、促进高校思想政治教育的发展。

其二是高校思想政治教育环境的开放。在"互联网＋"时代，大学生思想政治教育不能只局限于学校教学，应该辐射各个领域，尤其应在互联网领域占有一席之地。高校思想政治教育通过"互联网＋"的模式对大学生进行隐形渗透，所起的作用是课堂教学达不到的。在"互联网＋"时代，手机、电脑成为高校学生摄取信息的主要手段。面对庞大的互联网信息世界，高校思想政治教育向网络环境的拓展是其环境开放的重要战略步骤，高校思想政治教师要运用好、把握好互联网这个拥有巨大影响潜力的阵地。

其三是高校思想政治教育方式方法的开放。高校思想政治教育工作者不要仅仅把思想政治教育当作课堂上的事情，而要真正关心大学生、爱护大学生，关心学生的知识能力、家庭情况，关心学生的提高与进取、工作与创业等。唯有如此，大学生才能将思想政治教育与他们的日常生活实际联系起来，高校的思想政治教育工作也才会有公信力和说服力，才能收到良好的效果。思想政治教育工作的实质就是与人沟通协调，不仅解决思想层面的困惑，更要解决生活中的实际问题。如果高校思想政治教育工作仅仅停留在思想教育上而脱离了学生实际，那么它就失去了其真正意义和生命力。①

（五）以共享理念构建高校思想政治教育发展平台

大众齐建设，人人都享有，是经济生活中共同追求的美好场景。高校思想政治教育也要以共享发展理念为指引，抓住"人"这个关键要素，全面贯彻党的教育方针，深化高校思想政治教育改革，搭建高校思想政治教育更加广阔的发展

---

① 王刚.以"五大发展理念"统领高校思想政治教育［J］.思想教育研究，2016（7）：2－4.

平台。

共建共享发展，是大学生全面发展的需要。高校思想政治教育应涵盖学生学习生活各个领域，克服传统的以成绩衡量学生、以分数定位学生的评价标准，代之以学生的品德、能力、综合素质、心理健康等各个方面来综合评价，构建学生全面自由平衡发展的高校教育模式。

坚持共享发展，是高校师生对高校思想政治教育工作的共同建设、共同享有。共建是共享的基础与前提，只有师生共同参与高校思想政治教育的改革建设，才能形成师生共同分享改革成果的局面，大学生思想政治教育才能取得理想效果。所以，要激发学生参与思想政治课建设的热情，充分发扬教师开展思想政治教育工作的民主性，汇聚师生一齐改革发展思想政治教育的智慧，形成众人投入、众人竭力、众人希望有获得感的状态。

坚持共享发展，要求高校思想政治教育实现渐进共享。共享不是一蹴而就的，而是一个逐渐共享的过程。高校思想政治教育要从各个领域、各项内容，运用多种模式实现渐进式共享，在渐进的过程中积累、吸取经验，稳扎稳打。高校思想政治教育者的教育理念、方式方法、民主形式等也不是一下就能独辟蹊径、改弦更张的，而是一个逐步开放、逐步积累经验的过程。我们要循序渐进，坚持开放、共享的发展理念，最终实现高校思想政治教育改革的全面共享。

文化自信语境下提升大学生
传统文化认同的价值意蕴

党的十八大以来，习近平总书记发表了一系列关于继承弘扬中华优秀传统文化的重要讲话，彰显了党中央对文化建设的高度重视以及以文化复兴助推民族复兴的决心。坚定文化自信，其根基就在于传承中华优秀传统文化，推动中华优秀传统文化创造性转化、创新性发展，不断增强中华文化的影响力和吸引力，创造中华文化新的辉煌。[①]

新时代，提升大学生对中华优秀传统文化的认同，使社会主义核心价值观在他们思想深处植根，进而培养能够担当民族复兴大任的时代新人，是摆在党和国家面前的重大课题。

一、 新时代大学生对中华优秀传统文化的认同呈淡化趋势

"00后"大学生是伴随中国加入世贸组织成长起来的一代，开放的社会环境在打开人们视野、丰富人们思想的同时，不良思想文化也乘虚而入。受到多元价值观和文化观的影响，部分学生出现传统文化知识匮乏、对传统文化认同度低、知行脱节等现象；网络语言在生活中的普遍流行，造成大学生使用传统语言文字的失范和混乱；国内蕴含中华优秀传统文化的文化产品对青少年的影响力传播力不如国外影视剧、动漫等外来文化产品，再加上网络上出现的"恶搞"经典文化现象，严重影响了青少年对优秀传统文化的认同；"00后"大学生关注的人物、所看的书籍，反映出他们对国学经典等传统文化精髓的陌生和疏离、对中华优秀传统文化价值的认同淡化。

---

① 中共中央宣传部. 习近平新时代中国特色社会主义思想三十讲［M］. 北京: 学习出版社, 2018: 206.

当前，大学生对中华优秀传统文化的认知大多停留在广为人知的领域，如传统道德、民族精神、四大发明等，对中国古典文化艺术较为陌生，如戏曲、声律等，即使了解，大多也局限于对部分代表性作品的理解。也有一部分大学生对中华优秀传统文化的思想理念与价值规范认知比较弱，缺乏基本的认可。

二、 文化自信视域下提升大学生传统文化认同的价值意蕴

文化自信是对自身文化价值的充分肯定和积极践行，并对其文化的生命力持有的坚定信心；对个体或群体而言，文化自信蕴含着对文化体系发自内心的认同和尊崇，并伴随一种满足感、自豪感等积极心理状态。中华文化源远流长，中华文明延续着国家和民族的精神血脉，无论从历史维度、本土维度还是价值维度来看，优秀传统文化都是坚定文化自信的重要基石。

（一） 从国家层面看，中华优秀传统文化认同是新时代培育公民国家认同和塑造国民价值秩序的理论诉求

中华优秀传统文化认同，是民族成员对中华优秀传统文化所蕴含之价值理念与价值规范的认可、赞同，并由此产生归属意识，进而获得文化自觉的动态过程。[①] 任何民族的兴盛强大势必伴随文化的强力发展。当今世界，评价一个国家、一个地区乃至一个民族是否强大，不仅取决于它的经济实力和国际影响力，而且取决于其文化是否繁荣和是否具有创新性。

民族传统文化赋予一个国家强烈的吸引力和感召力，它可以凝聚人心，传达社会共识，培养公民的民族认同感。只有提升对中华优秀传统文化的认同感，才能使国民树立正确的历史观、民族观、国家观、文化观。无论是文本的，还是非文本的；无论是物质的，还是非物质的，中华优秀传统文化蕴含着丰富的文化自信资源，呈现出丰富多彩的形式，蕴藏着丰富的治国理政智慧、人文精神和道义担当等思想，彰显了天人合一、和而不同、天下大同等本民族独特的精神气质。"一个民族的文化能否实现自觉和自信，很大程度上取决于对传统文化扬弃的客观与科学态度。"[②] 只有真正认识、理解和认同中国传统文化，才能了解国家背后的历史底蕴，了解我们从哪里来，并规划我们现在的生活和未来的美好图景。反之，如果我们失去对优秀传统文化的热爱和认同，

---

① 杨玢．中华优秀传统文化认同的理论视域 ［J］．理论导刊，2018 （3）：28.
② 孙燕青．论文化自觉与文化自信视野下的传统文化定位 ［J］．哲学动态，2012 （8）：14.

势必会失去对自己民族文化身份的认同和归属感，进而导致我们魂无定所、行无依归，价值迷失。

党的十八大以来，以习近平同志为核心的党中央以高度的文化自觉和文化自信倡导传承发展优秀传统文化，并结合时代要求进行文化创新，阐发中华优秀传统文化应对国内外重大挑战，并将其思想内涵提升到一个新高度。这不仅有力凝聚了民族精神，而且将中华优秀传统文化转化为实现中华民族伟大复兴、建设"人类命运共同体"的强大精神力量，充分展示了中华文化对世界的独特魅力。

（二）从社会层面看，提升中华优秀传统文化认同是文化多元化时代抵御外来文化渗透与维护我国文化安全的现实要求

随着新媒体的兴起，多元文化价值观对新时代大学生产生了深刻的影响。新媒体环境下，各种西方文化、社会不良文化、大众流行文化和网络新兴文化给大学生传统文化素养的培育带来很多消极影响；[①] 历史虚无主义、文化殖民主义、文化多元主义等文化思潮，对新时期大学生传统文化认同带来诸多负面影响。

因此，只有建立可操作的文化认同培养机制，加强中华优秀传统文化在大学生中的普及和传承，才能促进文化传承和创新，满足大学生的精神需求，进而加强大学生对传统文化的认同。历史虚无主义是一种具有腐蚀性、渗透性和隐蔽性的社会思潮，是西方某些国家用来西化和分化中国的主要手段之一。它通过驱散中华优秀传统文化，颠覆中国人的文化信仰，破坏国民的文化认同，造成人们空虚迷茫、自我认知扭曲和幸福感的丧失。

当前文化领域中依然涌动着一些历史虚无主义思想观念，主要表现在三个方面：一是对中华优秀传统文化的恶意矮化；二是文化作品中肆意出现一些背离历史的文化幻想；三是对中华传统文化轻率地全盘否定。为此，我们必须教育引导学生坚持马克思主义立场，自觉维护国家文化安全，肃清歪曲历史的散漫意识，牢牢把握文化根源，做到尊重历史、正视历史，用中华文化的精髓精华滋养大学生的精神世界，不断增强大学生的文化自信。

对中国传统文化全盘否定或异化的态度与做法，无异于对我们自身文化血脉

---

① 杨红英. 推进网络文化建设　增强社会主义核心价值观凝聚力［J］. 学校党建与思想教育，2018（4）：21.

的莽撞割裂，很容易造成中华民族的文化断层或文化"无根"现象的产生。"我们既不是历史虚无主义者，也不是文化虚无主义者……我们不应该忘记我们的祖先，贬低我们自己。"① "只有不忘记历史，才能开拓未来，只有善于继承，才能善于创新。"② 要想永葆中华优秀传统文化的活力，我们必须在服务大众生活的过程中，从自身发掘其潜能，不断挖掘其精气神，创造新的文化产品，从而确定文化的认同基础和主导地位。

（三）从学校层面看，引领大学生从正确的文化认同迈向坚定的文化自信，是高校思想政治教育新的时代任务

在高校思想政治教育中，中华优秀传统文化对大学生的成长成才发挥着重要的价值导向和人生教化作用。不少大学生在传统文化认同上的弱化，阻碍了对其文化自信的培养。培育大学生正确的文化认同，促进他们真正从情感上崇敬并从行为上践行优秀传统文化，有助于增强民族文化自觉，更好地培育文化自信，实现以文化人的战略目标，提升高校思想政治教育实效性。社会主义核心价值观的底蕴根植于中华优秀传统文化的主旨和主脉。社会主义核心价值观建设体现了对中华优秀传统文化的自觉认同。

从中华优秀传统文化的主要价值观、本质和基本精神可以发现与社会主义核心价值观的逻辑联系。诸如"天下为公""和而不同""天人合一""道法自然""隆礼重法""知行合一""言而有信""仁者爱人"等思想理念，与社会主义核心价值观相通相融。中华优秀传统文化蕴含着丰富的思想道德教育资源，为高校思想政治教育奠定了深厚的基础。高校应通过多种途径加强中华优秀传统文化教育，将传统文化教育融入课程建设、社会实践、校园文化活动等，培养大学生对中华优秀传统文化的正确认识和坚定认同，进而迈向坚定的文化自信。

（四）从个体层面看，提升中华优秀传统文化认同感对促进大学生成长成才、实现人的全面发展具有重要意义

被称为"千禧宝宝"的"00后"大学生群体，他们与21世纪的中国一路同行、成长，是民族复兴伟大进程的见证者和参与者。成为有理想、有本领、有担

---

① 李建广，王威. 习近平的英雄情怀［N］. 人民日报，2018 – 5 – 22.
② 习近平. 习近平谈治国理政：第2卷［M］. 北京：外文出版社，2017：313.

当的时代新人，是党和国家对新时代大学生健康成长的基本要求。概括而言，就是德才兼备、全面发展。当前一些错误的社会思潮和负面的思想倾向、道德行为，自然会对青少年的健康成长产生不可忽视的影响。

为此，必须从制度层面和行为实践层面加强对大学生的传统文化认同教育，尤其是加强高校人文素质教育，营造和谐的校园文化环境，构建健康的网络思想文化阵地，提供相应的文化认同机制保障。挖掘和分析中华传统文化精髓，充分利用中华优秀传统文化独特的审美特质和丰富的精神意蕴，培养大学生的民族文化认同感，增强大学生的文化自信，塑造正确的价值观。

从学校、家庭、社会、国家多层面、全方位的角度出发，利用各种载体和平台，如借助大学生喜闻乐见的新媒体手段，整合传统文化精神，健全意识形态宣传和教育工作体系，构建提升大学生优秀传统文化认同的长效机制，才能夯实大学生群体的综合素质，引领他们更好地践行社会主义核心价值观，促进自身成长成才，最终实现人的全面发展。

三、 引导大学生坚定文化自信，培育对中华优秀传统文化的真正认同

中华优秀传统文化在人类文明发展史上占有重要地位，产生了无与伦比的影响。习近平指出，"要讲清楚中华优秀传统文化的历史渊源、发展脉络、基本走向，讲清楚中华文化的独特创造、价值理念、鲜明特色，增强文化自信和价值观自信"[①]。无论是以儒家思想为代表的人文文化，还是以四大发明为代表的科技文化，都对世界文明发展作出了突出贡献。

如何使中华优秀传统文化深入人心，成为大学生一种文化素养和日常行为的遵循，需要我们在传播和弘扬优秀传统文化的载体上下功夫。要选择他们喜闻乐见的美育载体，阐释和弘扬社会主义核心价值观，发挥学校教育与社会教育的合力，古为今用、学以致用，把传统文化精髓融入时代语境。思想政治理论课教师在课堂上可以通过列举具体数据和典型材料展现中华优秀传统文化在世界文明史上的地位，并以"他者"对中华优秀传统文化的评价做参照，这些无疑有助于提升青年学生的文化认同。

优秀传统文化彰显了民族的主体意识，是中华民族的精神命脉。传统文化离

---

① 习近平．习近平谈治国理政：第2卷［M］．北京：外文出版社，2017：313．

开了马克思主义，将会失去"时代精神的精华"。中华优秀传统文化要在新的历史时期展现出光彩，一定要在马克思主义的指导下实现创造性的转化与创新性的发展，这是引导大学生坚定文化自信的基本原则和思路。由于大学生的认知状态、情感归属、行为方式等方面尚未成熟，必须科学地遵循大学生群体的思想特点和教育规律，从态度、情感、认知、行为多维度具体分析，有针对性地指导他们将中华优秀传统文化融入自己的精神世界，培育他们对中华优秀传统文化的真正认同。

当代文化保守主义思潮对高校学生思想的影响

——基于 36 名在校大学生的一种质性研究

社会思潮属于社会意识层面，是社会生活的"晴雨表"。它通过影响人们的世界观、人生观、价值观进而影响人们的生活观念和行为方式，起到对社会存在的调控、改造和导向作用。大学生正处于世界观、人生观和价值观的形成过程中，很容易受到社会思潮的影响和冲击。消极的社会思潮可以扰乱人们思想，破坏社会安定，给社会带来不良的影响，进步的社会思潮则能增强思想凝聚力，引导社会进步，推动社会发展。当代文化保守主义是指 20 世纪 90 年代以来我国出现的主张立足于中国本土文化、中国儒家传统文化，有选择地吸纳外来文化以适应时代需要的思想倾向或思想派别。作为当代主要社会思潮之一，文化保守主义既有积极的一面也有消极的一面，其对高校学生思想影响如何关系着我国社会主义事业的发展。我们试图通过真实地了解文化保守主义对高校学生思想影响现状，适时采取积极的应对措施，弘扬积极影响，化解和抵御负面影响，将高校学生思想引导到马克思主义思想的正确轨道上来，这既有利于高校思想政治教育的良性发展，更有助于大学生的健康成长。

一、当代中国文化保守主义思潮的兴起及其思想内核

中国文化保守主义有着不同于西方的背景，它的出现是中西文化"双重"危机在思想文化领域里的反映，是部分知识分子对中国文化出路的选择。文化保守主义在中国由来已久。它始于明清之际的"西学中源"、清末的"中体西用"，又经历了五四时期的"东方文化优越论"、20 世纪 30 年代的"本位文化建设论"，到 20 世纪 80—90 年代以后出现了"文化热""国学热"，文化保守主义在中国重新崛起，甚至有些人在国学研究中扛起了文化保守主义的大旗。当代中国

文化保守主义通过反思 20 世纪 80 年代的"全盘西化"、"新启蒙"、激进的反传统和民族虚无主义思潮，进而反省自五四以来的整个近现代史。其反思中具有一种回归传统的倾向，试图凭借自认的在传统文化上的正当性与延续性，借助于"弘扬传统文化"的方略和海外的"文化寻根"热潮，力主儒学复兴。在当代中国文化保守主义思潮中，"复兴儒学"说已经成为一派显学。①

在文化保守主义者看来，文化演进是一个由新而旧、由旧而新的递嬗过程，新旧不能彻底分开，文化的变革不是外来文化的移植，而是本土文化的更新。在中西文化的比较方面，保守主义者重在分析中西文化的民族性差异，以证明中国传统文化之所以能够存在的特殊价值。他们没能理会中西文化之间的时代性落差，以民族性的比较取代了时代性的分析。在西化与现代化的关系上，一方面，文化保守主义者反对西化派所持的"西化就是现代化"的错误观点，反对他们不顾中国具体国情对西方模式的照搬照抄。但另一方面，文化保守主义者又一再强调"道德为立国之本，经济为治国之用，实现现代化，引进西方先进的生产和科学技术，必须以中国的伦理道德为主体"。主张以儒学为主体，以儒家的文化价值"作为政治运作的轴心"，在"中体西用"的命题下，"统一现代化的建设与传统文化的创造"②。文化保守主义倡导一种"中国文化优越论"，重视本土文化资源的价值，主张以儒家文化为基础的民族主义作为转型时期的政治文化资源。在经济上要求发展经济事务时，首先考虑伦理价值和人的尊严，实施藏富于民的经济政策以及奉行适度干预的自由经济思想；在政治上要求回到中国历史中、回到儒家传统中寻求重建当代中国政治秩序和心灵秩序的思想资源，断言中国只有走"儒化"之路才有民族复兴的光明前景；在思想上则要求在吸纳西方文化、巩固"道统"的基础上重塑中国传统的文化观念以补救当前的信仰危机。③ 文化保守主义批判一切"左"的和右的激进主义，否定一切革命，如谢武军所说："他们的批判锋芒所向，他们的'新意'所在，是要告别自鸦片战争以来中国所进行的反帝反封建的人民革命，包括太平天国革命、辛亥革命、五四运动、新民主主义革命以至社会主义革命。和西方资产阶级保守主义代表人物一样，他们也否定法国大革命和俄国的十月革命。"④

---

① 方克立. 要注意研究 90 年代出现的文化保守主义思潮［J］. 高校理论战线，1996（2）：33 - 36.

② 陈明，等. 新原道：第一辑［M］. 郑州：大象出版社，2003：31.

③ 刘同舫. 在应对当代各种社会思潮的挑战中发挥马克思主义的威力［J］. 马克思主义研究，2010（3）：106 - 114.

④ 谢武军. 20 世纪 90 年代中国的保守主义思潮［J］. 中共中央党校学报，2001（3）：103 - 109.

文化保守主义者强调"传统"的重要意义，并对中国传统文化进行了系统的研究和阐发，发挥和颂扬了传统文化，强调了文化的民族性，证明中国文化存在的特殊价值，揭示文化变迁中的量变和渐变性，揭露和批判了西方文化的弊端，反对照搬西方文化，强调文化的变迁原则——必须择善而从。这可以说是当代文化保守主义思潮的精华及进步之处。但是，在某种意义上，当代中国的文化保守主义思潮作为中国现代思想史上全盘西化思潮的直接理论对立面，可以说是表现出了与全盘西化论者相似的偏狭文化心态。当代文化保守主义对现代新儒家等早期文化保守主义的完全认同、对"中体西用"这一文化保守主义基本思想纲领的充分肯定就集中地表明了这一点。与此相关联的是他们对待马克思主义的偏颇态度。一方面，他们不承认中国化的马克思主义已经融入中华民族文化之中。另一方面，在对中国近现代文化激进主义的批评中，有的文化保守主义者实际上是把中国马克思主义文化思潮在整体上归结于"文化激进主义"，这显然不符合历史实际。当代文化保守主义思潮最大的缺陷是，一方面，离开经济与政治这个历史和社会大环境，孤立地对待文化问题；试图以产生于封建社会的儒家学说或经过改造的新儒家学说为指导思想，解决现代社会问题，违背了社会发展的大方向。另一方面，没有很好地反映中西文化的差异；没有很好地揭示文化发展中的质变和飞跃以及新陈代谢的过程；在批判中国传统文化的阴暗面、说明中国人要向西方学习先进文化等方面有所不足，在一定程度上阻碍马克思主义传播，暴露了文化保守主义落后的一面。

二、当代文化保守主义思潮对高校学生思想产生的影响

为了深入分析高校学生对文化保守主义思潮的认知程度与认同程度、对马克思主义的态度、对某些具体问题的看法以及对某些问题的情感取向等，并以此了解文化保守主义对高校学生思想的影响情况，本课题针对三所不同性质院校（分别以教学型、研究型、职业教育型为主）的在校大学生按照1/1 000的比例进行重点抽样调查，获取有代表性的资料信息。本文拟采用一种质性研究的方法，对36名在校大学生进行深度访谈，主要了解学生对文化保守主义的认知和态度，了解文化保守主义在青年学生中的传播状况，文化保守主义的传播机制对青年学生接受马克思主义的影响，并由此得出高校思想政治教育积极的应对措施。

此次访谈时间为2010年5月16日至6月15日。为便于分析研究，并基于对接受访谈者相关信息保密原则，笔者对36名受访者进行随机编码，依次为

01001 至 01036。36 名受访者的基本情况是：女 18 人，男 18 人；中共党员 8 人，共青团员 24 人，其他 4 人；出生于农村的 18 人，城市的 18 人；文科类 14 人，理工科类 11 人，农科类 6 人，其他 5 人。

（一）文化保守主义思潮影响高校学生的主要渠道和方式

此次访谈反映出，青年学生了解文化保守主义思潮的主要渠道是教师授课、学术讲座和互联网，也有学生通过杂志、民间传播等渠道获得一些了解。访谈中，青年学生普遍认为，学校教育、"国学热"传播、电视讲坛以及学术讲座等方式对他们的思想有较大的影响作用。01002 认为："学校教育当然起着不容忽视的作用，我们都是在学校中成长起来的，学校正是积累思想理论的地方。由于受学校、社会环境、自身情感和就业等方面压力的影响，青年学生往往都会有些迷茫和无助。这个时候，教师在教学中对有关社会思潮的传播对我们的世界观、人生价和价值观具有极为重要的影响作用。"01004 认为："在当今这个日益浮躁的社会中，通过读国学，我们的心灵有所启迪，有所受益，我们要用心去读，认真品味，才能够净化我们的心灵，提升我们的道德水准，做一个实实在在的好人。"01006 认为："我主要通过国学典籍和互联网等渠道接触中国传统文化及有关西方社会思潮的内容。"可见，在充分运用电视、电脑、光盘与网络的今天，能自觉而迅速地实现传播工具和传播手段的现代化与大众化，电视节目中各种蕴含文化保守主义意味的人文讲座，以其既理性又生动的形式，给在校大学生以潜移默化的影响。

（二）文化保守主义思潮对当代大学生的积极影响

1. 对文化保守主义思潮认知和态度上的独立性与批判性

大学生是拥有较丰富科学文化知识的青年群体。在校大学生对文化保守主义的认知和态度，一定程度上可以反映文化保守主义对知识青年群体的影响状况。此次访谈，在 36 名受访者中有 25 名听说过"文化保守主义"。这表明在校大学生普遍了解文化保守主义，对其具有较高的关注度。其中 6 名受访者表示比较了解，并且作为学生干部偶尔参加文化保守主义活动；19 名受访者的回答是"基本了解"，但未参加过相关活动。另外 11 名受访者表示不太了解，也不太关注这个问题。但是，他们对文化保守主义的态度，并不是简单的赞同或否定，而是表现出很大的差异性。其中，完全接受者 1 人，占 2.78%；部分接受者 16 人，占 44.4%；不太接受者 6 人，占 16.7%；完全不接受者 13 人，占 36.1%。这个结果,一方面表明了当前我国文化保守主义思潮对大学生的影响是客观存在的,另一方面也表明当代大学生独立意识和批判意识的增强。

2. 对中华传统文化及其价值的普遍认同

在问及"文化保守主义对你思想影响最大的部分是什么"时,受访者普遍认为,是对传统文化的认同度提高及增加了对现代文化的反思与批判。在文化取向上,一部分学生认为中华优秀传统文化可以作为今日中国人安身立命的核心价值观念;同时也承认西方文化的积极价值,要求吸收欧美文化,但他们对西方文化有强烈的批判意识,认为西方文化有很多缺点,不能全盘接受,要有所选择。01005 认为:"我接受文化保守主义,主要因为改革开放以来中国逐渐强大,而西方国家问题不断,使我们开始从心理上更加认同中国本土文化";01009 认为:"中华传统文化思想中经久不衰的优秀部分深深吸引了我。"在对人类未来文化发展趋势的问题上,01015 认为:"我赞同'21 世纪是儒学的世纪'。中华传统文化优越于西方文化并将在未来引导世界潮流,中国只有诉诸传统才能实现复兴。"

3. 对传统文化在建设和谐社会中的积极意义的普遍认同

在受访者当中,学生普遍认识到中华传统文化既有精华也有糟粕,我们要在继承中华民族优秀传统文化的基础上大力建设社会主义核心价值体系,努力推进马克思主义大众化。01012 认为:"在当今建设和谐社会的背景下,我认为很有必要倡导儿童读经,创办书院讲学,推动建立大学国学班、国学院、国学专业,使儒学教育进入正式学校教育体系。"01016 认为:"从国家角度看,我们要始终坚持马克思主义的指导思想,坚持社会主义先进文化前进方向,对待传统文化应吸取精华去其糟粕。"01019 认为:"实现现代化,引进西方先进的生产和科学技术,必须重视中国传统文化,以中国的伦理道德为主体。"01024 认为:"针对当今部分大学生道德缺失现象,中国传统儒家道德思想虽然存在一些可取之处,但只有用马克思主义、社会主义核心价值观教育来塑造大学生的理想道德才最有效。"

同时,本次调查中,绝大部分学生认为大学有必要开设马克思主义理论课和思想政治教育课。01017 认为:"为了自己的理想、信念和追求,我想成为一名马克思主义者。接受马克思主义理论,可以开拓认识世界的视角,掌握一种科学的思维方式。"

（三）文化保守主义思潮的传播对当代大学生思想的消极影响

大学生富于理想，关注民族的前途和命运，有较强的使命感，参与政治的热情较高，而社会思潮的传播和发展恰好为大学生参与政治提供了契机。大学生处于不成熟不稳定的年龄阶段，这决定了其易受各种各样社会思潮的影响，互联网的发展也使他们极易接触到各种社会思潮。不可否认的是，文化保守主义思潮的传播在大学生思想上产生了本土主义、复古主义和消解主流意识等负面影响，造成一部分青年学生的世界观、人生观、民族观、政治观产生变化，甚至发生理想信念动摇的情况。大学生通过接受社会思潮参与政治、改造社会的主观愿望往往可能由于政治上的幼稚和思想上的偏激而被别有用心的人所利用和操纵，从而起到相反的效果，出现思想混乱、精神颓废，甚至反社会的行为，对他们的健康成长带来不同程度的消极影响。

1. 对大学生思想价值观念造成的负向牵引

一是"复古主义"：全盘肯定传统，认为所有传统文化、传统道德、传统习俗、传统社会都是优秀的；二是"本土主义"：认为儒教要进入日常生活，要成为全民性宗教，国家要支持儒教，将儒教定为国教；三是否定革命，认同"告别革命论"，认为20世纪的革命方式带给中国深重灾难，中国应该走改良和君主立宪的道路；四是要求以大众文化消解主流意识形态；五是不愿"讲政治"，少数学生主张用中国传统儒家思想文化统一中国，不要讲社会主义、共产主义理想，淡化意识形态，不讲阶级分析，不讲政治立场、政治方向，甚至不讲资本主义道路和社会主义道路的区别，其实质是模糊了社会主义建设的方向。

2. 对马克思主义主导性意识形态地位的否定态度

如何处理马克思主义与儒学的关系问题，是当代中国主流文化和意识形态建设中一个不可回避的重大现实课题。虽然我们强调马克思主义的"民族形式"，儒学资源可以为当代中国马克思主义提供宝贵的思想资源，但绝不等于"把马克思主义儒家化"或者"把儒家马克思主义化"。近年来"把马克思主义儒家化"的主张在大学生中有一定影响。部分学生认为，中国迫切需要被压抑太久的人文主义传统，运用中国特有的文化资源来解决发展过程中所出现的各种问题；认为应当继承和发扬传统儒家文化，使之成为我国当代文化的主体；要着力提倡经典教育制度，用中国传统儒家思想文化取代马克思主义。

3. 在推动当今社会发展力量问题上的偏颇

笔者认为，历史的演进是由经济、政治、文化诸力共同作用的结果。就某一社会系统来说，各种思潮、各种文化主义都只是受经济、政治决定并反映经济、政治的历史现象。在提及"当前推动社会发展应该采取何种方式"时，绝大多数受访者认为，政治、经济、文化和社会等几方面改革相结合，协调发挥作用。但也有部分学生认为："思想和文化的改革应优先于政治、社会和经济的改革"；"只有进行道德说教，用儒家思想统一中国人的思想，才能真正推动社会发展"；"国家要支持儒教，将儒教定为国教"；"中国现代化要以英美为师"；"针对国内思想文化领域的复杂多变，为了更好地发展建设我国，我们必须坚持'中体西用'这一基本思想纲领。"

三、 高校思想政治教育积极应对措施

由于今天的文化保守主义直接切入中国人当下最为关注的政治问题、人生问题、教育问题、家庭问题，与社会生活、与广大民众有了直接的联系，从而促成和推动了时下的"读经热""儒学热""国学热"，对现实社会生活产生了重大影响。大学生正处于人生观、世界观形成、成熟阶段，实现人生价值是他们最强烈的愿望。但是由于他们思想政治上还不成熟，容易陷入价值选择的困境，不时会出现一种对社会现实的失落感和迷茫情绪，而社会思潮的传播恰恰为迷茫中的大学生提供了某种解决现实问题的参考。因此，用社会主义核心价值观引领多样化的社会思潮，运用马克思主义的立场、观点和方法引导大学生辩证看待当代社会思潮，正确处理好主流意识形态和非主流意识形态的关系，对大学生的健康成长具有重要作用。①

（一）充分利用课堂教育等载体，对文化保守主义等思潮进行讲解和评价

马克思主义指导思想居于社会主义核心价值体系中最高层面，所以，在社会主义核心价值体系建设中，最根本的是坚持马克思主义的指导地位。面对思想文化和意识形态复杂多变的新情况、新态势，作为主流意识形态的马克思主义必须坚持用正确的方法引领当代中国的社会思潮。以思想政治理论课为主渠道的课堂教育以及哲学社会科学专业课程和人文素养课程，对学生思想政治教育施行最正规的影响。为了避免大学生对当代社会思潮的误读，最重要的方法是教师在课堂

---

① 魏红霞. 当代社会思潮的新特点及其对大学生的影响［J］. 思想政治教育研究，2009（4）：53－58.

教学中正确介绍有关社会思潮或组织专家学者举办学术讲座。对当代主要社会思潮进行正确的解读，才能帮助青年大学生全面了解各种社会思潮的理论体系、精神实质，并运用马克思主义的观点、立场和方法分析、批判和评价各种社会思潮，从理论认识根源上消除当代文化保守主义思潮对大学生的不良影响。

（二）主动适应新媒体环境，加强校园文化建设

校园文化环境对大学生的感染力和熏陶作用是强烈的和潜移默化的，这种力量是可通过人为的努力来正确引导的。互联网、手机网络、网络电视等新媒体不仅兼具人际传播与大众传播的功能，还具有强大的信息整合能力，能加快信息汇集，加速信息的传播和扩散。高等院校要充分发挥这些校园文化建设新载体的功能，探索新的教育教学方式，使校园网成为了解学生情况和建议的有效渠道，及时占领校园文化建设的新阵地。高校思想政治教育工作者要通过有计划、有目标地加强高层次的校园文化建设，广泛组织融思想、文化、娱乐、学术为一体的品位高雅、哲理深刻、富有科学性和趣味性的校园文化活动，让青年大学生了解国情民意，了解历史与现实，了解外国与中国。由于当代文化保守主义思潮是一个相当复杂的多元思想体系，因此，在厘清马克思主义与文化保守主义思潮之间的复杂关系的同时，要正确处理好马克思主义与当代文化保守主义思潮之间的相互关系。要通过组织平等、自由的对话和讨论，为广大青年学生提供一个思想交流的平台，让他们自己来阐述对当代主要社会思潮的认识和理解，使他们在思想的碰撞中能从更多角度来分析问题，从而得出对当代社会思潮的正确认识。

（三）广泛开展社会实践活动，在实践中进一步加深对当代社会思潮的认识

研究表明，文化保守主义思潮在青年大学生中有一定的影响和生存市场，重要原因之一是青年大学生对社会实践活动参与较少，因而对各种社会思潮的认识和理解脱离了社会现实。高校德育工作者通过积极引导青年大学生开展"三下乡"、社会调查、志愿服务、公益活动、勤工助学等多种形式的社会实践活动，不仅使他们将所学理论运用于实践、加深对科学文化知识的理解，而且切身体验了社会生活、感受理想与现实的差距。更重要的是，一系列的社会实践活动，能使青年大学生摆脱书生意气，从活生生的社会实践中体察我国社会转型时期出现的新情况、新现象。在经济全球化进程中，思想政治教育必须引导当代大学生既要有立足于民族利益、胸怀祖国的民族精神，又要拥有全球视野战略眼光，理性

对待国内与国际间的冲突和摩擦。当今世界经济全球化的背景下，发展中国家如何保持自身文化的独立性，如何在开展东西方文化交流的同时保持自身文化的特色是一个亟待解决的问题。我们应当使大学生辩证地看待"当代社会发展的两个基本趋势：全球化和民族化。民族化是全球化发展的基础，全球化是民族化发展的条件。过分强调全球化发展的趋势，就会演变成搞全球一体化、模式化、美国（西方）化，因为当今世界的全球化毕竟是以欧美为主导的全球化，走向极端就是否定民族特色，阻碍民族化发展步伐"[1]。因此，广泛开展社会实践活动，引导青年大学生运用马克思主义的立场、观点和方法正确分析当前我国经济社会各方面的问题，使他们坚定对马克思主义的信仰和社会主义的信念，继承和发扬爱国主义优良传统，培养全球视野和世界眼光，以积极乐观的人生态度投入到不断丰富和发展马克思主义理论和社会主义建设的实践中去，为坚持和发展中国特色社会主义奠定广泛而坚实的基础。

---

[1]　张耀灿，郑永廷，吴潜涛，骆郁廷. 现代思想政治教育学［M］. 北京：人民出版社，2006：373.

走向主体间性：
和谐社会视域中的高校思想政治教育

当代青年学生成长在物质生活日新月异、国际化步伐最为迅速的时代。大量涌入的外来思想文化、急剧转型的社会环境、飞速发展的信息技术、理想与现实的较大落差，使得当代大学生作为思想最活跃、最敏感的一个社会群体，其思维方式、道德观念、价值取向不可避免地受到强烈的冲击与影响；同时，也对高校思想政治教育工作者提出了更高的要求和挑战。笔者试从主体间性理论对高校思想政治教育的若干启示进行初步的探讨。

一、主体间性与思想政治教育主体间性的意义

（一）主体间性的基本内涵

主体间，亦即主体之间的关系，是现象学、解释学、存在主义哲学和后现代主义哲学的重要概念。主体间哲学是一种消解主客对立和主体中心的新主体哲学。主体间性又称交互主体性，指主体与主体之间的相互性和统一性，是两个或多个个人主体的内在相关性，是自我主体与对象主体间的对话、交往，意味着主体间权利的平等、尊重、互善和多元的价值依存，实现的是对等的生存法则。① 主体间性问题的实质就是个人与他人、个人与社会、个体与类的关系问题。② 主体间性作为主体间关系的规定，是指主体之间在语言和行动相互平等、相互理解和融合、双向互动、主动对话的交往特点和关系，是不同主体间的共识，是不同主体之间共识表现的一致性。其广义包括具有同等地位的人与物以及人与人之间

---

① 赵效萍. 主体间性视野中的"两课"教学 [J]. 理论界，2006（8）.
② 吴桂韩. 试论主体间性的和谐伦理道德观 [J]. 西安石油大学学报（社会科学版），2007（2）.

的关系，是人与人、人与世界的有机统一，是自我与他我、主体与客体之间的充分融合，体现了主体间的相互交往、沟通、对话与理解，是自我与对象内在同一的生存境界，是人类对自我的"终极关怀"。① 人要在社会中生存，必须与他人交往，与他人交往又必须克服个体单纯的"唯我性"，要能够站在他人的立场上去理解他人、体谅他人，从而改变原有的"偏见"，形成"视界融合"。主体间性"是那种使不同主体之间相互理解成为可能的前提性的东西，那种对不同主体而言的共同有效性和共同存在。它超越单一性的限定而达成复数的有效性。它不是先天的自然存在，而是不同主体后天交往的结果，是不同主体在相互交往过程中共同建构起来的"②。

（二）思想政治教育主体间性的意义

依据主体间性理论，教育过程是对话、理解和共享，是作为主体的人与人之间的相互作用、相互沟通、相互影响、相互交流。主体间性思想政治教育把受教育者看成与教育者一样平等的人，通过主体间认同一致和相互理解，使交往双方获得思想政治道德发展和境界提升，进而建构起大学德育通向社会生活的桥梁。思想政治教育主体间性是在人与人的交往中实现的。所谓交往，简而言之，就是共在的主体之间相互作用、相互交流、相互沟通、相互理解。思想政治教育过程中的交往源于人的精神需要，这些需要的满足对于个体自我精神的充实、对于个体思想社会化是不可或缺的。它要求大学师生平等相处、相互信任、抛弃偏见，真诚地向对方开放并接纳对方，进行具有发展价值的交往活动，从而建构起大学德育通向社会生活的桥梁。思想政治教育中的教育者和受教育者的主体间交往与一般的社会交往有着重大的差异，它致力于受教育者的主体性发展和思想道德素质的提高，以受教育者的人格完善为最高理想和根本目的。在思想政治教育的交往过程中，教育者和受教育者主体间通过平等的对话和相互的融入，生成主体间性。思想政治教育中每一方主体的发展都依赖着对方的发展，主体的进步只能在良好的主体间性中实现。在思想政治教育实践活动中，多极异质主体（主要是教育者—受教育者、受教育者—受教育者、教育者—教育者）之间坚持"平等互利"的原则，以语言、内容、方法、手段和活动等为中介，进行多向、发展、多层次、多维度的人际往来或沟通以及情感和知识交流，以达到主体间认同一致和相互理解，并在此基础之上使交往双方获得

---

① 曾新. 论主体性教育中的主体间性［J］. 华中师范大学学报，2001（9）.
② 曾新. 论主体性教育中的主体间性［J］. 华中师范大学学报，2001（9）.

思想政治道德发展和境界提升。①

二、 主体间性思想政治教育： 构建和谐社会的必然要求

（一） 和谐社会视域下的道德意识

生活、成长在多元文化、多元价值并存且相互碰撞的现代社会，一些大学生对西方文化产生浓厚的兴趣，对此我们不应简单肯定或否定，而应运用"和而不同"的思维，吸收西方传统中的优秀文化，尊重不同文化的独立性，反对西方的"文化霸权"。与民族传统文化、现代社会生活和西方人文精神的各种对话，使我们的大学德育探索出继承与借鉴融合的新路子。在主体间性视野下观照高校思想政治教育，并不是要消灭个人主体，而是要将个人主体置于和谐的关系之中理解，形成主体间性的和谐伦理道德观。

1. 开放、民主和宽容意识

在这样一个全球化时代，我们培养的大学生既要能保持中国文化的个性，又要能深刻理解多元文化，在国际交往中要具有充分沟通思想的能力，要具有国际主义开放精神，能从整个国际社会和全人类的广阔视野出发，避免狭隘的民族主义。

没有个人的主体性和主体意识，就不可能产生主体间性。所以，主体间意识必然蕴含着主体意识，这时的主体不再是"大写"，也不是绝对的中心，他人的存在是"自我"存在平等互换的条件，我成为和他人平等的主体。② 个体的差异性、多样性乃至对立性是主体间统一性的一个重要前提，没有个体的差异性、多样性乃至对立性的统一性就没有主体间的统一性。而个体的差异性、多样性乃至对立性的存在也就意味着宽容意识的存在。在和谐社会中，人与人之间，假若没有宽容意识，那么个体的差异性、多样性乃至对立性根本就没有生存的空间。共生是向异质者开放的社会结合形式，它是以承认不同个体的主体性为前提的主体间性的表现。所以，在主体间意识中必然蕴含着宽容意识。宽容首先要尊重他人，没有对他人的尊重，就不会有宽容的意识。但尊重并非等同于宽容，宽容是容许别人有行动和判断的自由，容许别人有与自己甚至与主流不一致的思想、观点和行为方式。但宽容不等于迁就和纵容。宽容必须有一个边界，在人与人的社会交往中，其边界在于不违背公共的价值准则，不妨碍别人的自由，不损害他

---

① 张耀灿，刘伟. 思想政治教育主体间性涵义初探 ［J］. 学校党建与思想教育，2006 （12）.
② 冯建军. 主体间性与和谐社会的道德意识 ［J］. 教育发展研究，2006 （4）.

人的利益。①

2. 自主、对话和公正意识

全球化时代的多元价值共存和纷繁复杂的道德生活，将使人们的自主选择成为道德生活中的一种必然趋势。"主体道德教育模式"充分尊重与发挥学生的能动性，培养学生的道德主体性。教育要本着平等对话的原则，使大学生在了解与理解不同伦理文化的基础上，思考人类共同的、普遍的、基本的和一般的伦理价值标准。

在人与人的关系上，后现代思想家认为个人主义已成为引发现代社会各种问题的根源，由相互合作聚集成的人类整体比个人主义更重要，提倡个人的自主性和独立性要和整体的结构与功能协调统一，主张以平等的心态在未来的维度上重建人与人之间的相互理解。道德不是一部分人统治、剥削和压迫另一部分人的工具。它应该是人人都享有的一种权利，它将保证每个人都能处在一种良好的生存状态，都有权利去追求和享受合情合理的幸福，而不是将自己的幸福建立在剥夺他人利益、制造他人痛苦之上。一个人无论什么时候都应该把公开、诚实、友好和信任看作做人的最高原则。② 公平能够使社会和谐，和谐的社会也需要公平来支撑。公正意识包括公平和正义。公平意识首先将每个个体置于平等的关系中看待。主体间意识正是为了解决主客之间的不平等和不对等的关系而产生的，它把关系中的人看作平等的主体，因此公平意识成为主体间性的应有之义。何谓正义？"正义在其真实的意义上注定是类正义。""类正义是个整体，它不是从某一集团、某一阶层或某一生活方面出发确立的规范或原则。"③ 所以，正义对于国家、对于民族、对于个人，都是为了整体的和谐。社会需要和谐，因此，也必须主张正义，而且正义的原则是其他原则之首，具有优先性。

3. 责任意识

个体因为是主体，因此享有自由，但是和谐社会中的主体在享有自由和权利的同时，也负有义务和责任。黑格尔指出，道德之所以是道德，全在于具有知道自己履行义务这样一种意识。④ 每一个在道德上有价值的人，在作出满足自己需要和愿望的个人行为时，能够对自己、对他人、对社会以至于对影响人类生存的

---

① 冯建军. 主体间性与和谐社会的道德意识 [J]. 教育发展研究, 2006 (4).
② 李三福. 论后现代主义的大学德育意义 [J]. 江苏高教, 2003 (4).
③ 高海清, 等. 人的"类生命"与"类哲学" [M]. 长春: 吉林人民出版社, 1998: 91 – 93.
④ 黑格尔. 精神现象学: 下卷 [M]. 贺麟, 王玖兴, 译. 北京: 商务印书馆, 1979: 121 – 124.

自然环境，作出理性的考虑并承担起相应的责任。一个人在处理诸多关系中对自己的行为负责，就能够自觉地践行道德要求，既实现了自己的利益和意志，又不会给他人带来危害。在处理与自然的关系时，既要开发自然，满足自我的需要，又不能超出自然本身的限度，危及他人和子孙后代的生存发展。在处理与他人的关系时，做到诚实守信、互相帮助、共同发展。所以，责任即是道德的要求，责任的实施必然促进社会的和谐。①

（二）高校思想政治教育主体间性转向

高校作为培养德、智、体、美全面发展的社会主义事业建设者和接班人的摇篮，是构建社会主义和谐社会的重要阵地。思想政治教育首先是教育者有目的地培养人的过程。思想政治教育工作者在进行大学生思想政治教育过程中必须按照和谐社会的标准，大力倡导公平、正义、宽容与自主、对话、责任意识等主体间性和谐伦理理念。要紧密贴近实际，贴近生活，贴近学生，做到尊重人、关爱人、依靠人，努力提高思想政治工作的针对性、实效性和吸引力、感染力。

思想政治教育中主体间性的主要内容是规范一个主体（教育者）与另一个主体（受教育者）之间的相互作用。教育者与受教育者同为思想政治教育活动的主体，结成一种互主体关系，其中体现出来的主体间性，是对个人主体性的超越，是教育者和受教育者两个主体在思想政治教育的对话与理解中的和谐一致性，彼此互为主体又互为对象。它反对绝对的"个人本位"和"社会本位"教育观，一方面承认并尊重师生双方主体在思想政治教育过程中的主体地位，以促进个体主体性的提高与发展，另一方面又强调对个体主体性的超越，引导教育主体由单面主体位势向主体间性的复合主体位势提升，正确认识"自我"与"他我"的关系。

主体间性超出了主体与客体关系的模式，进入了主体与主体关系之中，反映的是两个或两个以上主体的关系。在主体间关系中，每个主体都不再是单子式的主体，也不是把他人当客体对待的主体，而是一种"共主体"，它不仅有个人的"在"，而且也尊重他人之"在"，人与人之间是基于共在的整体性关系。真正的主体只有在主体间的关系中，即在主体与主体相互承认和尊重对方的主体身份时，才可能存在。

主体间性有两个方面：主体间互识和主体间共识。主体间互识表明主体间在交往中的差异性，主体间共识表明主体间在交往中的统一性。交往的过程不是为

---

① 冯建军．主体间性与和谐社会的道德意识［J］．教育发展研究，2006（4）．

了达到某种共识而泯灭个性的过程，相反，真正的交往是以人格的平等、相互尊重为基础的主体间关系。我们只有确立了主体间的意识，才能消除人对自然、人对他人的支配和霸权，才能使每个人成为平等的自由人，使人与人之间结成一个"自由的联合体"，这才是一个真正的和谐社会。主体间性思想政治教育把受教育者看成是与教育者一样平等的人，是主体与主体之间的交往。教育者和受教育者通过平等交往，由互识达成共识，他们共享这一共识，促进思想政治教育者和受教育者主体的共同发展，这才是真正的教学相长。因此，赋予学生主体地位，关注学生自我品德的生成，重视学生道德主体参与道德共建，已成为构建和谐社会背景下高校思想政治教育的必然选择。

三、 和谐社会视域下主体间性理念对高校思想政治教育的启示

主体间性的特征，对创新高校思想政治教育机制、增强德育功能的有效性提出了一些有益的启示：思想政治教育过程是思想政治教育者主体与受教育者主体之间交往的过程，当前思想政治教育中的教育交往贫乏、空白，师生教育交往形式的"异化"、主体间的交往缺失等是导致思想政治教育功能淡化的主要原因。为增强高校思想政治教育的实际效果，培养大学生的完整人格，必须改变这一状况，提倡与鼓励多向、发展、多层次、多维度交往，优化交往关系，增加有效交往的次数，使思想政治教育的过程同时成为交往的过程。

雅斯贝尔斯认为，教育不过是人对人的主体间灵肉交流活动。在思想政治教育活动中，我们应该认识到：教育者和受教育者之间的交往首先是完整的人与人主体间的交往，他们之间的关系是一种"我—你"的关系，这就能从根本上改变思想政治教育过程中教育者主体性单向发挥的现象。在教育者与受教育者之间的主体间交往过程中，教育者与受教育者之间的关系是"主体—共同的媒介—主体"间交往的关系。交往的过程不是一方压倒或变革另一方，而是共同参与塑造一个属于双方的话语情境。交往的实质是在自我中发现他人，在他人中发现自我，因此，必须着眼于学生成长内在动机的唤醒，其实质就是摒弃灌输，关注学生的生活世界，切入学生的经验系统，正视价值冲突，重视学生的自主活动与交往，实现价值引导与自主建构的辩证统一。

大学的功用是运用各种方法激发精神生活，而对精神最有意义的是交往，应将大学的精神交往与教学科研、人才培养和学术视为大学的理想，放在平等的地位。思想政治教育成效如何，主要取决于主体参与思想政治教育活动的广度和各

个主体之间多向交往互动的深度。学生的思想品德是在活动和交往中凝结家庭教育、学校教育和社会影响而形成的，学生在交往中掌握道德规范，并逐步形成自己的道德品质。从某种意义上来说，人与人之间的交往活动包含着德育的内容，活动的程度和水平直接影响德育实践的效果和质量。培养良好的人际交往是德育实践的出发点，脱离了人际交往和社会实践，也就无所谓道德。因此我们在确定德育目标、内容、途径和方法，实施德育管理和评价时，就要充分考虑学生的交往和实践，与之相符合，使学生在现实的社会交往和生活中学会正确处理各种利益关系，逐步形成高尚的道德人格。

在高度开放的现实世界，人们交往的深度和广度已无限扩展，人们的交往方式也发生了巨大的变化。各国、各民族之间的官方、民间交往和交流更加频繁，交往活动突破了地域、时空限制。网络化的认识系统，扩大了人的认识范围，增长了人的知识创新能力，促进了人的思想观念乃至认识方式和思维方式的变革，扩展了人的交往能力。针对全球化时代人们交往方式的现代特征，我们必须在高校开展网络思想政治教育，使大学生树立正确的网络交往观念，强化网络伦理意识：第一，关心公益，有利社会。第二，平等公平，互利互惠。第三，以诚相待，杜绝欺诈。第四，维护网络安全，反对"黑客"侵袭。同时，又要引导学生走出网络世界，增加面对面的交往机会，使两者相得益彰，共同发挥德育的整体功能，增强思想政治教育工作的战斗力。

和谐社会是一个有序的社会，是一个"包括多元、自律、参与，历史感、相互团结等价值"的社会。这种社会，需要的不是单独的个人意识或个人主体性，而是一种以个人主体性的适度发挥而又结为一体的主体间性。高校思想政治教育一定要坚持以社会主义核心价值体系引领社会思潮，尊重差异，包容多样，以主体间性的和谐伦理理念营造良好的德育环境，充分发挥环境的育人功能，增强大学德育的前瞻性，进而打牢新时期大学生团结奋斗的思想道德基础。

心理阻抗视角下大学生道德社会化探析

一、 高校德育中的心理阻抗与大学生道德社会化内涵

在心理学上，阻抗概念最早是弗洛伊德提出的。在经典精神分析学派中，阻抗特指心理防御机制，是所有心理防御机制的总和。心理阻抗在教育中，指教育对象对教育内容所产生的抵触、排斥和反感情绪。高校德育中的心理阻抗是大学生个体在发展过程中，受主、客观因素影响，固着于其个性结构中的有偏差或不完善的认知、情感、意志所产生的对德育的漠视或拒绝。[①] 学生是否接受或在多大程度上接受德育，取决于诸多因素，其中学生道德接受中的心理阻抗与心理障碍对德育实效性有很大影响。这种心理阻抗突出表现在大学生道德认知同道德实践的反差、道德理想和道德现实之间的反差、课堂内外道德的反差等方面。

道德社会化是大学生社会化的核心，大学生道德社会化可以理解为大学生个体逐渐接受被现存的道德体系所肯定和实现的道德信念和规范，形成特定的道德态度和道德行为的过程，包括道德认知、道德心理和道德实践三个层面的基本内涵。在道德社会化过程中，道德认知是形成道德的首要成分，并且是形成其他道德成分的思想基础和前提。心理阻抗是影响大学生道德社会化效果的心理机制，它通过直接影响大学生个体的道德社会化，进而影响高校道德教育的成败。

大学生的道德社会化是大学生道德素质培养的基本途径。道德社会化的目的在于使社会成员保持社会习惯和传统，调整人与社会以及人与人之间的关系，使

---

① 孙锦争. 大学生的德育接受与个体心理阻抗分析 [J]. 陕西青年管理干部学院学报, 2004 (3): 15 - 23.

人们用道德规范来约束自己的行为，进而维护社会秩序。道德社会化对于大学生成为真正社会意义上独立的人有着十分重要的作用。但是，长期以来，我们偏重于研究外部因素的影响，忽视了大学生接受思想教育的内部因素，从而使思想教育无法达到预期目标。因此，高校德育工作者在实施道德教育过程中，研究和把握当代大学生思想走势的新特点，消除影响个体德育接受的心理阻抗因素，激活德育接受的积极因素，对于有效引导大学生顺利完成道德社会化有着重要意义。

二、 道德教育实施过程中个体产生心理阻抗的影响因素

高校道德教育过程中，致使个体产生心理阻抗的原因是多方面的。从接受学角度看，从道德教育信息传递到最后产生接受主体的道德行为的过程中，教育信息首先是作用于接受主体的接受心理并通过接受主体的心理作用而产生接受结果的。倘若道德接受主体存在心理阻抗，那么，道德教育的改革无论怎样进行，其理想效果总是难以顺利实现。道德教育中的心理阻抗，是以个体的主观世界作为媒介，在对客观现实进行投射的过程中形成的。具体说来，影响大学生产生心理阻抗的因素有以下三个方面：

（一）大学生：道德价值取向的模糊

道德接受心理的导向系统是以道德接受主体的道德价值观为核心的。道德价值观之所以能够引导道德接受主体对道德教育信息进行评价、筛选，从而确定与主体价值观相吻合的道德接受目标和方向，是因为道德接受主体所具有的道德价值观是清晰的。倘若道德接受主体所具有的道德价值观是充满矛盾和困惑的，那么，他就无法明确地实施道德接受活动。因此道德接受主体道德价值导向的模糊必然阻碍道德教育信息的有效接受。[①] 大学生属于青年中期年龄段，其道德心理处于激烈的矛盾冲突中，充满着道德选择的困惑。例如，孤独感与强烈交往需要、感情与理智、强烈的性意识与恰当处理异性关系、内抗与顺从以及自尊与自卑等方面的矛盾冲突。

随着经济全球化、政治多极化、社会信息化的发展，社会经济成分、组织形式、就业方式、利益关系和分配方式日益多样化，这必然导致人们思想观念的多样化。我国社会转型时期的道德生活环境的复杂性也使学生面临着道德观念选择

---

① 陈金容．道德接受心理障碍分析［J］．内蒙古农业大学学报（社会科学版），2005（1）：100－102．

的困惑。当代大学生不仅见证和享受着我国改革开放以及现代化建设的丰硕成果，而且还亲身感受和经历了中西方各种思想价值观念的冲突和激荡、传统和现实的对抗与交融、国内外道德文化的多元发展和经济全球化引发的各种矛盾冲突。儒家文化与西方文化，马克思主义与西方哲学，封建思想与资本主义文化，校园文化与大众文化，理想文化与现实文化，无不进入青年头脑。① 高校学生通过媒介获取了各种信息和价值观念，面对着纷纭复杂的观念世界带来的选择的困难，他们往往表现得无所适从，直接后果就是出现价值相对主义，甚至导致道德虚无主义，给大学生顺利实现自身道德社会化带来了一定的负面影响。

（二）学校：道德教育的错位与失误

道德教育原本是生活世界的一部分。"道德存在于人的整体、整个生活之中，不会有脱离生活的道德。品德的培养应当遵循一种生活的逻辑，而不是一种纯学科的逻辑。"② 脱离生活的道德必将导致道德的抽象化、客体化。因此，德育教化必须回归到现实生活之中，了解学生成长历程中可能遇到的各种具有普遍意义的生活与品德发展的问题，关注教育客体的所思所想、所欲所求，让学生在各种生活情境中理解、体验、践行所要求的价值和美德，从而在根本上达到德育的本始初衷。而制度化教育产生以来，道德教育越来越从生活世界中分离出来，其对社会政治、经济、文化发展的价值逐步得到强化，道德教育也越来越演变成封闭的制度体系。这种道德教育过程实际上造成内容与形式的割裂，以及认知与情感的割裂，从而影响主体的道德接受效果。

有学者提出，道德教育不仅要有知性目标（cognitive goal），而且要有情感目标（affective goal），两种目标在道德教育上同样重要，不可偏废。长期以来，我们把德育当作道德知识的传授，德育参照智育的培养方式进行，即以道德、知识及其学科为载体，教给学生知识性的道德概念，学生把道德理论、规范、准则作为知识掌握，获得的是外在于人的"关于道德的观念"，而非内在于人的"道德观念"，其结果就是学生有道德之知而少道德之行。在实施道德教育的过程中，我们从功利化的立场出发，往往采用空洞的说教和简单的灌输方式，忽视学生的生命体验，存在集中灌输多、启发引导少，政治教育多、品德内化少等现象。片面强调德性的内容结构，强调道德知识的传授，忽视个体的内心体验，往往导致

---

① 刘献君. 大学德育论［M］. 武汉：华中科技大学出版社，1996：93－94.
② 鲁洁. 在学习中找到通向生活的道路［N］. 中国教育报，2002－09－10.

个体对识记内容的逆反与抗拒，从而影响对大学生道德教育的实效。

（三）大众传媒：弱化道德教育的效果

随着大众传媒尤其是互联网的发展，各种信息以惊人的速度飞越空间，深入社会的每一个角落，形成了一个强大的传播文化环境，且影响力越来越大。大众传媒在大众社会起着一种"认同中介"的作用，即大量传播、复制的信息使社会取得文化认同和意识共识。[①] 受教育者在这种环境中接受教育，"媒体现实"的道德培养作用是非常强的。J. 格伯纳的研究确认了大众传媒所建构的社会现实对受众成员的主观现实的影响。[②] 大众传媒通过对现实的描述、说明、解释，产生意义构成功能，并对受众施加潜移默化的影响。持续不断的媒介宣传使人们丧失辨别能力而不假思索地顺从现状，消解批评性反思能力，把受众变成了"单向度的人"，造成受众审美鉴赏力的退化和知识鉴赏力的下降，使受众趋同媚俗美而放弃超越的崇高美。大众传媒造成从众心理。所谓从众，是指"人们自觉不自觉以某种集团规范或多数人意见为准则，做出社会判断、改变态度的现象"[③]。从社会心理学的角度看，受众与媒介之间，也存在放弃自我，服从或接受媒介意见的倾向。大众传媒诱发受众期望感，导致愤世嫉俗的情绪。大众传媒倡导"一切皆有可能"，使受众产生现实与理想的巨大落差，最后带来的是对现实的不满，对政治的冷漠，对行动的不力。[④] 现代大众传媒运用感性化和娱乐化的形式，传播大众性的文化信息和平民化的思想价值观念，降低了对青年思想行为道德要求的高度和深度，使青年道德社会化的任务显得大众化和世俗化。[⑤] 在大众传媒日益激烈地围绕受众和经济利益运作的过程中，目前监控和管理技术尚不完备，导致了部分受众，特别是青年学生出现了道德意识的扭曲和价值观念的偏差，消解了学生对主导文化、主导价值观及主导意识形态的认同力，深深地影响了学生的价值选择。这致使大学生产生道德接受心理阻抗，从而弱化了高校道德教育的效果。

---

① 石庆生．传播学原理［M］．合肥：安徽大学出版社，2001：107，182.
② 石庆生．传播学原理［M］．合肥：安徽大学出版社，2001：107，182.
③ 沙莲香．社会心理学［M］．北京：中国人民大学出版社，1987：294.
④ 万时乐．大众传媒影响下的高校德育［J］．学术探索，2008（4）：120－124.
⑤ 李萍，钟明华．文化视野中的青年道德社会化［M］．广州：中山大学出版社，2003：180－183.

三、 消解个体道德接受心理阻抗，推进大学生道德社会化

针对大学生个体产生心理阻抗的主客观原因，应从以下三个方面采取措施，以消解大学生道德接受心理阻抗因素。

（一）培养自觉的道德社会化意识

大学生道德社会化并不是大学生被动地接受社会道德教育和影响的过程。在道德社会化过程中，大学生的主观能动性最突出和集中体现为大学生自我意识对社会道德的识别、把握和内化以及对自身道德意识与行为的反省、修正和监督。自觉的道德社会化意识表现为：在学校能够自觉、积极接受道德教育，为进入社会做各种准备。在社会实践中能够随着社会生活、环境和自身的变化自觉接受新的期待和要求，承担新的责任义务和角色。自觉的道德社会化意识是一种主观能动性，它能促使个体在面对社会大环境诸影响因素时，保持一种批判吸收的思想观念，而不是一味盲从。高校应该根据大学生个体的道德接受心理特征，借助我国丰厚的道德文化资源，通过全方位的道德生活实践，引导大学生正确的道德需要与动机，培养他们自觉的道德社会化意识，锻炼他们在道德生活中的实际操作与创造能力。

（二）帮助大学生进行道德心理调节

只有认真帮助大学生进行道德心理调节，维护大学生的道德心理健康，才能消除他们在道德接受中的心理阻抗。

首先，对大学生加强挫折训练与人格教育。要通过开展相应的社会实践调查，进行艰苦条件的锻炼，促使学生正确认识社会、认识人生，提高适应社会的能力。为改善他们的道德情感，要利用群体感召与社会暗示以及道德心理激励等方式，促进大学生的道德行为向"道德升华""道德补偿"与"正确坚持"的方向发展。

其次，正确引导大学生边际道德行为。大学生在道德生活中存在着特殊矛盾：既存在道德参与高峰状态下的冲动激情，又存在超前行为与低等状态的沉默、冷漠与无所作为；既有强烈的爱国热情，又有过激的冲动行为。针对上述特点，除了要做好耐心、细致、及时的思想政治教育工作外，还要合理调节大学生的道德情绪，防范大学生的消极边际行为，如越轨行为（自杀、犯罪）、疏离行为（厌世），激发他们的积极边际行为，如觉悟行为（实事求是、创造、沉思崛

起）。同时，积极引导他们参加道德生活实践，提高他们的道德选择与行为能力。

最后，改善大学生道德角色扮演。每个大学生都在不同场合扮演着不同的社会角色。由于大学生道德心理的矛盾性和缺乏道德经验，他们的道德角色扮演常常出现偏差，发生不道德行为。道德教育的实施可以使大学生通过各种途径掌握和运用社会角色技巧，根据所扮演的角色采取相应的角色技巧和行为模式，有利于社会角色扮演能力的提高。因此，高校应该通过组织家庭教育、同辈群体教育、社会道德文化教育、改善道德舆论与道德环境、明确大学生道德规范等措施来发展大学生的道德个性，解决他们因道德角色冲突和心理矛盾带来的情绪困扰和人格紊乱问题，逐步培养其良好的道德品格，促进其道德社会化。

（三）　加强对道德社会化实现途径的干预

首先，加强大学生的道德实践。道德实践是加强大学生道德社会化的重要途径，是道德形成、发展的基本前提。要把道德实践作为吸引大学生道德社会化的载体，在实践中充分体现社会公德、职业道德、家庭美德的内容，不断强化道德修养，注意发挥道德实践的教育功能，开辟道德实践的新领域，建立道德实践的相关制度，引导大学生在道德生活实践中从微小的好事做起，克服独断性、动摇性、顽固性、冲动性与怯懦性等不良道德意志品质，从而增强道德实践活动的实效性。

其次，加强校园道德文化建设。高校校园文化是指在一定历史条件下，高校在其发展过程中形成的共同价值观、信念、行为准则及其在规章制度、行为方式、器物设施中体现的特定的人文精神。校园文化在大学生道德的养成上功效卓越。校园文化具有隐含性、辐射性和蕴含性，它通过情感与心理中介的涵育和陶养，利用环境的积极影响，调动学生认知和实践的主观能动性与创造性，促进健康文化向学生道德心理品质的内化，造就学生的健全人格，培养学生正确的人生观、价值观和世界观。高校要加强校园文化建设，净化文化环境，把好文化"入口关"；提升学生媒体及校园文化的吸引力，增强学生对主导文化的认同程度；让主导文化提升大众文化，用主导文化的理论品格与批判属性吸引学生。

在网络对大学生的道德认知、道德情感和道德意志等方面都产生较大影响的今天，加强高校网络思想政治教育是加强校园道德文化建设的新课题。针对大学生在校园 BBS 中所表现出来的道德认知混乱，高校应采取积极的应对措施，引导大学生在多元化的道德价值观念并存的环境中确立鲜明的主流道德观。思想政治理论课教师和学生辅导员要及时捕捉大学生思想动态，并采取积极的应对措施。例如，通过形势报告会、思想政治理论课、主题班会、个别谈心等形式，提高大学生对各种信息的观察、辨别、选择与运用的能力，培养大学生正确的道德认知和价值判断。

最后，优化道德社会化教育环境。道德教育是一个复杂的系统工程，大学生思想品德的形成与发展离不开社会、家庭和学校。家庭、学校、社会等环境因素对整个道德教育过程的影响力是巨大的，脱离环境的道德教育显然是不现实的。因此，在教育形式上，要注意校内外协调一致，建立学校、社会、家庭整合的道德教育系统。在对学生进行道德教育的过程中，三者应加强联系，相互适应，形成环境影响的教育合力，从而充分发挥德育环境的整体教育作用。

提高大学生的道德境界必须充分挖掘社会资源，选择恰当的时机和适宜的载体，要善于抓住广大人们心目中的"热点"话题。要加强爱国主义教育基地建设，各地和各有关部门要创造条件，不断挖掘教育内容，丰富教育活动，拓展教育覆盖范围，增强教育感染力，扩大影响力，充分发挥丰富的社会资源在道德教育中的功能。

借鉴与超越：
价值澄清理论对我国高校德育的启示

当前，我国正处于和谐社会的建设时期，价值观教育却面临着一系列严峻的挑战。首先，全球化的发展、社会的急剧变化，使得世界范围内各种思想文化的相互碰撞更为激烈，价值观教育的对象不可避免地处于多元文化环境中；其次，市场经济的变革极大地激发了人们的自主、竞争意识和开拓创新精神，但与这些积极方面相伴而生的是社会公德和道德意识一定程度的下降，尤其是在价值观评价中比较普遍地出现了迷惘。深入进行树立正确的世界观、人生观和价值观教育，开展民族精神教育、公民道德教育和素质教育成为加强和改进当前大学生思想政治教育的主要任务。价值澄清法作为当代道德教育理论中有实用价值和可操作性的一种方法，它看到了传统德育方法不适于价值观教育的种种弊端，对道德教育理论发展和学校道德教育实践产生了深远影响。高校德育工作者可以批判地吸收价值澄清理论的合理成分，剔除其道德相对主义和过分注重形式而忽视内容的弊端，创造性地开展大学生思想政治教育，实现我国高校德育模式的创新。

一、 价值澄清理论的核心思想与价值观教育

价值澄清理论产生于 20 世纪 60 年代，其主要思想在其重要代表人物美国纽约大学教授路易斯·拉思斯与他人合著的《价值与教学》一书中有比较系统的表述。该流派创立了价值澄清法，重视价值教育实践和方法的研究，逐渐发展成为道德教育领域最富影响力的主要流派之一。价值澄清学派强调，价值源自个人的经验，不同的经验导致不同的价值，而且个人的价值随其经验的变化而变化。价值澄清是指在人的价值观形成过程中，通过分析和评价的手段，帮助人们减少价值混乱，有效地提高学生思考和理解人类价值观的能力。它主张价值观的形成

不是通过灌输而是通过澄清的方法在评价过程中实现，是通过选择、珍视和行动这三个过程来增进富于理智的价值选择的。从根本上讲，这一过程的基础是避免道德说教，帮助学生澄清他们所面临的价值问题，而评价过程的结果便是价值。

从价值澄清学说的具体操作方法来看，其中存在诸多可供借鉴之处：他们重视价值观形成的个体内部机制，并从知、情、行三者的结合上去探讨个人价值观形成的过程；主张根据个体的发展实际和需要，引导和提高个体对自身价值观选择、评价的能力；主张通过设计丰富多彩的价值评价方法和技巧，将德育融于智育和校内外日常教学活动之中，使个体在轻松愉快、自主平等的氛围中获得良好的价值教育和积极的人生态度。除此之外，价值澄清的观点是以道德相对主义为理论基础，认为每个人都具有自己的价值观，价值澄清理论所要澄清的就是自己的兴趣、爱好，也就是自己的价值。价值是相对的，是可以随着个人的经验而变化的。

马克思曾明确指出："'价值'这个普遍的概念是从人们对待满足他们需要的外界物的关系中产生的。"[①] 价值的完整含义是主体的需要和客体的属性两者的统一。价值的存在有两种形态：一种是价值的静态存在，即使某一个体的主观需要与客观事物没有现实的联系，该事物的客观价值仍然存在；另一种是价值的动态存在，即主体的价值取向和价值追求等。[②] 我国学者李斌雄认为，如果否认价值的客观性，认为价值完全取决于主体的主观情感、兴趣、意志，主体想怎么样就怎么样，那就没有必要进行价值观教育。即使进行价值观教育，也只能是教育者帮助受教育者澄清价值，提高受教育者的价值判断、价值评价能力，最终由受教育者自己作出价值选择。这恰恰是西方相对主义价值理论的局限。价值观教育究竟是什么？价值观教育往往与精神教育、社会教育、文化发展教育、人格品质教育、美德教育、态度发展教育、个体资格教育等概念有着不同程度的关联。广义的价值观教育除包括爱、平等、自由、公正、幸福、安全等人类普遍的价值观念教育之外，在实践中更强调公民价值观和道德价值观的教育。价值观教育是对受教育者的价值理论教育、价值观念培养、价值心理引导和价值活动调控，其中作为价值观念的理想信念教育是核心。[③] 还有学者认为，价值观教育是用人文主义的价值取向引导青少年用正确的价值标准来看待社会、人生以及自己的生

① 马克思恩格斯全集：第 19 卷［M］．北京：人民出版社，1995：106.
② 叶启绩．全球化背景下中国特色社会主义价值研究［M］．广州：中山大学出版社，2005：5.
③ 李斌雄．论知识教育·价值教育·思想政治教育［J］．思想教育研究，2001：（6）：20－25.

活、生命，教育他们正确看待社会的作用和认识人生的意义，正确理解生命的价值，懂得关注自己的灵魂，形成自己坚定的信仰，具有健全的人文精神，养成自己的关爱情怀，学会过现代文明生活。① 价值观教育活动的最终目的是要引导学生实现自己的发展。帮助人们发现所学东西的价值是教育的应有之义，引领学生的价值生成是教师的责任。教师通过教育、引导个体去追求那些有利于人生幸福的真正有价值的东西。

二、价值澄清理论对我国高校德育模式创新的启迪

价值澄清学说是源于现实而又服务于现实的。在现阶段多元价值并存的社会背景下，针对青年学生价值观教育中存在的若干问题，我们应该借鉴该理论的合理内核，剔除其弊端，为高校德育提供现实的、具体的指导。

（一）树立"以生为本"的主体性德育观，激励个体追求有意义的生活

德育既要引导受教育者关注当下的生活，同时又要为受教育者未来的生活做准备。德育的目的并非是使受教育者掌握抽象的思想、政治、道德概念，而是激励受教育者过善的生活，过有意义的生活。

价值澄清学派的经典著作《价值与教学》开篇就指出"以生活为中心"，要求价值教育不但要使人注意到行为、态度、兴趣、愿望、感情、信念、忧虑等有价值意义的生活事物，也要使人注意到友谊、恐惧、合作、金钱、爱情、法律、秩序、贫穷、忠诚、暴力、逆来顺受等一般生活问题。价值澄清要澄清个体的价值，必然要借助与个体密切相关的生活事件，必须要借助个体真切的经历和经验，从这点看，价值澄清是十分贴近生活的。但价值澄清正是在贴近生活的同时疏远了生活、割断了与生活的血肉联系。首先，在价值澄清理论中，价值高于生活。价值澄清的目的在于澄清个体所拥有的道德价值，其关注点不在于个体生活境界的提升，而在于个体价值形成的过程。其次，价值澄清接受实然，"鼓励"学生安于道德上的平庸而不追求应然的生活。"要澄清价值，我们需要毫无批判地接受他人的立场，我们不必对某人的所作所为加以评判。相反，价值澄清法强调，我们要接受原原本本的他人。"② 其结果是将生活的实然与应然两个维度割

① 刘济良. 青少年价值观教育研究［M］. 广州：广东教育出版社，2003：15.
② 路易斯·拉思斯. 价值与教学［M］. 谭松贤，译. 杭州：浙江教育出版社，2000：5-6.

裂，在贴近生活的同时也疏离了生活。价值澄清全盘接受实然，削掉了人及其生活的应然之维，其所贴近的是个体当下的实况，所疏离的是对生命和生活更高意义的追求。① 最后，由于价值澄清并不倡导一种公共的价值观，按照价值澄清的基本原则和方法进行实践操作，学生可能会作出一些对社会或自己不利的选择。道德相对主义虽然有助于学生选择自己的价值观，却忽略了道德内容的教育，忽视了道德行为的指导，从根本上否定了个体价值等级的存在，使一些学生面临重大道德问题束手无策，最终导致价值观混乱和无政府主义，从而奉行放任主义的教育策略。在很多情况下，其结果不但不能促进学生对有意义生活的追求，反而诱发了学生对反道德生活的向往。因为个人不论选择道德认知方式、做出道德选择，还是选择道德原则、寻求行为依据，都不可能是绝对自由的，都要受社会文化传统的影响，受社会政治、经济状况的制约。所以，教育者在具体指导学生进行价值分析时，要有明确的目的和指导思想。道德教育不但要使学生实然认识自己的现实境况，而且要激励人去追求更有意义的生活。高校德育在尊重学生个体经验的基础上培养学生的价值判断与价值选择能力的同时，还要把个体的价值观澄清与社会的主导价值观统一起来，并将社会主导价值观的认同贯穿于德育全过程。

（二）开发与设计"生活化"德育课程，引领学生的价值生成

高校德育课程在强调国家和社会需要方面有明显优势，但对于个人发展的要求重视不够，特别是在"应付现实生活问题的技能训练"方面明显不足，造成大学生走上工作岗位后，面对复杂的社会不知所措，既不会行使公民权利，也不懂得履行公民义务，更不善于利用法律来维护合法权益。因此，高校德育必须突出受教育者主体性发展的需要，开发与设计"生活化"德育课程。

"生活是道德得以生长的土壤，离开了生活，道德是无法进行'无土栽培'的。"② 思想、政治、道德与生活的内在联系决定了以思想、政治、道德为内容的德育过程也必须是生活化的，德育必须回归生活，扎根于生活，遵循生活的逻辑。首先，受教育者在生活中遇到的鲜活的思想、政治、道德情境、问题、事件是德育课程具体的素材。即使是抽象的概念、原理、观点也要尽量还原于其所代表的生动的、丰富多彩的生活，与受教育者的生活相联系，或从受教育者的生活

① 高德胜.知性德育及其超越：现代德育困境研究［M］.北京：教育科学出版社，2003：132.
② 高德胜.生活德育简论［J］.教育研究与实验，2002（3）：1-5.

041

引出，用受教育者生活中的素材加以确证或否证。其次，德育课程重视现实的生活素材，并不排斥人类积累的传统美德，只是对传统美德的学习不能仅仅通过书本学习，而必须在生活中学习。因为传统美德不是写在书本上的抽象规范，而是体现于现实生活中，并在生活中得以延续和发展的。最后，现实生活是日常生活和非日常生活的统一，所以，完整的德育应该是生活世界和科学世界德育的有机整合。我们所反对的是脱离日常生活孤立地进行科学世界的德育，而非完全拒斥科学世界的德育。

受教育者并不是生活在真空之中，在家庭、社会的耳濡目染下，他们会形成自己的"道德框架"。当价值观教育与他们的实际相悖时，他们不会将其纳入自己的"道德框架"，而是产生抵触情绪。① 价值澄清理论告诉我们，价值观教育不是最终目的，而是引导受教育者适应生活的手段和工具，只有融入受教育者的实际，使他们根据个人发展的需要吸纳取舍，才能使其愿意主动承担道德责任，从而提高价值观教育实效。高校德育从课程目标、课程内容、课程实施到课程评价等各方面都要体现生活化。教育者要把对大学生的价值观教育与帮助他们解决实际问题结合起来，真正解决大学生在成长、成才过程中面临的实际问题。教师需要关注青年学生的现实生活，注意从学生的生活出发，引导他们对生活中所看到、发现的现实问题进行价值判断和评价并做出价值选择。为此，教师要善于为学生提供一定的情境澄清各类价值，提供机会让他们自由地表达各自的价值观，引导他们作出判断、选择，通过各种事件成长起来，形成自己的价值观。这样既激发了学生探究的兴趣，同时又提高了学生感知社会生活问题的敏感性和适应社会生活的能力。

（三）改进德育方法，注重价值观甄选能力的培养

当代大学生是在以市场经济为导向的社会转型期成长起来的，他们的价值观念在冲突中形成，其特征就是价值选择更加自由，价值观念更加多元。在成长与发展的过程中，他们经常会面临着很多价值选择。在多元思想文化并存的社会环境背景下，鲜活的现实、活跃的媒介不断推动着大学生认知方式的转变。传统的价值观教育方法，如说理教育法、实践锻炼法、情感陶冶法、典型教育法等在过去多年的高校德育实践中发挥了很大的作用，但也存在一些缺点，主要不足就是不能很好地培养学生价值辨析和选择的能力。现实生活中的价值观问题很多，只

---

① 徐红芬. 学校道德教育低效的原因浅探 ［J］. 教育探索，2001（6）：68.

有培养大学生自主认知与选择的能力，才能让他们在进行价值辨析的基础上形成正确的价值观。学生自主选择能力的形成一般说来要经过掌握道德知识、学会道德判断、进行道德选择、付诸道德实践等几个阶段。高校德育的首要任务就是让学生掌握真理性的道德知识，明确是非善恶标准，作出正确的道德判断和道德选择，从而提高道德认知水平。马克思主义认为，道德从本质上说是实践的。道德本身是人的一种实践理性，学生在道德认知中获得的道德知识，只有在实践中才能变成道德行为，只有在实践中才能获得检验、确认、巩固和完善。教育者要引导受教育者通过交往活动、志愿者行动、角色扮演等活动，去实践，去体验，从而建构自己的思想品德。为此，学校必须组织学生参加各种道德实践活动，如组织学生进行社区访问和社会调查，参加公益活动和志愿者活动等。在实践活动中，教师要指导学生确定实践活动的目的、内容；引导学生梳理材料、分析问题、确立观点；指导学生撰写调查报告。通过认知—体验这一完整过程将道德教育内容带入学生的生活情境，与个体的生活经验及其感受联系起来，使学生学会道德判断，进行正确的价值选择，从而培养学生价值辨析和选择的能力。也只有通过这种经常反复的道德践行，把外在的、被动的道德要求内化为学生自觉的道德理念，才能逐步提高学生的道德自觉性。

道德文化建设与文化软实力的提升

所谓"文化软实力",是指一个国家通过文化和价值观的吸引力、感召力、同化力,影响、说服别人相信和同意自己的行为准则、价值观念和制度安排等的能力。[①] 世界观、人生观、价值观和道德观是文化的核心和灵魂,道德文化是国家文化软实力的重要组成部分。在当今时代条件下,提升我国文化软实力,必须加强社会主义道德文化建设,以优秀的"道德文化软实力"来弘扬民族精神和时代精神,为现代化建设提供源源不绝的精神动力。

一、道德文化:构建中国文化软实力的重要根基

道德是协调人际关系的重要杠杆,是社会文明的核心内容。道德建设通过协调人与自然、人与人、人与社会各方面的关系,去建立和维护一定的社会秩序。加强道德建设,增强人们的道德素质,对调节人与自然、人与人、人与社会的关系具有举足轻重的作用。道德作为对社会关系的特殊调节方式,是一系列非制度化的、内化于人们心中的非强制性规范的集合。道德具有认识社会现实,调节社会关系,以及激励、教育等功能。一个国家的核心道德价值观不仅是国家发展、时代进步的精神支撑,也是公民个体立身做人、明荣知耻的力量源泉。在思想观念多元、多样、多变的今天,只有在公民中普遍培育社会主义核心道德价值观,营造文明的社会风尚,才能促使人与人融洽相处,消除各种矛盾,确保社会安定有序,促进社会主义和谐社会的构建。

文化软实力是精神力量的代表。当前,影响我国文化软实力建设的因素很

---

① 唐踔.提高我国文化软实力:意义·问题·抉择[J].中共成都市委党校学报,2010(6):87-91.

多，如传统文化中有一些不适应现代社会发展的东西、国家认同和民族凝聚力下降、国民素质存在缺憾和人才流失等。随着社会主义市场经济的深入发展，在物质利益的驱动下，一些个人或社会团体组织热衷于追求物质、名利、地位，伦理道德底线崩溃，精神家园荒芜，理想信念缺失。某些广播电视媒体制作虚假广告，虚构一些情感故事类节目，刻意放大扭曲的伦理道德观，以误导广大受众。商场的虚假促销，药价的虚高，食品的不安全等各种光怪陆离的社会现象，折射出我国社会一些领域和一些地方出现的道德失范问题。当下，只有加强全社会的道德建设，形成团结稳定的社会秩序，才有利于增强整个民族的凝聚力，激发全社会的创造活力；才有利于协调社会各方利益，创造良好的人际环境，建设安定有序的经济、政治和文化生活，以保证经济社会的全面、协调、可持续发展。

中华民族伦理道德文化内涵丰富、博大精深，是人类文明发展的重要精神财富。面对西方强势文化的冲击与打压，要想提升我国文化软实力，必须提倡文化立国，从传统文化中汲取力量源泉，充分挖掘中华民族的优良道德传统和文化潜力，以文化优势引领中国软实力的提升。加强社会主义道德建设，弘扬民族优秀伦理道德文化，可以引导人们追求真、善、美，贬抑假、恶、丑，陶冶人们情操，塑造高尚品格；可以净化社会风气，构建中华民族共有精神家园，从而彰显中华民族的国际自信力，增强中国特色社会主义文化的全球影响力、吸引力和辐射力。

二、道德文化建设：提升我国文化软实力的重要路径

在建设社会主义文化强国的战略目标下，我们应以提升国家文化软实力为契机，探求社会主义道德文化建设的现实路径。

（一）提升国民素质，培育健全的道德人格

国家文化软实力最终取决于国民素质，提升国家文化软实力的关键是增强国民素质。国民素质决定着一个国家和民族文化的价值取向，影响着国家和民族文化的创造力。只有依靠刻苦钻研、敬业奉献、开拓创新、不断进取的国民，才能筑牢国家和民族文化创造的根基，提升国家文化软实力。文化软实力的开发和建设，必须以人为中心，以人为起点和目的，并以人的素质的提升为根本动力。人作为道德生活的主体，能够真正认识和把握社会主义道德体系的

原则和规范，并自觉转化为自身的道德义务和行为准则。道德规范只有在被人诚心诚意地接受，并转化为人的情感、意志、信念时，才能得以实现。社会道德内化为个体道德而形成一个人特有的品德，即道德人格，它使个体道德行为具有相对的稳定性、自觉性。一个具有健全的道德人格的人，其行为有利于他人、社会、自然及其自身，表现为乐观、豁达、进取、创造等。我国传统道德教育的弱点之一在于"重规范、轻人格"，单纯向人灌输这样那样的具体规范，而忽视了道德教育的根本价值目标：塑造和完善道德人格。不善于培养主体健全的道德人格，以及锻炼主体正确地进行道德选择的能力，将使道德教育难以取得长远、稳定的良好效果。"我们的时代是一个强烈地感受到了道德模糊性的时代，这个时代给我们提供了以前从未享受过的选择自由，同时也把我们抛入了一种以前从未如此令人烦恼的不确定状态。"① 面对日益分歧多义的文化，以及多元的甚至互相冲突的价值观，道德教育必须开掘人的主体性精神，重视主体道德人格的形成和完善过程。要培养道德主体优良的道德情感，激发强烈的道德责任感和义务感，发展大学生的道德智慧，使他们对道德选择和价值追求有一个自主、向上、严肃、负责的态度，在不断躬行实践中培育健全的道德人格。

（二）重塑集体主义道德理想，促进社会公平正义

在一个国家的经济发展过程中，人们的精神境界和价值追求在很大程度上影响着该国经济发展的速度和效益。能够为经济发展提供强大而持久的精神动力，则直接彰显了该国的文化软实力水平。道德文化建设是经济发展的精神动力，是影响经济运行过程的核心精神要素。道德理想昭示人类生存的意义和追求目标，也是一个国家、民族的凝聚力所在。加强社会主义道德建设对我国社会政治经济的发展有着巨大的能动作用，因为社会主义道德建设集中体现着精神文明的性质和方向。由此，必须确立正确的利益观。只有加强社会主义道德文化教育，重塑集体主义道德理想、信念，提高人民群众的觉悟，才能真正提升我国文化软实力。集体主义道德是我们在处理个人与集体、社会关系上的基本原则。它是以个人与集体、社会的根本利益一致为前提的，肯定集体的利益是全体个人的共同利益，集体、社会的利益高于个人利益，个人应该服从集体，集体应该尊重个人，充分保护、调动和依靠个人的积极性，从而实现全体人民的共同发展，进而创造

① 齐格蒙特·鲍曼. 后现代伦理学［M］. 张成岗，译. 南京：江苏人民出版社，2003：24.

一个富强、民主、文明的先进社会。在深化改革开放与实现科学发展的过程中，集体主义价值观的宣传与弘扬必将激活全社会建设美好生活的积极性，形成为了共同的理想和目标奋斗的凝聚力。这一道德理想已经超出了仅就个人与他人的关系来谈道德的层次，从而上升到了整个人类和社会发展的历史高度，是一种代表着广大人民根本和长远利益，代表着社会发展未来方向的新型道德。① 与社会主义制度相适应，集体主义这一道德理想是人类最崇高、最美好的道德理想，体现着人类最美好的追求。重塑这一道德理想，确立这一道德理想的主导地位，是人的全面发展的需要，也是建设中国特色社会主义道德体系的需要。通过公正原则，我们既能提高社会的共同利益，又能在全体社会成员之间进行合理而又公正的分配；既能体现社会主义按劳分配原则，又能保证全社会的共同富裕。公正原则以其内在的公平性与市场经济发展的内在规律相一致，促进市场经济的健康发展；又以其内在的正义性，与集体主义的道德理想相衔接，对市场经济中的功利意识、效益意识加以正确引导，从而确保经济活动不偏离道义的方向，促进共同富裕和人类社会协调发展的实现。

（三）弘扬民族伦理精华，扩大中华文化的国际影响力

罗素曾经说过，"中国至高无上的伦理品质中的一些东西，对现代世界极为需要"。"若能够被全世界采纳，地球上肯定比现在有更多的欢乐祥和。"② 中华民族在长期的历史发展过程中，产生了灿烂的中华文化，以儒家文化为核心的传统伦理文化构筑了中华民族精神家园的价值底线，成为民族凝聚力和创造力的精神基础。如"天人合一"的思想观念，"天下兴亡，匹夫有责"的爱国抱负，"先忧后乐"的集体情怀，"刚健有为、自强不息"的进取精神，"仁爱孝悌"的人伦原理，"先义后利"的价值取向，"勤俭廉正"的道德品质，"慎独律己"的修养态度，以及厚德载物与推己及人的和谐与恕道精神等。每个民族的道德文化都积淀着该民族最深层的精神追求和行为准则，"今后，一个民族最大的光荣是在全球价值的形成中增大自己的份额"③。在新的历史条件下，应大力弘扬社会主义荣辱观，它不仅继承了中国传统文化的精髓，还丰富和发展了社会主义道德内涵。科学发展观和建设社会主义和谐社会理论的提出，使我国传统伦理思想在

---

① 李德顺、孙伟平. 道德价值论［M］. 昆明：云南人民出版社，2005：124.
② 罗素. 中国问题［M］. 秦悦，译. 上海：学林出版社，1996：167.
③ 俞可平、黄卫平. 全球化的悖论：全球化与当代社会主义、资本主义［M］. 北京：中央编译出版社，1998：15.

当代社会条件下实现了充分的现代转化，使我国的文化特色更加鲜明。建设有中国特色的社会主义道德文化，需要我们在全球化的参与中，以社会主义现代化建设的时代精神作参照，以实践需要为基点，发掘儒家伦理的积极因素。应根据现实提出的问题，对传统进行反思性诠释，从而弘扬民族伦理精华，扩大中华文化的国际影响力。

（四）凝练核心价值，构筑可持续发展的文化范式和道德体系

当前，对于那些普遍适用于市场经济、知识社会和解决当代人类共同道德问题的思想观念、伦理规范，应根据国情加以改造。提升我国的文化软实力，应当在清楚地认识本土文化的同时，主动认识异域文化，吸收各国优秀文明成果，培育可持续的文化范式和道德体系。我国现阶段经济社会处于深度转型的关键发展时期，随着全球化趋势的日益凸显，道德教育应发挥对文化建设的引领作用，承担起道德文化启蒙或新道德文化重建的使命。即吸收各种文化的有益成分，对各种文化资源进行整合与创新，构筑一个可持续的道德文化价值体系。"公正""发展""和谐""友爱"这四个基本理念相辅相成，彰显了"人类自由全面发展"的终极价值理想。"公正"是整个体系的基石，"发展"是人类永恒的主题，"和谐"是发展的理想目标，"友爱"是人类共同价值的必然要求。它们体现了时代发展的进步精神，又承接了中华民族的优秀道德传统，理应成为中国特色社会主义道德文化的核心价值理念。我们必须夯实中国人自己的文化主心骨，坚持用社会主义核心价值引领和加强公民思想道德建设，在多样中谋共识，在多元中立主导，统一思想认识，进一步鼓舞斗志，凝聚民心，在激烈的国际竞争中维护国家和民族利益。

在全面推进中国特色社会主义伟大事业、实施社会主义文化强国战略中，应统筹规划思想道德建设和社会主义文化建设，将道德建设纳入社会主义文化大发展大繁荣的大背景下通盘考虑，突显道德建设在提升国家文化软实力中的重要地位。加强道德文化建设，动员全社会的力量，建构有利于国家可持续发展的社会道德体系，是全社会的职责，也是提升我国文化软实力的关键。加强道德建设，不只是单纯完成文化传承的任务，而且要解决现代化进程中精神生活领域的问题。中国走向世界和中心舞台，需要向世界展示一个负责任大国的形象，包括对资源能源的消耗，对生态环境的保护，对人类自身的爱心等。我们应该以一种高度的政治、社会责任感和使命感，积极探索新时期中国特色社会主义道德文化建设的路径，即既要注重汲取和发扬我国优秀传统伦理文化的

精华，又应该在创新中发扬以为人民服务为核心、集体主义为原则的社会主义道德。在创新中，引导全体国民树立正确的世界观、人生观、价值观，增强公民对当代中国道德文化核心价值理念的认同，积极推进道德文化建设的规范化、制度化、程序化。要通过电视、广播、报纸、期刊、网络、歌曲、舞蹈等人民群众喜闻乐见的方式，深入开展"讲文明、树新风"活动，走进基层、贴近群众、改变文风，宣传可亲、可敬、可信、可学的道德楷模，让模范走进人民群众心中，成为大家要学、愿学的英雄。同时，努力在全社会构筑道德教育的立体网络和终身教育体系，使道德教育大众化、持续化、终身化，使道德监督社会化、常态化、有效化。

抗疫精神：
中国共产党红色基因的彰显与传承

在全国抗击新冠肺炎疫情表彰大会上，习近平总书记强调："在这场同严重疫情的殊死较量中，中国人民和中华民族以敢于斗争、敢于胜利的大无畏气概，铸就了生命至上、举国同心、舍生忘死、尊重科学、命运与共的伟大抗疫精神。"① 这是对抗疫精神内涵的高度概括，体现了全国人民在中国共产党领导下所具备的强大凝聚力，充分展现了中国精神、中国力量、中国担当。在抗击新冠肺炎疫情的斗争中，中国共产党传承并弘扬了中国精神，践行了全心全意为人民服务的宗旨，彰显出为人民谋幸福、为中华民族伟大复兴而不断努力、勇于奉献的红色基因。面对新冠肺炎疫情，中国人民风雨同舟、众志成城，构筑起疫情防控的坚固防线，而伟大的抗疫精神也必将成为中国人民宝贵的精神财富。

抗疫精神是全国人民万众一心、守望相助、同舟共济的精神。抗疫精神为青少年的思想政治教育提供了丰富的现实素材。因此，把伟大的抗疫精神融入思政课程教学与实践教学，能够充分发挥高校思想政治课立德树人、培育时代新人的主阵地和主渠道作用，引导大学生深刻学习并践行这一伟大精神。高校教师在课堂教学中，要准确把握当前形势，讲好中国抗疫故事，并结合中外抗疫的实际情况，进行横向对比，将抗疫价值观教育融入思政课程理论教学和实践教学全过程。

一、 抗疫精神彰显红色基因

抗疫精神不仅折射出全国人民奋力抗击疫情的决心，还彰显出中国共产党的

---

① 习近平. 在全国抗击新冠肺炎疫情表彰大会上的讲话 [J]. 实践（思想理论版），2020 (11)：4 – 12.

红色基因。在中国特色社会主义发展进程中，红色基因是加强文化自信的重要基石；保持共产党人血液中的红色基因永存是保证党坚定共同理想，并为之共同奋斗的前提。将红色基因发扬光大，需要各地相关部门坚持以人民为中心，认真贯彻各项制度，坚定理想信念，听取群众意见，锤炼党性修养，更好地发挥社会主义制度的优势。从本质上来讲，抗疫精神彰显了中国共产党红色基因，是社会主义文化先进性的集中表现。在抗击新冠肺炎疫情的斗争中，全国人民众志成城、迎难而上，始终保持必胜的信念，体现了中国共产党人精神谱系的传承。抗疫精神的凝铸必将推动这一精神谱系向前发展，并成为更加强大的力量，指引新一代青年奋发向上、开拓创新。

（一）红色基因的内涵

红色是日出的颜色，代表着光明与温暖，象征着胜利。红色基因是对革命精神的传承，也是中国共产党人的精神内核，蕴含着我们党从建党至今艰苦奋斗、追求卓越、为民谋福祉、为国家谋富强的精神动力。红色基因孕育了抗洪抢险精神、抗震救灾精神、北京奥运精神、载人航天精神等，这些精神激励着中华儿女为实现中国梦而不断奋进、艰苦奋斗、勇往直前。[①] 红色基因是中国共产党在长期奋斗中形成的优秀精神品质和优良作风，是中国共产党区别于其他一切政党的鲜明标识和政治优势。把红色基因传承好，对于确保党的血脉永续、根基永固、优势永存具有重要意义。红色基因是红色文化的核心，是对中国传统文化和马克思主义的继承和发展。而红色文化作为一种崇高、坚定、顽强的信念文化，蕴含着丰富的革命精神和厚重的历史文化内涵，激励了一代又一代中华儿女为理想和信仰拼搏奋斗。[②] 红色文化有狭义与广义之分。狭义的红色文化就是革命文化；广义的红色文化指的是中国共产党自成立以来，领导中国人民在长期革命战争、社会主义建设和改革开放实践中逐渐形成的理想信念、伦理道德和人生价值，记载了党领导人民追求民族复兴、人民幸福这一历史过程的文化形态。红色文化的独特内涵，主要可以概括为坚定执着的理想信念、实事求是的工作作风、人民至上的宗旨意识、艰苦奋斗的优良传统、敢为人先的创新品格、迎难而上的斗争精神六个方面。[③] 不管是处在逆境还是顺境，中国共产党始终坚定信念、牢记使

---

① 牟瑶. 论新时代青年爱国主义的红色文化基因传承［J］. 青年与社会, 2019（23）: 65-66.
② 徐斌, 陈阳波. 红色文化的基因延续与守正创新［J］. 人民论坛, 2020（14）: 133-135.
③ 彭勃. 坚定红色文化自信　推进红色基因传承［EB/OL］. （2020-12-03）［2021-10-12］. https://baijiahao. baidu. com/s? id=1685021423238978957&wfr=spider&for=pc.

命，指引着人们向着光明奋斗。由此可以看出，抗疫精神蕴含着红色基因。爱国主义是伟大抗疫精神和红色基因中最为炽热的主旋律，指引人们向更加美好的生活前行。爱国主义精神引领着无数人积极投身抗疫工作，并把人民的生命安全和身体健康放在第一位，构筑起同心战"疫"的坚固防线。

（二）抗疫精神赋予红色基因的时代内涵

在新冠肺炎疫情的防控工作中，中国共产党高瞻远瞩、审时度势作出重要部署，并与广大人民齐心协力，形成了良好的团结互信关系。不管是大城市还是小乡村，每家每户都积极响应国家的防疫号召，自觉居家隔离。无数白衣天使、志愿者舍小家、顾大家，服务于一线。在抗击新冠肺炎疫情的过程中，国家不惜一切代价，建设雷神山医院、火神山医院和方舱医院，速度让全球为之震撼。在危难时刻，全国人民心往一处使，把个人冷暖、集体荣辱、国家安危融为一体，形成了强大的精神力量。全国人民在抗击疫情时所展现出来的强大的凝聚力，彰显出伟大的中国精神，也为抗击疫情坚定必胜信心、凝聚强大合力注入动力。中国人民在抗击新冠肺炎疫情中所展现出的伟大抗疫精神彰显了红色基因，并赋予了红色基因时代内涵。抗疫精神体现了人民群众万众一心的信念，展现了人民群众在危险面前大无畏的思想品格。党员干部与人民群众齐心协力，并以身作则；医护人员在治疗中始终以科学负责的态度，坚持生命至上。在抗击新冠肺炎疫情的过程中，涌现出了无数先进集体和先进个人，无数抗疫英雄展现出一往无前、雷厉风行、迎难而上、舍生忘死的精神，这与红色基因一脉相承，也让全世界再一次认识到中国精神与中国力量。

抗击新冠肺炎疫情，深刻地展现了中国特色社会主义制度的魅力与党深入贯彻群众路线、求真务实的工作态度。无数党员干部在抗疫中带头向前，奋战在一线岗位，深刻展现出新时代社会主义、集体主义、爱国主义精神，体现了党的优良作风。

二、抗疫精神传承红色基因

在抗击新冠肺炎疫情的过程中，党和国家相关部门采取有效措施，将人民群众的生命健康放在第一位，确立防疫目标和具体的工作职责，切实维护群众的生命安全。党中央始终坚持将人民的生命安全放在第一位，从抗疫的每个细节都能够看出国家对人民生命安全的重视程度。医护人员奔赴一线，全力以赴，不遗漏任何一个感染者，不放弃每一个生命。医护人员坚持使用中西结合的治疗方式，治疗费用由国家负担，这在很大程度上提高了治愈率。在 2020 年抗击新冠肺炎疫情的斗争中，党和相关部门一共发动并组织了 460 多万个基层党组织，搭建起一个个坚固的屏障。400 多万名社区工作者在全国 65 万个城乡社区日夜值守，各类民营企业、民办医院、慈善机构、养老院、福利院等积极出力，广大党员、干部带头拼搏，人民解放军指战员、武警部队官兵、公安民警奋勇当先，广大科研人员奋力攻关，数百万快递员冒疫奔忙，180 万名环卫工人起早贪黑，新闻工作者深入一线，千千万万志愿者和普通人默默奉献。全国人民不畏艰险、顽强不屈，自觉服从疫情防控大局需要，主动投身疫情防控斗争，为阻断疫情蔓延、为全国抗疫争取战略主动，作出了巨大牺牲和重大贡献。在抗击新冠肺炎疫情的过程中，中华儿女奋力斗争、齐心协力，共同构筑起一道坚固的防疫城墙。

抗疫斗争伟大实践再次证明，中国特色社会主义制度所具有的显著优势，是抵御风险挑战、提高国家治理效能的根本保证。在中国共产党的发展历程中，红色基因是党的精神之钙、理想之基、思想之源，也是党永葆生机、活力和魅力的基础。在抗击新冠肺炎疫情的斗争当中，全国人民在党的正确领导下，用实际行动积极传承并发扬优秀品质，铸就了伟大的抗疫精神。红色基因是中国共产党能够保持成功的密码，也经受住了此次疫情的严峻考验。面对突如其来的严重疫情，中国人民风雨同舟、众志成城，构筑起疫情防控的坚固防线，这些都充分展现了中国精神、中国力量、中国担当。

将红色基因发扬光大，具有十分重要的现实意义。红色意味着精神力量和坚定的信仰，这种信仰是建立在造福百姓的基础上的。红色基因是中国共产党的生命密码，记录了党一路走来的艰辛，也彰显出伟大的中国力量，这是中国共产党伟大事业发展的力量源泉。在战争年代，每个共产党员都愿意为党的事业付出自己的宝贵生命；在和平年代，作为一名共产党员，同样要敢于奉献、敢于担当。在抗击新冠肺炎疫情的斗争中，广大党员干部和基层党组织充分发挥带头作用，积极响应党和国家的号召，前往抗疫前线，挑起担子，发挥党员的模范带头作用。红色基因是党性的重要灵魂，并在党性教育中具有强大的生命力和感染力。党员干部在学习红色基因时，心灵能够得到触动、灵魂能够得到升华、情感能够受到感染、行为能够得到带动。因此，传承红色基因有助于精神文明建设和物质文化建设，也有助于全国人民做到同心同德、心手相连，共同为中华民族的伟大复兴而奋斗。

三、弘扬抗疫精神，引导学生坚定正确的人生信念

在抗击新冠肺炎疫情的斗争中，红色精神在弘扬社会主义核心价值观方面发挥了重要的作用。红色基因展现了共产党人崇高的思想境界，并在践行奉献精神中得到了传承和深化。青年学生群体处在世界观、人生观、价值观发展阶段，心智还不够成熟，对外界充满好奇，很容易受到错误观点或思想的误导。青年学生如果对党的使命和性质理解不够深入或产生偏差，将会影响自身的理想信念，甚至影响今后人生的发展方向。因此，各个学校的教师要充分发掘抗疫精神的内涵，并从中提炼对青年学生有教育意义的核心精神，为学生讲解抗疫事例中所体现出来的抗疫精神，从而实现思想价值信息的有效传播。相关教师要用中国共产党"人民至上""用心奉献"的精神和事例去激励青年学生，让学生深刻理解并领悟中国共产党的初心使命，引导学生坚定"听党话、跟党走""人民至上"的价值理念。教师要把红色文化的传播力和感染力用于青年学生的思想政治教育工作，并促使青年在未来的发展过程中树立积极向上的职业发展观念，把为人民谋幸福、为中华民族谋复兴的崇高理想作为自己的奋斗使命。

当前，在社会积极弘扬抗疫精神的背景下，全社会已经形成了共识，这进一步促进了社会主义核心价值观教育的发展，也为推动社会主义核心价值体系建设注入了更多的动力。而高校应当以此为契机，并借助内在的道德自觉和外在的激励措施，在大学生社会实践和党团组织活动中充分宣扬抗疫精神。高校可以借助创新创业活动宣传抗疫精神，并将其中体现出的团结、奋斗、奉献、担当精神凝聚起来，这对大学生未来的发展具有促进作用。高校教师要在教学过程中不断激励学生，让他们勇于创新、努力奋斗、求真务实，并始终保持积极向上的态度，努力克服困难，更好地规划未来的人生。在未来，广大青年学生要坚持"不忘初心、牢记使命"，始终铭记抗疫精神的内涵，并充分运用抗疫精神所带来的强大支撑力量，面对困难迎难而上，激励自己奋勇前进。只有大力弘扬抗疫精神，保持永不懈怠的精神状态，才能走好新时代的"长征路"。每个人都应该记住在这场没有硝烟的战争中努力付出的勇士，传承好中国共产党红色基因，弘扬伟大的抗疫精神，并继续朝着实现伟大中国梦的道路奋勇前进，更好地实现人生价值。

关于高校德育中重构大学精神的思考

　　大学，是社会文化发展的高地，是培养高级专门人才、传播先进思想和创造先进技术的中心。随着社会的不断进步，大学已从社会的边缘地带进入社会的中心领域，高等学校担负着培养和造就高素质创新型人才的历史使命。创新人才的培养也对高校德育提出了迫切的要求，使培养学生的创新精神、塑造学生的创新品质和营造大学创新文化氛围成为高校德育崭新的时代内容。创新精神涵盖了追求真理精神、实事求是精神、开拓进取精神、不懈探索精神、勇于献身精神等。从一定意义上说，这种精神集中体现了大学文化的核心与灵魂，即大学精神。大学精神作为一所大学心理面貌和教育水平的整体反映，是全校师生需要、情操、行为、理想、信念、价值和道德水平的标志。大学精神是一所真正意义上的大学的核心价值取向和信仰，是大学之所以成为"大"的精髓，它也是大学德育的终极追求。① 从本质上看，大学精神与德育教育是相辅相成、互为支撑的。大学精神要依赖德育教育而绵延，德育教育又借助于大学精神而深化。因此，大学德育教育有必要联系大学精神的德育功用，以此不断丰富我们的德育内涵和德育手段，提升德育的时代感和生命力，最终实现德育的价值目标。

一、 大学精神缺欠而不可或缺

　　大学是维护、传播、捍卫真理，探求新知识的场所，它担负着引导社会价值取向、规范社会行为的使命，对人类具有巨大的社会公共影响力。大学应该有自己的风范、风骨，这样才能培养出一身正气、对国家负责的人才。当前，处于社

---

① 金耀基. 大学之理念［M］. 北京：生活·读书·新知三联书店，2001：24.

会中心的逐渐大众化的大学，既要面对经济建设主战场，发挥其引导经济发展、提升经济品位的功能，也要成为文化建设的主阵地，应当站在社会思想道德和精神文化的制高点上引导社会健康和谐运行，引导社会文明向前发展，发挥其提升社会文化品位的功能。在精神财富增长速度远远低于物质财富增长的今天，大学呈现的诸多世俗化倾向是与大学培养人才的要求相悖的。大学应该为它的理想主义培养社会所需求的人才。"理想"是表现人们追求事物的完美性、完满性，并可以通过努力去实现的夙望；理想主义的本质是崇真、求美、向善、务实。没有这种远大的理想，不可能产生创新的激情和意识。显然，大学生创新意识、创新激情的培养和激发，需要通过品德、情操和正确的世界观、人生观、价值观教育才能实现。

大学文化是大学精神的集中体现，大学文化也是大学发展的核心竞争力。文化哺育和传承了学校精神，滋养着学校的生命力，激发着学校的创造力，铸造着学校的凝聚力。培养人才，与学校的文化底蕴、学校的精神密切相关。文化，根本在"化"。这"化"，就是内化、融合、升华和超越，把正确的做人处事之道渗透到灵魂里。但在跨世纪的改革过程中，无论是社会还是学校，往往只把学校当作一个知识的聚集地、传播地，而忽略了它的文化传播和精神凝聚方面的作用和优势。实际上，学生在学校更重要的是感受一种文化熏陶，包括学校学术氛围，教师治学态度、方法和高雅文化熏陶等。环境和氛围对学生的影响是潜移默化的，只有营造高品位的大学文化氛围，才能让学生耳濡目染，在这种氛围中感悟、理解、思考，净化灵魂，升华人格，完善自我。胡锦涛同志在全国科技大会上深刻指出："创新文化孕育创新事业，创新事业激励创新文化。"文化环境和氛围是一所大学办学理念和教育模式的标志性体现，一种崇尚和鼓励创新的大学文化氛围，是创新人才成长的摇篮。因此，高校德育应当在有利于创新人才成长的校园环境建设上有所作为，着力培育宽松、民主、自由、开放、合作、进取的校园创新氛围，提高大学的文化品位；充分重视个性塑造在创新人才成长中的特殊作用，担当起发展学生个性、培养创新人格的任务。这就需要我们的大学首先转变教育观念，把具备创新意识和能力作为对人才基本素质的内在要求，建立有利于创新人才脱颖而出的学业评价标准和评优评奖制度，实现由奖励考试成绩优秀的学生向奖励善于创新、发展业绩突出的学生转移，以此引导大学生开展创造性学习，激励他们全面、主动、创造性地发展；此外还要充分重视创新型学生集体的建设，使每一个学生具有健康向上的成才动机和友好的人际关系，形成集体内部团结合作、友善竞争的良好气氛，从而最大限度地发展大学生的创造力。

　　大学精神作为一所高校师生共同凝聚形成的核心价值取向和信仰追求，一旦形成就会不断浸透到大学文化的主体和各种文化载体之中，成为大学德育的优质土壤。当前，必须跳出狭隘的实用工具理性和技术操作型模式，重建具有民族和时代双重特色的大学精神，在培养学生远大的理想、坚定的科学信仰、高雅的文化修养、丰富的情感、高尚的道德操守、高度的社会责任感等优良品质方面发挥应有的作用。①

二、丰富高校德育内涵，重构和弘扬当代大学精神

　　引领我国大学精神培育和构建，其根本是社会主义核心价值体系，其目的在于培养社会主义事业的合格建设者和可靠接班人。新时代的大学精神和德育应当既体现鲜明时代特色，又体现大学博大精深的内涵；既体现大学的民族本土化特征，又体现普遍的国际性。

（一）树立以人为本的德育理念，让大学成为学生的精神家园

　　大学精神提倡的自由、民主，则可以通过激发学生学会自知和自强，形成个性自由。叶圣陶说过："教是为了不教。"就是说，使受教育者提高主体意识和具有自我教育的能力，从而通过自我修养而自我发展。因此，在大学教育过程中，必须树立和强化学生的主体意识，充分发挥学生的主体性，激发学生主动参与塑造大学精神的活动，培养学生塑造积极健康的人格。大学教育的长远责任是一种精神教化和生命关怀责任，一种深度的完整的人文关怀责任。人文精神是整个人类文化所体现的最根本的精神，或者说是整个文化生活的内在灵魂。它以崇高的价值理想为核心，以人的本身发展为终极目的。② 在提倡创新大学精神的今天，继承中华民族的优秀传统，呼唤人文精神在大学校园的回归，让大学成为学生的精神家园，势在必行。

　　高等学校必须坚持以人为本，做到充分尊重学生，使学校的一切工作都围绕育人这一中心展开，真正做到教书育人、管理育人、服务育人，促使青年学生的健康成长和全面发展。一位优秀的大学教师，给予学生的绝不仅仅是知识的传

　　①　罗一华. 试论高校德育内容创新的新视角 [J]. 杭州商学院学报，2003（6）：68－70.
　　②　陈媛. 让大学成为学生的精神家园——刍议大学人文教育 [J]. 合肥学院学报（社会科学版），2007（7）：120－121.

授、文化的传送，而是一种文化品位的示范、一种人文情怀的关爱、一种鲜活生命的尊重，教育的成功在于教师的人生进取理念能内化为学生的自觉认知。教师一定要能给学生一种境界上的影响、一种文化的思考、一种人格的力量、一种生命的状态。教师要引导学生去发现知识和社会现象背后的思想和规律，一次讲课、一次班会、一次讲话、一次谈心、一次活动，都要让学生心领神会、心悦诚服。教师以此创造这样一种境界：一种能激发兴趣，产生好奇心，宽容、宽松、平等，能点燃学生头脑中智慧火种的境界；一种能够唤起美感，唤起人性，唤醒沉睡心灵的境界；一种能够排除外界干扰，静静地读书，用思想去学习，去提升人格与内质的境界。生命是教育之本，教师应该给学生以生命成长的智慧，引导学生提升生命品质，使人生成为智慧的人生；应该时刻注意自己的言行举止，时时、处处、事事都起到表率作用；应该以自身对生命价值的追求、对生命航向的把握以及自身生命成长的历程给学生生命成长以启迪、以借鉴，给学生生命成长提供正确航线的航标、不断前行的动力、经受挫折的毅力和乐观豁达的心胸，使学生生活得更自觉、更快乐、更幸福、更有自信，内动力更强，生命力更旺盛，从而成长为具有快乐生活品质、丰富人性魅力和完善生命观的人。

（二）树立起全方位的德育教育观，保证德育工作的实际效果

高校德育工作是一项复杂的系统工程，做好德育工作不仅要靠思想政治工作队伍，还要靠全体教职工；不仅要靠课堂，还要靠课外；不仅要靠学校，还要靠家庭、政府和社会。这就要求高校以当代大学精神这一共同的价值目标为指引，实现全员、全方位、全过程育人的整体德育格局。要用大学精神的共同信仰凝聚各方面力量，形成教书育人、管理育人、服务育人，共同关心高校德育工作的强大合力，保证高校德育工作的实际效果。

马卡连柯曾说："一个人不能分一部分地来教育，而是由人所接受的各种影响全部总和综合地教育出来的。"大学精神作为一种具有独特气质的高雅文化而存在，在大学接受教育的人或多或少地受到大学精神的感染。作为一所大学整体氛围的体现，它切实存在于大学的各种活动中。① 苏联教育家苏霍姆林斯基曾说："学校是人们心灵相互接触的世界。"运用校风、校训、校史等学校环境的情境熏陶、渲染、渗透作用进行德育教育，能使广大青年学生在精神的塑造过程

---

① 俞亚芹. 论大学人文精神的回归［J］. 山西高等学校社会科学学报（社会科学版），2006（4）：119 - 122.

中，自然地接受无形的道德规范，把抽象的说教理论寓于具体生动的学习中。

校训，是学校学术和文化的结晶。高校校训是学校办学理念集中的体现，是大学精神的象征。大学文化是一种崇尚学术自由的文化，是提倡理论联系实际的文化。加州理工学院的校训"真理使人自由"就是这种文化的体现；麻省理工学院崇尚理论联系实际，它的校训是"动脑又动手"（Mind and Hand）；诺丁汉大学的校训是"城市建于智慧"，用现代语言来说，就是"大学是经济增长的发动机"。一个城市要想成为国际化大都市，就必须拥有一流大学作为后盾，但是大学带给城市的不应该仅仅是物质上、经济上的飞跃，还应该包含精神文明、文化修养的提升。大学文化是崇尚道德的文化，美国真正意义上的第一所大学宾州大学，它的校训就讲到道德："没有道德的法规是徒劳的。"上海交通大学的校训"饮水思源，爱国荣校"也体现了非常深刻的道德含义。"饮水思源"用英文来讲就是 thanksgiving，即"感恩"。人在生活中，感恩情怀不可缺少。感恩生命，感恩父母，感恩老师，感恩社会，感恩生活，感恩自然。感恩，是人生的必修课；感恩，能使社会更和谐，世界更美好。

（三）提升和丰富人的精神世界，实现高校德育价值目标

衡量高校德育绩效，一个重要的标尺是看学生能否始终保持昂扬向上的精神状态。从青少年成长规律来看，他们社会阅历不丰富，思想认识、价值观念尚不成熟。他们迫切需要一种增强自信、自立、自强的精神力量。大学精神是在一定的大学理念的基础上形成的。当然，并不是所有的理念都可以转化为大学精神。只有经过时间的洗礼并被认可的理念才有可能沉淀为大学精神。大学精神规范着大学的发展方向，使大学抵挡住各种诱惑和冲击，始终朝着终极目标前进。在大学数百年的发展历史上，涌现出一大批为科学、民主、自由而献身的学界楷模，他们的故事影响着继起的学人，激励他们继承大学精神，提升自身的精神境界，最终达到全面发展的目标。①

教育是人之自我建构的实践活动，这种自我建构是自我改造主观精神世界的内在实践活动。大学为人的发展和社会发展服务有特定的"法则"——通过文化精神创生和人文教化丰富人的精神世界，陶冶人的情操，提升人的德性，促进人的自由和解放，通过造就健全的人而造就一个健全的社会。笔者认为，在文化价值多元的当下，高校德育工作者可通过多种途径，运用跨文化选择、协调等办

---

① 王志刚. 大学精神是高校办学特色的灵魂［J］. 中国高教研究，2003（7）：14.

法，培养受教育者的一种国际理解态度，养成对多元文化共存、对人与人相互依存的"公正"与"共生"观念：公正以追求平等为目标，尊重一切人的基本权利，保障人生存和发展的基本水准；共生以尊重差异为前提，在尊重和理解不同文化、宗教、民族以及文化多样性的基础上，寻求人类共同生存的途径。[①] 全球化时代的大学不仅要作为科学技术、理论和文化的创新基地，也要成为社会道义、公正、平等和合作精神的策源地，成为追求人类共同理想的践行者和促进者。泽被人类，拯救人类共同家园，为促进国际理解和人类和平而努力，成为弘扬当代大学精神现实而紧迫的重要使命。

总之，随着我国经济环境、政治环境的深刻变化，以及全球化的冲击，高校德育背景也随之发生转变。培养和造就既具有民族传统美德，又具有现代观念和超前意识的独立人格的复合型人才已成为大学德育和大学精神的共同目标。我们要以培养和推行当代大学精神为引领，以科学发展观为指导，整合集中反映当代大学精神的德育资源，对德育工作进行系统规划、整体推进，建立健全与大学生成长成才需要相适应的德育制度体系，以达到全面育人的综合效果。

---

① 邓达，易连云. 跨文化视野下的高校德育变革［J］. 高等教育研究，2006（1）：98.

"三个倡导" 引领下的高校统一战线核心价值观培育

　　党的十八大报告在"加强社会主义核心价值体系建设"中，提出"倡导富强、民主、文明、和谐，倡导自由、平等、公正、法治，倡导爱国、敬业、诚信、友善，积极培育社会主义核心价值观"①。中共中央办公厅印发的《关于培育和践行社会主义核心价值观的意见》，在充分汲取学界已有理论探索成果的基础上，将"三个倡导"明确概括为"社会主义核心价值观的基本内容"。社会主义核心价值观不是对某一层面群体的规范要求，而是对所有中国特色社会主义建设者的价值规范与行为准则。高校往往汇集着党外各方面的优秀代表人物，高校统一战线是我们党的统一战线工作的重要领域和有机组成部分，肩负着为高校改革、建设、发展和社会稳定服务的重大历史责任。以"三个倡导"为引领，积极培育高校统一战线核心价值观，构筑统一战线成员丰盈的精神家园，对于提高参政党建设的科学化水平、实现中华民族伟大复兴的中国梦具有十分重要的理论和实践意义。

一、深刻理解和把握"三个倡导"的科学内涵

　　第一，倡导"富强、民主、文明、和谐"，是从国家层面对社会主义核心价值观基本理念的凝练，是我国社会主义现代化建设的奋斗目标。富强、民主、文明、和谐作为社会主义核心价值观，凝结了一百多年来先进的中国人的理想与价值愿望，同时也是基于现实的理想，是中国各族人民在中国共产党的领导下对现代化国家理想形态的价值表述。在改革开放和社会主义现代化建设新时期，我们的主要任

---

　　① 胡锦涛. 坚定不移沿着中国特色社会主义道路前进　为全面建成小康社会而奋斗——在中国共产党第十八次全国代表大会上的报告［N］. 人民日报，2012 – 11 – 18.

务是通过经济建设、政治建设、文化建设、社会建设和生态文明建设，实现全面建成小康社会的奋斗目标和中华民族伟大复兴的中国梦。这个宏伟目标从价值追求角度来说就是要达到"富强、民主、文明、和谐"，也就是说经济上要越来越富强，政治上要越来越民主，文化上要越来越文明，社会和生态上要越来越和谐。"富强、民主、文明、和谐"的核心价值观集中体现了中国特色社会主义现代化的价值目标和价值追求，符合当代中国共产党人和全体中国人民寻求民族复兴的共同愿景，是一个凝聚人心、鼓舞士气、激发活力、振奋精神的价值目标。

第二，倡导"自由、平等、公正、法治"，是从社会层面对社会主义核心价值观基本理念的凝练，反映了社会主义社会的基本要求。自由、平等、公正、法治是马克思主义的基本要求，也是我们党矢志不渝、长期实践的价值理念。我们党自成立起，就把带领人民实现自由、民主、平等写到旗帜上，并为之不懈奋斗。改革开放以来，随着我国社会主义市场经济体制的建立和社会主义民主政治的深入发展，广大人民群众的民主法治意识越来越强，自由平等观念日益深入人心，维护公平正义的要求也越来越高。正是为了适应广大人民群众这种新期待、新要求，我们党更加自觉地把自由、平等、公正、法治等理念深入扎实地体现在党的各项理论和实践之中。自由是指人的意志自由、存在和发展的自由，它是经济、法律、政治、道德等一切人所创造的文化世界的前提和目的。有了自由，人才会有尊严，才会有创造性和主体性，因而实现人人自由就成为社会主义的核心价值观。平等是指人们在经济、政治、文化等方面享有同等的权利，是人的最基本权利，关系到人的尊严和幸福。它要求尊重和保障人权，人人依法享有平等参与、平等发展的权利。公正即社会公平和正义，是以人的解放、人的自由平等权利的获得为前提，它是一个社会能够良性运行的基本保证。实现和维护社会公平正义既是化解矛盾纠纷、实现社会稳定的前提条件，又是创新社会治理、推进改革发展、构建社会主义和谐社会的内在之义，更是巩固党的执政地位和社会主义制度的根本要求。法治是治国理政的基本方式，依法治国是社会主义民主政治的基本要求，是实现自由平等、公平正义的制度保证。"自由、平等、公正、法治"，这一层次的核心价值观介入国家与个人之间，作为我们坚持和发展中国特色社会主义的核心价值追求，表明了我们党的理论勇气和智慧。

第三，倡导"爱国、敬业、诚信、友善"，是立足个人行为层面概括出的社会主义核心价值观。它覆盖社会道德生活的各个领域，是公民基本道德规范的核心要求。这一倡导，让社会公众找到了核心价值观里的"个人定位"，它为在诱惑颇多的多元化时代修炼个人道德操守指明了方向，是其他两个"倡导"得以"落地生根"的基础。我们只有自觉地把"爱国"作为不可须臾离弃的价值观，才能不断增强自身对伟大祖国的认同、对中华民族的认同、对中华文化的认同、对中国特色社会主义道路的认同，朝着富强、民主、文明、和谐的社会主义现代化强国迈进。敬业是对公民职业行为准则的价值评价，它要求公民有巩固的专业思想，忠于职守；有强烈的事业心，尽职尽责；有勤勉的工作态度，脚踏实地；有旺盛的进取意识，精益求精；有无私的奉献精神，公而忘私。诚信即诚实守信，是人类社会千百年传承下来的道德传统，也是社会主义道德建设的重点内容，它强调诚实劳动、信守承诺、诚恳待人。友善即与人为善，是一个人更好地融入社会的前提。它要求人们善待亲人以和谐家庭关系，善待朋友以凝结牢固的友谊，善待他人以构建和谐的人际关系，善待自然以形成和谐的自然生态。友善是公民优秀的个人品质，是构建和谐人际关系和社会关系的道德纽带，更是维护健康良好社会秩序的伦理基础。"爱国、敬业、诚信、友善"的社会主义核心价值观，集中体现了中华民族传统美德、中国共产党人革命道德和社会主义道德的精华，是中国共产党人对马克思主义公民道德和价值理念的新发展。

二、 高校统一战线社会主义核心价值观培育面临的挑战

（一）高校教师队伍价值观多元化特点突出

作为新时期高校统一战线主要方面的高校党外知识分子，他们工作在教学、科研和管理第一线，其队伍不断扩大，新成员大量增加，而且年轻化趋势日益明显，是高校改革发展的重要力量。这支队伍人员素质、能力水平参差不齐，他们的价值取向、思维方式、行为方式都呈现出多元化的特点。高校党外知识分子大都看重自己的人格尊严，注重自身的社会价值。高校统一战线队伍还包含一部分留学人员，他们在国外进修、访问、合作研究或交流一年以上，在高校知识分子中所占的比例逐年增加。这部分人员多数出生在 20 世纪 60 年代至 80 年代，具有高学历、中高级职称，他们与外界联系密切，眼界开阔，思维活跃。受西方价值观不同程度的影响，他们在思想观念上也呈现出一些特点，如重学术、轻政治；重个体、轻集体；重教书、轻育人；重做经师、轻做人师等。在一些理论问题与实践认识上也存在模糊之处。当前，世界范围内各种思想文化相互激荡，我国正处于全面建成小康社会和人民群众精神文化需求不断增长、社会现实生活日益丰富的社会变革时期，由于

新旧价值观的矛盾冲突，一些人往往茫然失措，无所适从，陷入迷惘、困惑，甚至堕落。如何鼓励和引导高校统战成员将实现个人价值与全面建设小康社会伟大事业紧密结合起来，是新形势下高校加强主流意识形态建设的新课题。

（二）高校统一战线承受的外界冲击力与日俱增

面对当前社会经济利益和分配方式多样化，社会结构急剧变动，利益关系深刻调整，各种社会矛盾凸现，高校统一战线已成为西方价值观和社会思潮侵袭和渗透的重要领域。在高校校园内，通过网络传播的一些鼓吹西方民主、自由和人权的言论以及某些境外宗教组织宣传的宗教教义，对党外知识分子以及青年学生的思想产生了多方面的不良冲击，对高校的稳定、改革和发展产生了诸多不利因素。随着新旧体制的交替，原有利益关系格局的突破与调整，统一战线成员的利益问题也成为现阶段高校统一战线面临的主要问题。如何以"三个倡导"的科学价值理念引领高校统战成员，对多元价值观进行比较、鉴别、反思、批判、选择，促使他们在改革开放和现代化建设中坚守和践行正确的价值信仰，是高校统一战线在新时期面临的重大课题。① 统一战线成员只有在国家、社会、个人三个层面积极培育和践行社会主义核心价值观，中国特色社会主义统一战线事业才能不断发展壮大。

（三）部分高校教师师德失范现象时有发生

学为人师，行为世范。当前，高校教师队伍主体积极健康向上，拥护党的领导，对坚持和发展中国特色社会主义充满信心，热爱教书育人事业，关心关爱学生，为高等教育事业发展做出了重要贡献。同时我们也应看到，个别教师言行失范、师表缺乏。少数教师敬业精神淡化，育人意识淡薄，服务意识不强。在一些错误思潮以及拜金主义、功利主义、极端个人主义等不良观念的冲击下，他们政治信仰缺失、理想信念模糊、价值取向扭曲，从而消解了中国特色社会主义主流意识形态的影响力。少数新教师由于没有快速完成角色转换，言行举止不规范，对授课内容的理解以及教学方式、手段的运用不够恰当、不够灵活，缺乏教学总结和反思，教学水平偏低。也有部分教师对待教学工作敷衍了事，科学研究急于求成，论文抄袭、学术造假等师德失范现象亦有发生。一些老教师工作热情减退，甚至有个别教师政治立场不坚定，自由主义思想泛滥，借一些个人成见和怨气任意发牢骚，给学生留下不好的印象。这些给新时期高校统战工作提出了新的要求和挑战。

---

① 陈晓莉．整合与引领：统战成员社会主义核心价值观之培育与践行［J］．理论探讨，2013（5）：15－18.

三、 高校统一战线社会主义核心价值观培育的路径

（一）强化理论宣传，丰富培育形式

高校要切实抓好教师的思想政治学习，积极引导教师加强中国特色社会主义理论体系的学习，紧紧围绕实现中华民族伟大复兴中国梦这一目标，营造针对社会主义核心价值观的讨论、研究和宣传的学术环境与舆论氛围，积极打造和建设校园品牌网站，建设校园文化新阵地。在深入学习贯彻党的十八大精神和习近平同志系列讲话精神的基础上，以"三个倡导"引导统一战线教师职工参与培育和践行社会主义核心价值观活动。在理论宣传形式上，高校要坚持以人为本的原则，不能只局限于报告会、研讨会、讲座等方式，要充分利用微博、微信、网络论坛等新媒体便捷性、平等性、灵活性、交互性等特点，采取开放与融合、监督与疏导相结合的方针，注重人文关怀，传播正能量。高校要将理论教育与社会实践相结合，提升理论的吸引力和感染力，如选派民主党派和无党派教师到政府部门、企业部门挂职锻炼，鼓励教师深入基层参加生产劳动、开展调查研究等，不断提高统一战线教师的思想政治觉悟。

（二）关注利益诉求，维护和谐稳定

维护高校统一战线的和谐科学发展，必须充分发挥社会主义核心价值体系的导向性作用和凝聚性作用，遵循"尊重理解团结人，关心照顾争取人，民主协商凝聚人，强化教育引领人，搭建平台发展人"的科学方法，正确引导统一战线人员的价值观念和利益诉求，在尊重差异中扩大统一战线，在包容多样差异中寻找思想共识，在统一战线深入开展"凝聚力工程"活动，充分有效发挥高校统战桥梁纽带的作用，为构建和谐校园形成合力。[①] 具体而言，高校可以形成由党委宣传部、统战部牵头，其余部门负责人共同组成的舆情研判小组，在全面、广泛、真实地搜集汇总舆情的基础上，对统一战线的舆情进行定期研判，维护学校的安全稳定。可以从以下两个方面入手：一是注重利益问题的处理。高校统一战线工作需要积极引导广大党外知识分子正确看待和处理好国家利益与自身利益、全局利益与局部利益的关系，及时掌握其思想动态，适时了解其忧其难并给予恰当排解，进而为中国特色社会主义现代化建设奠定稳定的发展基础。二是注重个

---

① 刘杰，刘婵，郭小雨. 增强高校统战活力　以社会主义核心价值观引领社会思潮——基于辽宁省大学生社会思潮现状的抽样调查［J］. 辽宁省社会主义学院学报，2013（3）：56－60.

人价值的体现。高校是知识分子云集之地，对这个群体而言，除了基本的生存需要之外，他们还有实现自我价值的渴望和需求。高校统一战线工作要采取有针对性的措施和方法，通过开展工作将这一群体的知识、技能和热情较好地与中国特色社会主义现代化建设实际需要相结合，为构建和谐校园、和谐社会服务。

（三）进行师德建设，突出道德价值的作用

高校统一战线开展社会主义核心价值观培育，要坚持师德为上的理念，深入贯彻落实《高等学校教师职业道德规范》，建立健全师德建设长效机制。要改变重业务、轻道德的不全面、不科学的评价标准，建立和完善一套体现教师职业道德高低的、科学合理的教师职业道德考核评价指标体系，将教师职业道德要求制度化、规范化。这套考核体系应该尽量涵盖高校教师职业道德的主要内容，操作上要切实可行，态度上要公正科学，执行上要准确有力。道德评价的内容主要是教师的"教书育人""管理育人"工作，具体说是教师的文化视野和价值取向两方面；评价的标准是教育效果和教师职业道德规范，两者的结合明确了教师作为一个"文化人"的责任感与使命感。在当今权威弱化、信仰危机的社会转型期，应以中华传统美德为切入点，使社会主义核心价值观融入高校统战成员的工作和生活实践之中，引导他们崇德向善、见贤思齐，向往和追求讲道德、尊道德、守道德的生活，从而树立科学的价值信仰。

（四）强化组织领导，形成培育合力

高校要加强对党外代表人士特别是有发展潜力的党外骨干人才的培养，积极为党外优秀干部创造多岗位历练的机会，帮助他们提高素质和能力。要深化党外代表人士队伍一体化体系建设，完善党委领导、统战部牵头、各有关部门密切配合的工作机制，积极为党外代表人士主动作为、建言献策和充分发挥作用搭建平台、创造机会。① 高校统战工作一定要把好后备人才"测评关"，要把是否具有社会主义核心价值观作为选人用人的基本原则和标准；要把社会主义核心价值观细化为后备人才参加民主测评时"德、能、勤、绩、廉"中"德"的基本内容，接受民意的公开测评，以公开促公平，以公平促公正。对已被列入后备人才库的人员，要根据他们的专业方向和素质能力，按照"能位匹配"的原则做出适当安排，逐步建立起"统战英才库"，建立党外代表人士和后备干部信息库，为统一战线持续发展提供强有力的人才支撑。

---

① 宋欢. 高校党外代表人士培养选拔机制研究［J］. 人民论坛，2012（32）：40 –41.

中篇

新时代大学生核心价值观培育探微

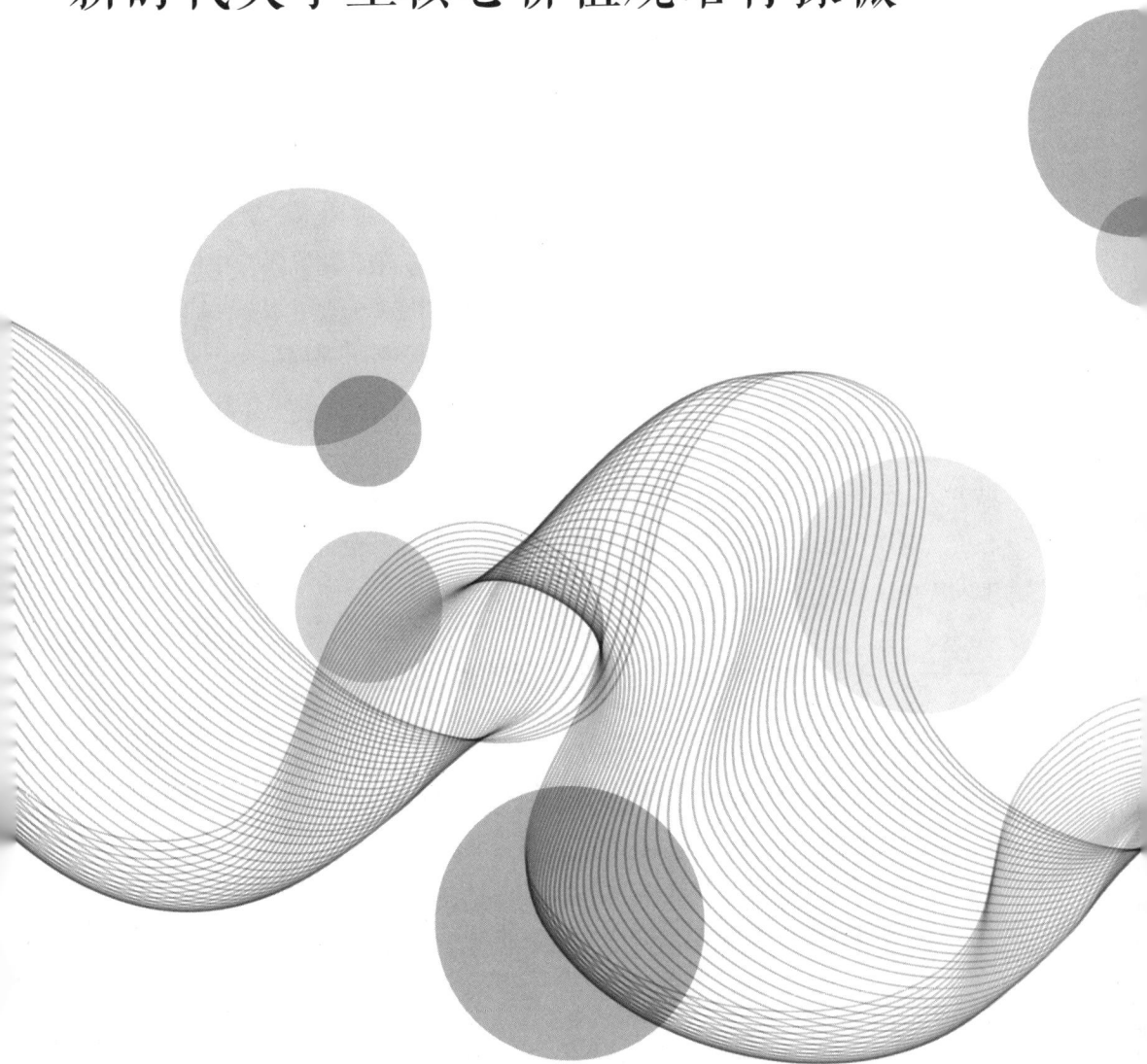

素质教育视域下当代大学生核心价值观培育探微

新世纪新阶段，建设和谐文化、建设社会主义核心价值体系，必然要求进一步全面推进素质教育。面对由于社会快速转型引起的"思想激荡"，大学生素质教育需要坚持社会主义核心价值观引导，对所谓"去道德化"思潮加以科学鉴别，坚持用社会主义核心价值体系教育当代大学生，努力培养具有中国特色社会主义事业的建设者和接班人。高校应从社会发展的现实需要、大学生自身价值实现的理想追求以及社会群体对大学生成长成才的期望等方面清楚地认识到坚持社会主义核心价值体系的迫切需要，把全面实施素质教育作为思想政治工作的主题，进一步加强和改进新时期大学生思想政治教育工作；把引导大学生坚信马克思主义指导思想、坚定走中国特色社会主义道路，培养与构建大学生社会主义核心价值观作为全面实施素质教育的首要任务，进而在社会主义核心价值体系建设中发挥推动作用。

一、 关注价值取向： 素质教育的新理念

马克思说："'价值'这个普遍的概念是从人们对待满足他们需要的外界物的关系中产生的。"① 这句话可以这样理解：第一，价值是指客体（外界物）满足主体（人们）的需要的属性；第二，价值是客体与主体的需要之间的一种关系。也就是说，当客体与主体发生关系，并且能满足主体的某种需要时，便产生了价值。通俗地说，价值是一种对人、阶级和社会有某种用途或积极意义的东

---

① 马克思恩格斯全集：第 19 卷 ［M］. 北京：人民出版社，1963：406.

西。① 价值观是人们关于什么是价值、怎样评判价值等问题的根本观点。价值观的内容，一方面表现为价值取向、价值追求，另一方面表现为价值尺度和价值准则。价值取向决定着大学生价值观的选择方向，对大学生的价值选择起着方向性的决定作用。

素质教育是指一种以提高受教育者诸方面素质为目标的教育模式，它重视人的思想道德素质、能力培养、个性发展、身体健康和心理健康教育。素质教育，从本质上说，是以提高全民族素质为宗旨的教育。它着眼于受教育者群体和社会长远发展的要求，是以面向全体学生、全面提高学生的基本素质为根本目的，以尊重人的主体性和主动精神，注重开发人的智慧潜能，注重形成人的健全个性为根本特征的教育。素质教育是社会发展的实际需要，是当今我国教育改革和发展的主旋律。素质教育涉及方方面面，具有丰富的内涵，这些内涵均与价值观有关，离不开正确价值观的导引。一个人的成功，不仅取决于知识要素，更重要的是受健康情绪的激励，高尚人格的引导，意志力量的支配以及世界观、人生观、价值观的驱动。素质教育促使受教育者坚持科学的世界观，选择健康的人生观，形成积极向上的核心价值观。

在某种意义上，一个人是否有明确而坚定的价值观，是判断其心理成熟、人格健康与否的重要标准。新世纪的大学生是最具开拓精神和创造精神的一个群体。他们富有朝气，满怀理想，勇于参与，是祖国的未来，是我国社会主义现代化建设的中坚力量，也是在新时期构建和谐社会的重要力量之一。其价值观不但会影响自身的思想道德状况，还将直接影响整个中华民族的发展和未来。大学生的价值观由政治观、道德观、学习观、人际观、审美观、职业观等价值体系构成。大学阶段是大学生人生价值观体系构筑的重要阶段，只有抓住社会主义核心价值观这个关键，才能构筑大学生完善的价值观体系。树立正确的、健康的价值观体系，将提高大学生的境界、情趣、品位，培育他们乐观、豁达、宽容的精神，促进他们素质的全面提高、能力的全面发展，塑造他们自尊自信、理性平和、积极向上的社会心态，以开阔的心胸和积极的心境看待一切，用理性合法的方式表达利益诉求。教育部《2007年工作要点》强调，要"把社会主义核心价值体系融入国民教育全过程，进一步加强素质教育"。当前，在构建社会主义核心价值体系的背景下，我们要努力使社会主义核心价值

---

① 缪明发，潘俊英. 思想政治教育概论［M］. 武汉：武汉工业大学出版社，1996：136.

观成为大学生价值体系的中心，同时不失大学生本身的价值观特点，达到共性与个性的统一。

二、坚持社会主义核心价值观引导：高校素质教育基本的教育信念

大学生价值观的多元化、功利化、矛盾化存在一定的盲目性、逆反性和无序性，要化解大学生出现的困惑、迷茫、盲从，必须通过构建大学生社会主义核心价值观来引领、统摄、整合多样化的价值观，通过倡导积极的，支持有益的，改造落后的，抵制腐朽的来调适、规范多元价值观，使大学生的价值选择不再无所适从，而认同、归依于符合民族和国家整体利益的价值评判标准。

社会主义核心价值观，是指那些在社会主义价值体系中居统治地位、起指导作用、从深层次科学回答"什么是社会主义"这一根本问题、在马克思主义理论体系中占据核心地位的价值理念。在我国科学社会主义的基本价值理念中，只有以马克思主义指导思想为灵魂、以中国特色社会主义共同理想为主题、以民族精神和时代精神为精髓、以社会主义荣辱观为基础的价值观，才能称为社会主义核心价值观。这些方面互相影响、互相作用，形成一个统一的整体，提供了建设中国特色社会主义所需要的价值取向。社会主义核心价值观教育内容就是社会主义核心思想观教育、社会主义核心政治观教育和社会主义核心道德观教育等三个主要方面的教育。社会主义核心思想观教育就是马克思主义的指导思想教育，是马克思主义的辩证唯物主义世界观和方法论教育，用马克思主义的科学理论来武装人们的头脑，提高人们认识世界、改造世界的能力，引导人们运用马克思主义的立场、观点和方法来分析、解决各种思想问题和实际问题，牢固树立科学的世界观，掌握科学的方法论，克服资产阶级及其他一切剥削阶级和错误思想的影响。当前，社会主义核心政治观教育要坚持理想信念教育，帮助人们树立中国特色社会主义共同理想和共产主义的最高理想；坚定在社会主义初级阶段发展中国特色社会主义的信念；坚持国家至上、集体为先的政治观，加强以爱国主义为核心的集体主义精神和民族精神教育，以改革创新精神为核心的时代拼搏进取精神教育。社会主义核心道德观教育是进行马克思主义的科学社会主义和共产主义道德观教育：坚持诚信为本、和谐为根的道德观，在当前具体表现为社会主义荣辱观教育。社会主义核心价值观教育是关于马克思主义的真、善、美观点的教育，这些教育内容体现的最终价值目标是力求塑造教育客体真、善、美统一的和谐人

生境界。

随着我国高校教育制度改革和经济全球一体化进程的加快，对人才的需求已经不再仅仅单方面地考虑文化知识水平，而对人的综合素质，尤其是思想道德文化素质提出了更高的要求。因为人的素质构成具有复合性，其中思想道德素质对于人的整体素质不仅具有渗透作用，而且发挥着引领作用。胡锦涛同志指出："以理想信念教育为核心，深入进行正确的世界观、人生观、价值观教育；以爱国主义教育为重点，深入进行民族精神教育；以基本道德规范为基础，深入进行公民道德教育；以大学生全面发展为目标，深入进行素质教育。"[①] 教育以德育为先，素质教育是根本。学校教育是为一个人的终身发展奠定良好的、健康的、以德性品格为核心的思想道德素质的基础阶段，对人的影响具有目的性、系统性、集中性的特点。大学生的核心价值观对大学生的思想道德和行为方式起着导向的作用，对大学生的成人、成才、成事、成功，乃至日常学习、生活都有着重要的影响。培育当代大学生的核心价值观，是建设社会主义核心价值体系的题中应有之义，也是大学生理想信念教育进程中的一个重要环节。在高校德育中坚持核心价值观引导是帮助大学生顺利融入社会、积极适应和参与社会进步与社会建设、实现个人价值的有效途径。高校德育工作者要不断适应新形势的变化，要体现出社会主义核心价值观在高校思想政治教育中的统领和主导地位，展现高校思想政治教育内容的时代内涵与当代特征，用社会主义核心价值观筑牢当代高校大学生思想政治基础。在当前形势下，提倡培育和建构当代大学生核心价值观，对于深入贯彻落实科学发展观、进一步加强和改进大学生思想政治教育工作、建设社会主义核心价值体系、促进高校校园的和谐稳定和大学生的全面发展，具有重要的现实意义。因此，坚持核心价值观引导成为高校素质教育基本的教育信念和主张。

三、以核心价值观培育为导向：高校素质教育实施的基本路径

培养当代大学生的核心价值观，关键是培养和增强当代大学生对核心价值观的认同和信仰，将核心价值观确立为价值追求，并掌握正确的评判标准。这就要求大学生在社会主义核心价值体系的引领下，把确立个体的价值目标与认同中国

---

① 胡锦涛. 进一步加强和改进大学生思想政治教育工作［N］. 人民日报, 2005 - 01 - 19.

特色社会主义共同的价值目标紧密联系起来、与时代的发展和社会的要求紧密联系起来、与日常的学习和实践紧密联系起来。社会主义核心价值体系教育的根本，是在信念层次上帮助大学生树立正确的价值观，将社会主义核心价值观的培育作为高校素质教育的首要任务。在教育中，应该"抓两头，促中间"，用社会主义核心价值体系最高标准要求学生中的骨干，启发和引导他们不断发挥积极向上的作用；同时也要用最基本的价值观念，引导和规范少数思想尚不成熟，甚至缺少基本道德认知和行为的大学生。一方面，要对大学生中存在的各种错误价值观毫不含糊地进行批判，坚持用马克思主义的立场、观点、方法教育大学生，帮助大学生正确认识和坚持社会思想意识中的主流，在错综复杂的社会现象中看清其本质。另一方面，要针对社会改革开放价值主体多元的现实，尊重大学生的个性差异和价值选择，对其加以正确引导，使大学生在多元价值取向之间保持合理的个性张力，进而提高他们对核心价值体系的认同感，并在多元文化互动中保持其时代主导精神。

（一）以人为本、重在建设，实现理论灌输与实践活动相结合

坚持以人为本，遵循大学生的身心特点和思想政治教育的规律，防止教育内容过于抽象化而导致理论与实际的脱离。马克思曾说："理论只要说服人，就能掌握群众；理论要说服人，就要彻底，所谓彻底，就是抓住事物的根本，而事物的根本不是别的，只能是人本身。"[①] 大学生的世界观、人生观、价值观的确立，是外在的舆论宣传、价值导向和个人生活经历、学习过程、内在感悟相互作用的结果。社会主义核心价值体系教育是一个从外部对受教育者施加影响的过程，而大学生核心价值观的形成，是通过主体的自主活动与自主构建来内化完成的。脱离了大学生的实际需要和兴趣，社会主义核心价值体系教育将变得"低效"甚至"无效"。因此，必须尊重广大学生的主体地位，关心学生的精神诉求和实际需要，切实解决他们最关心、最直接、最现实的利益需要，积极开展心理拓展，提高心理素质，为社会主义核心价值观教育活动奠定良好的心理基础。

培养大学生的社会主义核心价值观，必须使教育内容和形式贴近大学生现实、贴近时代，符合大学生的心理特点，把"以人为本"的理念贯彻到高校的教育、管理和服务之中。在充分认识大学生价值规律、价值特点、价值需要，特别是出现在大学生群体中的价值问题的基础上，因群体而异、因人而异地实施社

---

① 马克思恩格斯选集：第 1 卷［M］．北京：人民出版社，1995．

会主义核心价值体系的宣传教育。社会主义核心价值体系教育主要是进行理想信念、爱国主义、时代精神、道德规范的教育。教育活动，主要由课堂教学、社团活动、校园文化和心理拓展四个主要部分构成。课堂教学是大学生社会主义核心价值观教育的主渠道、主战场，特别是将社会主义核心价值观融入思想政治理论课教学活动中。同时，在大学生社团活动中充分融入社会主义核心价值观教育，如参观爱国基地、关心时局、演讲、辩论社会主义荣辱观等。要倡导和推动学生更多地参加青年志愿者活动、公益劳动、"三下乡"活动、帮贫扶贫活动等，把价值观的构建从课堂延伸到社会，由理论转向实践；在实践中宣传爱国主义、革命英雄主义，赓续革命传统，从历史与现实的结合中，促使大学生明确自己肩负的社会责任和历史使命，形成责任意识和责任感，找准个人在社会中的正确位置，从而树立社会主义核心价值观。在校园文化建设中，也要充分融入社会主义核心价值观教育。将社会主义核心价值观融入丰富多彩、具有个性的校园文化活动，精心设计和组织贴近学生情感、贴近校园生活、贴近学校实际的思想政治、学术科技、文娱体育等校园文化活动，让抽象的理论说教通过新鲜活泼的校园文化变得生动、具体和充实，使校园文化活动成为先进文化的生动表现形式。①

（二）将社会主义核心价值观教育有机地渗透到高校课程与教学中，形成全方位的社会主义核心价值观教育体系

思想政治理论课是大学生核心价值观教育最直接、最有效的平台，在建设社会主义核心价值体系中占据着基础地位，发挥着主渠道、主阵地的作用。思想政治理论课教师在讲授理论课时，可以从国内外重大事件，或者从大学生最关心的热点问题着手，透过现象看本质。要通过课堂教学使大学生看清国内外重大事件的本质，要从理论上使大学生明白这样做的道理，从而加深其对社会主义核心价值体系的理解。通过教学帮助大学生树立科学的世界观、人生观和正确的价值观，激发大学生的情感、信念、理想，并逐步引导其形成积极向上的价值观。除了高校思想政治理论课教师和党校教师外，高校各科专业课的教师在教学中，不仅要向学生传授知识，也要强化社会主义核心价值体系教育。在教学中，将教授学科知识和培养学生良好的社会主义核心价值观结合起来，把社会主义核心价值体系教育有机地渗透到学科教学中，形成一种全方位的社会主义核心价值观教育

---

① 李晖，魏剑波. 把社会主义核心价值体系融入校园文化建设［N］. 光明日报，2008 - 11 - 22.

体系。在课程设计中要确定好核心价值观教育在所有教育内容中应占的比例，并根据青年身心发展的特点和阶段设定阶段性的培育目标，围绕目标设计教学内容、活动方案。同时，还要注意与政策、制度、法律等互相配合，比如，修改和完善包括学生守则等在内的原有学校教育中与价值观直接相关或者间接相关的制度和内容，使之更加符合培养学生树立核心价值观的需要。大学生社会主义核心价值观的形成，有赖于教育、政策、制度、法律等多种手段的合力。这是我们提高教育质量的根本保障，也是增强社会主义核心价值体系教育整体实效的策略基础。[①]

（三）着力培养造就一代高度认同社会主义核心价值观的教育工作者

教育工作者自身高度认同社会主义核心价值观是培育学生树立社会主义核心价值观的关键因素，因此要加强教育工作者群体的社会主义核心价值观培育。教育工作者具有特殊的职业身份和职业责任，他们的言传身教对受教育者和社会有着不同于一般人的影响力。教师的自律精神、道德素质，不仅能让大学生感受和体会到，而且对他们树立核心价值观具有长远的影响。教育工作者的研究成果和教育工作及价值观，对整个社会的观念走向，以及一代又一代的受教育者的影响都非常重要。社会应该对教育工作者群体进行重点培育，让他们在社会主义核心价值体系建设中发挥积极的影响力和引导作用。学校在招聘教职工时要将是否认同社会主义核心价值观作为首要条件，在日常工作中要继续加强对教职工的思想教育和行为规范，同时还应严格考核教职工对学生进行核心价值观培育的绩效。要结合教书育人的岗位特点，鼓励教师树立报效祖国和人民的高远志向，培养勤勉踏实的治学精神、教书育人的敬业精神和为人师表的高尚品德，培养具有学识魅力与人格魅力的教师。要紧紧围绕构建社会主义核心价值体系的目标要求，坚持以正面教育引导为主，在营造浓厚舆论氛围上下功夫，在深入和普及上下功夫，在进教材、进课堂、进头脑上下功夫，做到全员育人、全过程育人、全方位育人，使社会主义核心价值观润入学生的心田，使高校真正成为践行社会主义核心价值观的坚强阵地。

---

① 魏林，朱文华. 大学生思想道德素质培育中突出社会主义核心价值体系教育研究 [J]. 西南大学学报（社会科学版），2009（6）：99-100.

抗疫精神对新时代大学生价值观塑造的引领功能

在全国抗击新冠肺炎疫情表彰大会上，习近平总书记发表了重要讲话，讲话中精辟概括了"生命至上、举国同心、舍生忘死、尊重科学、命运与共"的抗疫精神①，并提出要在全社会弘扬伟大抗疫精神。伟大的时代离不开伟大的精神支撑。在抗疫斗争中，全国人民坚持"一盘棋"行动，将各方力量拧成一股绳，努力攻坚克难，积极回应和落实抗疫举措，孕育出宝贵的"抗疫精神"。抗疫精神具有深刻的时代内涵，为新时代发展共振提供了强而有力的精神支撑和动力保证，对大学生价值观塑造具有重要的引领功能。针对新时代大学生价值观教育面临的现实问题，运用好最鲜活的抗疫事例对他们进行价值观教育，让大学生感同身受，并深刻地体悟和践行这一伟大精神，是当前高校思想政治教育的重要课题，具有非常重要的价值和意义。

一、 新时代大学生价值观教育面临的问题

"五四"青年节习近平在北京大学师生座谈会上的讲话中指出："青年的价值取向决定了未来整个社会的价值取向，而青年又处在价值观形成和确立的时期，抓好这一时期的价值观养成十分重要。"② 新时代大学生是我国青年人中受过高等教育的庞大群体，毫无疑问是未来社会的中坚力量，其价值观教育是教育环节中最重要的一环。新时代的大学生有着更加富足、轻松、便利的成长环境，有着更加优渥的教育条件和更加丰富的教育资源。但与此同时，新时代大学生价

---

① 习近平. 在全国抗击新冠肺炎疫情表彰大会上的讲话 ［N］. 人民日报，2020 – 09 – 09.

② 习近平. 青年要自觉践行社会主义核心价值观（二〇一四年五月四日）// 十八大以来重要文献选编 ［M］. 北京：中央文献出版社，2016：6.

值观教育也面临着各种挑战和问题，亟待解决：多元价值观冲突，意识形态防线不够牢固；价值观教育的理念转变滞后，忽视大学生主体地位；各种不良思想文化影响，文化建设进程受阻。

（一）多元价值观冲突，意识形态防线不够牢固

在现如今网络信息高速发达的情况下，来自不同地方的多元价值观快速而广泛地传播，社会主流价值观受到复杂多样的文化信息挑战和冲击。不同国家之间发生的意识形态斗争已经渗透到当代社会的各个层面，各种对于价值观和国家意识形态的解读和理解层出不穷，大学生在学校接受专业学习的同时也受到良莠不齐的网络信息的影响。当代大学生的价值观总体上呈现出健康积极向上的趋势。大学生可以随时随地通过网络了解关于国外的文化价值观和获取各类外界信息。他们的思想较为独立自由和开放，在面对国内国际政治大事时有着自己的判断和思考，会产生自己的看法和见解。但由于大多数青年大学生的身心发展还处于不成熟阶段，个人价值观也并未完全成型，在西方蓄意的价值观渗透下，他们的意识形态防线容易动摇，在面对不同的价值观时难以区分优劣和正误，缺乏理性的判断，不够坚定自己的想法和观点，从而被不良的价值观误导。比如，西方社会普遍倡导个人主义、功利主义，强调个人利益至上，追求所谓的"民主自由"，而中国特色社会主义社会则强调集体主义原则，倡导集体利益高于个人利益。在这种情况下，当代大学生的价值选择可能会松动。

（二）价值观教育的理念转变滞后，忽视大学生主体地位

对新时代大学生进行价值观教育的教育者主要有家庭、学校和社会三个层面。其中，学校的教育引导作用尤为重要和关键，是进行思想政治教育工作的主阵地。但现如今大多数高校还在沿用旧的价值观教育模式。有调查研究结果显示，当前价值观教育存在抽象、空洞、知行剥离的问题，表现在学校开展大学生社会主义核心价值观教育过程中有效教学方法不多，或是机械性记诵，或是意义层面的抽象演绎，显得价值观教育时效性不强，而且以传统的价值观教育案例来进行教育，往往因离现实生活较远而使学生不感兴趣，导致价值观教育边缘化。① 同时还存在形式主义的问题，对于正确价值观的导向和宣传教育工作的落实流于表面，并未真正落到实处，更没有让处于价值观教育主体地位的大学生得

---

① 许珍芳，余绪鹏. 大学生社会主义核心价值观教育途径实证研究［J］. 教育评论，2015（3）：65－67.

到应有的重视和关注。在信息"快餐式"传播的传媒时代，新媒体传播手段多样，一些大学生的价值观认知出现了偏差，在社交媒体上发表不当政治言论甚至犯了严重的政治错误，而学校要做的不是"一刀切"，更不是只停留在说教层面，而是要根据具体情况具体分析，进行价值观教育，及时更新和转变教育理念和教育目标任务。学校要确立好教育目标中心，有一个基本走向和发展方向，更重要的是让大学生感受到高校进行教育工作的决心和动力。面对学生表现出的不良政治思想倾向，要从根本上进行教育引导，建立起强而有效的教育机制。

（三）各种不良思想文化影响，文化建设进程受阻

党的十九大报告指出："文化是一个国家、一个民族的灵魂。文化兴国运兴，文化强民族强。没有高度的文化自信，没有文化的繁荣兴盛，就没有中华民族伟大复兴。"① 文化在人类历史长河中一直具有重要的地位和不可忽视的重要影响，对社会发展的意义十分重大，社会生活中的方方面面多与文化息息相关。然而，文化在呈现出异彩纷呈的斑斓景象的同时也隐藏着各种危机和挑战，形形色色的思想文化通过多种信息渠道传播到社会中，文化建设进程陷入了困境，遭到了各种阻碍。例如，近年来，在"饭圈文化"、炮制流量明星的不良影响下，青少年在社交、生活、学习等方面产生了价值偏差，急功近利、投机取巧、走捷径、不劳而获的思想观念日积月累，网络诈骗、网络暴力以及青少年犯罪时有发生。部分大学生对优秀文化和劣质文化的辨别能力较弱，把好的思想文化当作糟粕，甚至还存在"崇洋媚外""历史虚无主义"和"民族虚无主义"的文化倾向。个别大学生发表"精日"言论、在网络上公然辱骂英烈，忘记历史的教训，罔顾历史的真相，丝毫不尊重先烈，这种行为是可耻的，更是可悲的！这些大学生已然没有了民族自尊心，我们不仅要警惕这样的事情发生，更要懂得进行反思。然而我们需要做的并不是排外，更不是阻断国与国之间思想文化的传播和交流，而是要善于从源头寻找原因、发现问题，以期找到根治的方法。不仅要对大学生进行中国特色社会主义先进文化的熏陶，让他们自觉对各类思想文化"取其精华，去其糟粕"，更要在全社会宣扬优秀的思想文化、开展相关的学习实践活动，促进社会文化建设的健康发展和进步。

---

① 习近平. 决胜全面建成小康社会 夺取新时代中国特色社会主义伟大胜利——在中国共产党第十九次全国代表大会上的报告（2017年10月18日）[N]. 人民日报，2017-10-28.

二、抗疫精神对大学生价值观教育的重要意义

抗疫精神在伟大的抗疫斗争中凝结而成，具有非常深刻的教育价值，是对新时代大学生进行价值观教育的生动教材和重要抓手。新时代大学生的价值观教育面临的问题日益凸显，抗疫精神的针对性和时效性则对问题的解决思路有着很关键的作用。讲好抗疫故事，弘扬抗疫精神，对大学生得到正确价值引领、高校立德树人工作得到有效落实以及社会主义先进文化建设得到充分发展都有着十分重大的意义和价值。

（一）抗疫精神是正确引领大学生价值观教育的有机载体

习近平在纪念五四运动 100 周年大会上的讲话中指出："新时代，中国青年要勇做走在时代前列的奋进者、开拓者、奉献者，毫不畏惧面对一切艰难险阻，在劈波斩浪中开拓前进，在披荆斩棘中开辟天地，在攻坚克难中创造业绩，用青春和汗水创造出让世界刮目相看的新奇迹。"① 新时代的青年大学生是社会建设发展中的主力军，他们的力量不容小觑。然而，不得不承认的是，在信息时代多元价值观冲突的影响下，存在着大学生的意识形态防线不够牢固的问题。抗疫精神是重要的价值引领利器，是正确引领大学生价值观教育的有机载体，对现如今大学生的价值观影响涉及方方面面，发挥着正确的价值引领作用。在全社会大力弘扬伟大抗疫精神，不仅能够激发我国上下打赢新冠肺炎疫情防控这场人民战争的强大精神力量，而且能够激发亿万人民群众战胜一切风险挑战的强大精神动力，使之转化为全面建设社会主义现代化强国和实现中华民族伟大复兴的共同理想信念和坚强意志，为实现新时代中国特色社会主义发展的战略安排而不懈奋斗。② 在新冠肺炎阻击战初期，就有不少大学生主动到抗疫战斗的前线积极奉献自己的力量，当核酸检测医疗队伍的志愿者、做运送小区生活用品的"快递员"，始终坚持集体利益高于个人利益，不怕辛苦，在很艰难的情况下依然选择咬牙坚持。在这个非常时期，他们毅然选择坚定自己的理想信念，积极承担起自己的责任。尽管在这种时候，一些西方国家的政客还是在耍他们的政治把戏，丝毫不顾事实，政治化病毒溯源，试图抹杀中国在抗疫斗争中做出的重大贡献，甚至甩锅污蔑中国，但很多大学生都能做到明辨是非，做出了正确的价值选择，坚

---

① 习近平. 在纪念五四运动 100 周年大会上的讲话 [M]. 北京：人民出版社，2019：6.
② 戴木才. 伟大抗疫精神的价值观意义 [J]. 道德与文明，2020（6）：12-15.

守住了自己的意识形态防线。事实胜于雄辩，谁在故意破坏国际政治秩序、谁在疫情防控时期故意挑事端不办正事昭然若揭。抗疫精神传递出来的"团结合作"精神告诉我们，不管在什么时候尤其是在当下这种特殊情况，世界各国都是命运与共的。中国平等尊重生命、乐于奉献，及时向世界发布有关疫情的真实信息，分享在抗疫研究过程中取得的重大成果和进展。这和某些西方国家的恶劣行径形成了鲜明的对比。抗疫精神所蕴含的深刻时代内涵对大学生的正确价值引领有很大的作用，有力地筑牢了大学生的意识形态防线，增强了大学生的政治认同。

（二）抗疫精神是有效落实高校立德树人根本任务的强大动力

十年树木，百年树人。高等学校的办学目标和任务就是培养德智体美劳全面发展的人才，其教育教学尤其是价值观教育在整个社会中具有举足轻重的地位，因此高等学校对大学生的培养方式和教学模式需要得到重视。在很多情况下，大多数高校还沿用以前的旧模式，没有根据形势与政策的新要求对价值观教育理念进行改革和创新，这是导致观念滞后的根本原因。很多高校在贯彻落实教育政策措施时不到位，甚至出现错位或者与政策要旨相悖的行为，严重忽视了大学生的主体地位，很多地方都流于表面形式，没有做到实事求是，在乎的是学校自身的口号和名声，却不顾学生发展的迫切需求。但是当抗疫斗争的号角打响之后，高校积极响应和贯彻上级政策的要求，除了改成上网课的教学模式，还会组织学生们一起学习先进抗疫故事、学习抗疫英雄的优秀事迹，加强抗疫精神的学习宣传和实践活动，让学生们不仅感受到抗疫英雄身上的高尚品质，还体会到抗疫精神所拥有的独特的精神力量。2021 年 5 月，广州疫情出现反弹，引起全国关注。广州、佛山这两座城市迅速集结医疗队伍，短短几天时间内就在风险区完成了全员核酸检测工作。这几天所创造的成就，不仅离不开医护人员的努力，还离不开众多党员干部、青年志愿者以及各行各业人士的付出。在这种情况下，抗疫精神再一次因为其鲜明的时代性和独特的教育价值，成为最真实且最有说服力的价值观教育素材。各个高校应该主动挖掘抗疫精神所蕴含的精神要义，充分运用好抗疫故事进行当代大学生的价值观教育，推动高校立德树人工作的有效落实和有序发展。

（三）抗疫精神是推进社会主义先进文化建设的重要抓手

受各种思想文化思潮的影响，文化建设进程陷入困境，遭到很多阻碍，而抗疫精神中所具有的时代价值及其传达的历史传承意义对于文化建设是一个很大的转机。抗疫精神的深刻时代内涵包括珍爱生命精神、互帮互助精神、刚毅英雄精神、积极治理精神和团结合作精神，是对中国共产党红色文化基因的继承和发展，更是对中国共产党人精神谱系的丰富和传承。武汉作为抗疫斗争的第一个主战场，当抗疫斗争的号角吹响时，众多中国共产党党员冲到第一线，积极响应红色号召，发挥了先锋模范作用。当一名共产党员则意味着责任与担当。中国人民在抗疫实践过程中，形成了如此珍贵的抗疫精神，体现了中国人民敬畏生命、团结友爱、果敢坚毅、有勇有谋、无私奉献的优秀品质，而这些也是中国共产党红色文化基因所蕴含的文化价值和伟大中国共产党人精神谱系的精神内核。抗疫精神是中国实践的精神写照，更是中国力量的精神升华。进行社会主义先进文化建设，要注重结合抗疫精神的时代性加以宣传和弘扬中国共产党红色文化基因与中国精神，积极开展相关的学习实践活动，让当代大学生能够切身体会和感悟到社会主义先进文化的优越性，从而对大学生的价值观养成起到耳濡目染的作用和效果。

三、引导学生大力弘扬抗疫精神，培育和践行社会主义核心价值观

疫情发生以来，全国上下心手相连、守望相助，从党中央到基层组织，从社区到学校，从党员干部到普通老百姓，全国人民都在奋力与疫情作斗争，展现了新时代人们的精神风貌和品格特质。中国人民艰苦卓绝的抗疫斗争，有力彰显了社会主义核心价值观的精神力量。在疫情防控过程中，全国人民以高度的自律自觉作出自我牺牲，充分承担作为社会成员的职责，在整个社会较快形成"全民参与、群防群控"的大格局，创造了以最大的可能救治感染患者的机会和条件，这是从国家层面、社会层面和个人层面对社会主义核心价值观的生动展示。在广阔的疫情防控战场上，涌现出一大批青年师生的身影，他们在疫情阻击战中挺身而出、迎难而上，与全国人民一道奋战在抗疫最前线，充分展现了在应对重大困难和挑战中积极向上、争做时代先锋的青春力量，以实际行动诠释了什么才是我们这个时代科学高尚的世界观、人生观、价值观。通过此次疫情，我们用实际行动向世界展示了中国拥有强大的动员组织能力，同时也完美诠释了什么是中国力量、中国速度、中国精神！在疫情防控过程中，中国行动速度之快、规模之大，世所罕见，彰显了中国特色社会主义的制度优势，也彰显了社会主义核心价值观的先进性。

这次斗争中，广大人民群众深切体悟到，只有建立共同的价值目标，一个国家和民族才会有赖以维系的精神纽带，才会有统一的意志和行动，才会有强大的凝聚力、向心力。高校思政教育工作者要结合在抗击疫情过程中迅速形成"全民参与、群防群控"局面的成功实践，深刻论证社会主义核心价值观的引领力量，以疫情防控中挺身而出的青年先锋的感人事迹，说明"服务人民、奉献社会"的人生追求并不过时，它正是新时代大学生实现人生价值的正确选择。新时代大学生敢打敢拼，有个性更有担当，有属于自己的气势和风采，可爱而不可畏，未来可见更可期。抗疫精神对新时代大学生价值观教育的重要意义，更在于让大学生懂得必须坚定理想信念，以时不我待、只争朝夕的精神，以永不懈怠的精神状态，奋力走好新时代属于自己的长征路，继续朝着实现伟大中国梦的道路奋勇前进。

高校思政教育工作者要辅导大学生认真学习习近平总书记给北京大学援鄂医疗队全体"90后"党员的回信和在五四青年节的寄语，结合大学生特别是本校大学生在疫情中的成长和收获，引导他们大力弘扬抗疫精神，积极培育和践行社会主义核心价值观，争做担当民族复兴大任的时代新人。

微文化语境下社会主义核心价值观的
社会功能及其强化

多元文化背景下，互联网技术的飞速发展带来时代的大变革，促进了微文化的迅速崛起。作为一种大众文化、平民文化，微文化具有广泛的群众基础。当下，要促进微文化健康、创新发展，必须在社会主义核心价值观的引领下，强化文化认同。一方面，要充分发挥微文化传播范畴、传播效率的优势，利用其支撑作用，向社会公众积极宣扬社会主义核心价值观，传播正能量和正确的价值理念。另一方面，微文化的健康发展，离不开当代中国核心价值理念的引领。只有牢牢把握正确的政治方向，彰显核心价值取向，微文化才能成为社会主义核心价值观的大众化传播重要平台和文化载体，担负起强化社会主义核心价值观社会功能的重要责任。

一、微文化的基本特征及其表现

微文化是一种基于数字信息、数字通信和相关技术的亚文化现象。它以微博、微信等为发端和主要传播平台，并且不断发展和衍生，以个体化和微观化为显著特点。作为一种新起的文化现象，微文化逐渐消解着原有文化生态，重构着一种新的文化范式。"它以独特而鲜活的感知去记录生活，改变了以往文化宏大叙事的风格，它由关注宏观迈向关注具象，由行政调节走向自我力量积聚，由外加变为内生。"[①]

1. 从信息交流、共享的方式来看，微文化呈现出社交化和部落化特征

自媒体时代的微文化改变了传统媒体信息单向传输的特点，打破了传播者

---

① 胡纵宇. 微文化的价值基础与教育影响［J］. 社会科学家，2014（11）：105－109.

和接受者的界限，重新建构了一个信息分享、交流、互动和对话的虚拟空间。通过社交自媒体平台传播和流行的微文化逐步形成了各种超越地理空间的虚拟部落，它们围绕着共享的利益或目的组织起来，构成人际社会网络，具有很强的信息共享性和彼此认同性。虽然人们生活在不同的区域、空间位置，但是由于玩同一款游戏，或从小看同一部动画片，他们在持续互动下而产生互惠与支持，通过虚拟世界把现实生活紧密联系起来，进而成为同一部落的成员。不过，这种人际交往也容易形成"圈子文化"和"江湖文化"，难以实现大规模的社会整合与共识。

2. 从信息的生产与消费层面来看，微文化呈现出大众化和平民化特征

一方面，微文化某种程度上带有后现代主义的文化特征，降低了传播的专业门槛，使人人都可以成为文化产品的生产者、消费者和传播者。由于低门槛和便捷化，信息生产和传播的随意性和自主性并存。在微传播领域，几乎所有人都可以表达自己的观点，不断地扩展自己的话语表达空间，但同时也导致获得知识的体系性难以形成，难以用传统手段、传统文化来整合社会。大量的年轻人沉浸在微文化带来的便利生活中，系统读书和求知的习惯养成变得越来越困难。另一方面，微文化脱离了精英主义文化，作为一种草根文化存在，甚至表现出反智化倾向。这种反智化倾向不利于社群对立的协商和理性精神的建构，也消解了文化、知识传承的深度和厚度。

3. 从信息的传播内容、方式和效果来看，微文化呈现出碎片化和快餐化特征

微文化呈现的文化内涵在某种程度上影响了文化的传承与积累，也逐步消解了文化的厚重与整体。如某些段子、"心灵鸡汤"、快闪、动漫、图片等，通过微信、微博等自媒体迅速传播，青年网民通过转发、回帖、点赞、评论等手段实现了虚拟网络与现实空间、线上与线下的有效互动，最大限度满足了他们的表达欲望和参与需求，其自我存在感、自身价值感、内心成就感等得以充分体现。那么，微文化的盛行能带给我们怎样的学习体验，未来年轻人怎样汲取知识，以什么方式去学习，如何解决知识的传承与创新之间的关系，这些都是我们需要重新思考的问题。

二、社会主义核心价值观的社会功能及其时代价值

党的十九大报告指出，社会主义核心价值观是当代中国精神的集中体现，凝

结着全体人民共同的价值追求。社会主义核心价值观鲜明地体现了社会主义意识形态的本质，集中表达了社会主义先进文化的内在属性。随着自媒体时代的到来，它逐步发展成为网络文化健康发展的内在价值诉求。社会主义核心价值观在与微文化的双重变奏中，其社会整合、社会动员和精神教化等社会功能日益凸显，彰显出重要的时代价值。

1. 社会凝聚和动员功能

社会的共识性与凝聚力、社会发展的协调性与一致性等需要社会整合和动员。这是一种持久的、经常的社会影响过程。社会的发展，需要一种精神支撑来凝聚人心、凝聚智慧、凝聚力量。作为当代中国的文化建设与兴国之魂，社会主义核心价值观是支撑国家繁荣昌盛、经济高速发展、社会文明进步和民族振兴的强大精神力量，也是鼓舞我国选择、建设中国特色社会主义道路的重要力量源泉。社会主义核心价值观是一种伟大的精神力量，激励着中国人民在中国特色社会主义道路上奋勇前进。自媒体时代带来的社会文化、价值观的多元与分化，使涉世未深的青少年容易受迷惑，甚至在社会认同上迷失方向，给新时代主流文化价值观的宣扬带来一定挑战。只有在思想意识方面充分整合、重塑当代中国人的精神大厦，引导人们团结一致、努力聚焦社会主义核心价值观所倡导的追求，坚定理想信念，摒弃拜金主义、享乐主义、极端个人主义等错误的价值追求，才能凝聚价值共识、万众一心、齐心协力，共同建设中国特色社会主义。

2. 精神导向功能

在社会生活中提升全体社会成员的素质，必须以社会主义核心价值观作为价值引领，从形成正确的理想信念到规范人们的思想行为，进而实现人格塑造和精神导向功能。如果没有良好的价值规范，就无法建立和谐的人际关系，也不可能实现人民期望的文明富足的生活、社会和谐发展和中国特色社会主义的长期战略。在微文化中，各种社会思潮与集体潜意识、价值理念等相互交织，积极、进步的同时裹挟着落后与腐朽，如果人们不加以甄别与选择，就会引起一定程度上的思想混乱，甚至在思想上产生社会认同危机。当下，民族意识凝聚不足、道德缺失、理想信念动摇、价值取向迷茫等问题仍然存在。如何廓清人们思想上的模糊认识和种种迷雾，实现人与人关系的和谐、人与自然关系的和谐，已经成为广大思想政治工作者的重要课题。只有充分发挥社会主义核心价值观的精神导向功能，才能发挥其在建设和谐社会中的价值引导作用。

三、微文化语境下强化社会主义核心价值观社会功能的路径

以微媒介为主要传播手段的微文化，呈现出多样、分化、对立的价值观念和文化氛围。社会主义核心价值观能够消减多重社会意识、价值观念对人们的冲击影响。将社会主义核心价值观嵌入微文化中，并以其为主导，可以让人们在消费文化产品的过程中潜移默化地受到渗透其中的价值观的影响，进而实现社会主义核心价值观对人们的教化功能和国家主流意识形态的导向作用。

1. 针对微文化的社交化和部落化特征，及时匡正网络舆论导向

作为一种大众传播媒体，网络具有极强的舆论导向功能。网络的自由空间使一些非理性言论的传播变得更加便捷，甚至成为滋生谣言的"温床"。微文化形成了各种超越地理空间的虚拟部落，具有很强的信息共享性和彼此认同性，包括对公众人物、社会事件所表达的评价和意见。网络环境下海量信息的真伪筛选与核实难度大、成本高，再加上网络传播面广、速度快等特点，很容易形成一定的舆论话语权，也容易稀释政府及传统主流媒体的话语权。由于微文化的社交化和部落化特征而形成的非线性扁平化网络传播容易集中各种短见和偏见，这些意见表达往往是自发的和非理性的，在某种程度上反映了一定的社会思潮和心理诉求。正如黑格尔所说，在公共舆论中真理和无穷错误直接混杂在一起。微文化空间被"言论的绝对自由"所侵蚀，网民的思想也被无辜腐蚀着。因此，要真正做到"以正确的舆论引导人"，就必须适度引导网民的言论，形成强有力的应对舆论的正确措施，"培育和宣传社会正能量，坚决驳斥和回击网上的有害信息，促进网民的思想发生正向的变化"①。要充分发挥网络"意见领袖"在处理公共舆论危机过程中的作用，及时疏导负面舆论，把握正确的舆论导向，积极引导，构建以社会主义核心价值观为主导的微文化。

2. 针对微文化的大众化和平民化特征，推进"微创作""微传播"创新

为切实发挥社会主义核心价值观的社会功能，我们需要结合微文化的大众化和平民化特征，使传播内容能够出彩，传播方式更加新颖，推进"微创作""微传播"的创新。首先，推进"微创作"创新。"精神文化产品潜移默化地影响着人们的思想观念、价值判断、道德情操，对培育和弘扬社会主义核心价值观具有

---

① 杨红英. 推进网络文化建设　增强社会主义核心价值观凝聚力［J］. 学校党建与思想教育，2018（8）：20-23.

不可替代的作用。"① 应充分利用各类微媒体优势和特点，努力创作更多出彩的文化作品。"微创作"降低了创作者的门槛，涵盖文字、图像、声音、视频等众多形式。在有限的表达空间里，中国文化、中国精神、中国社会生活既独特又鲜活的体验都成为"微创作"的素材和传播内容，这种新的网络创作和文化传播方式捍卫了我们的精神家园，启迪了我们的心灵，更好地宣扬了社会主义核心价值观。当前，既要充分发挥文化专家的专业创作优势，又要因势利导，加强文化引领，激发人们文化创作的主观能动性，创造出更多优质的精神食粮，让符合中国主流文化的价值观成为最强音。其次，推进"微传播"创新。在内容的选择上，应重点涉及社会管理服务、时政议题、信息资讯、娱乐文化活动等社会热点话题，通过微载体渗透、宣扬社会主义核心价值观，将"高大上"的使命、愿景和价值观宣扬"润物细无声"地融入人们的学习生活中，落在"细、微、实"处。在表现方式上，应发挥不同种类传播语言的优势，整合各种文化艺术表现形式，如文字、图片、视频、音频、游戏等，增强信息的表现力、感染力。在话语方式上，应采用平和"走心"、共鸣性强的微语言模式，以社会流行语引导社会舆论，提升互动性、趣味性。在信息筛选与生成上，应将彰显社会主义核心价值观的艺术语言、艺术形象、艺术内容与审美教育功能结合起来，使之成为普通群众、青年学生乐于接受的艺术形式，从而实现价值观的内化。例如，通过宣传先进典型、明星人物的模范事迹，挖掘提炼其精神价值和内涵，将舆论咨询、时政信息剖析等汇入其中，引发思考，增加人们对核心价值观的认同感。

3. 针对微文化的碎片化和快餐化特征，构建新媒体监管体系和法治体系

微文化是一种快餐文化，这在一定程度上消解着社会文化的厚重性和整体性，使经典文化的积累和传承更加任重而道远。微信、微博等制造出大量的信息垃圾、瞬间信息，容易造成负面情绪的传播、伪科学的散布，尤其是一些突破底线、文化品质低下的庸俗文化内容和话语正在逐步消解着社会主义核心价值观。政府应高度重视微空间的舆情监测和治理，建立网络公共危机应对机制，做好微文化的"把关人"。一方面，加强对自媒体平台信息内容的监管，因势利导，使宣扬正能量和社会主义核心价值观的内容能够出彩。另一方面，健全法治体系，制定相应的法律法规来规范微空间的环境，保障持续良好的传播氛围，针对新媒

---

① 中共中央文献研究室. 习近平关于社会主义文化建设论述摘编［M］. 北京：中央文献出版社，2017：109.

体虚拟空间所产生的不良信息构筑法律的防火墙，阻止不良信息源的产生。习近平新闻思想的一个重要创新点就是强调建设，如"建设具有强大凝聚力和引领力的社会主义意识形态"①。意识形态和价值观念是新时代背景下微文化及其传播领域的竞争核心，我们要努力打造一支支"影响广泛，公信力强"的专业微文化传播队伍，时刻掌控自媒体时代信息、舆论话语权，助推社会主流文化价值观升华，进而强化社会主义核心价值观的社会功能。

---

① 习近平新闻舆论思想要论［M］．北京：新华出版社，2017.

推进网络文化建设
增强社会主义核心价值观凝聚力

随着互联网的快速发展，网络媒体作为重要的信息载体，为人们学习和获取信息开辟了新的渠道，但也给腐朽落后文化和虚假信息的网络传播以可乘之机。网络文化，是以网络信息技术为基础，在网络空间形成的文化活动、文化方式、文化产品、文化观念的集合。网络无边界，但网络文化有价值属性。网络文化具有打破时空界限，跨国界、跨地区、跨民族、跨文化乃至超越语言限制的特性，真正实现了人类文化历史上第一次完全开放的文化进程。网络上的各种语言、图像等符号，不单是信息传递的工具，也是一种社会意识形态的反映，网络文化建设直接关系着社会主流价值观的传播成效。在信息网络化时代，如何重塑属于这个时代的文化审美，重建文化高地，使网络成为新时期我国宣传和培育社会主义核心价值观的前沿阵地；如何通过网络文化建设有力增强社会主义核心价值观的大众凝聚力，已成为广大思想政治理论教育工作者面临的一项重大而又亟待探究的现实课题。

一、 当前网络文化在传播社会主义核心价值观方面面临的困境

网络文化是一种全新的文化表达形态，它依托发达而迅捷的信息传输系统，运用一定的语言符号、声响符号和视觉符号等，垒筑起一种崭新的思想与文化的表达方式。在网络社会中，主体的多重性以及网络的多元性拒斥了统一的网络文化，也就是说，多元文化一起构成了网络文化本身，即"多维度的虚拟文化"。网络文化深刻改变着我们的思维方式和价值取向，传统的"速度"与"距离"概念在一夜之间被彻底改变。网络文化一味被快餐文化所左右，被消费文化所淹

没，长期以来构建起来的关乎敬畏、永恒的价值观念瞬间崩塌。通俗文化缺乏深度，具有媚俗性、娱乐性和迎合市场等特征，受到一些审美追求相对较低的人群的青睐。前卫文化主要是一种由于追求新奇而具有一定破坏性的边缘文化。通俗流行文化和前卫文化都过分地强化和突出文化形式的感官刺激功能，消解了文化的意蕴和艺术价值，缺乏现代人文精神和民族优秀文化的底蕴，缺少道德理性、审美价值、思想深度。一些网民在淡忘自我意识和自我判断的状态下，产生了一种拒绝道德追求、只求当下快乐的道德虚无主义的文化心态，单纯接受某种浪漫、奇异、刺激，不问其内容的价值和意义，丧失了对艺术的崇高感和对现实的责任感，使自身的感性能力增强而理性能力日益萎缩。网络文化所具有的碎片化、即时化、浅表化等特征，消解着文化的诗意与崇高。

党的十八大报告从国家、社会、公民三个层面，高度概括了社会主义核心价值观，提出了"三个倡导"，即倡导富强、民主、文明、和谐，倡导自由、平等、公正、法治，倡导爱国、敬业、诚信、友善。[①] 新媒体时代，网络舆论力量打破了传统主流媒体的话语权壁垒，传统的主流话语被日渐消解和颠覆，网络语言在一定程度上传递着人们的价值观。网络语言传递信息及时迅速，且具有一定的隐蔽自由性，在引导社会舆论方面发挥着不容忽视的作用。新媒体传播的"去中心化"带来媒体价值导向功能弱化，意识形态出现多元化特点，传播领域充斥着大量非社会主义、非马克思主义的价值观念。新媒体带来了主体意识的增强，同时也造成道德意识弱化，理想信念淡漠，价值判断标准变得模糊不清，价值观念出现了功利化、庸俗化甚至过度娱乐化等倾向，从而影响社会主义核心价值观的培育。敌对势力利用移动网络的便利大肆进行信息攻击，他们编写出一些段子，全方位诋毁和抹黑我国历史、英雄、领袖、民族文化和意识形态等，使国民对国家的历史、现状和未来感到失望，甚至产生怨愤和敌对情绪。一些西方资本主义国家及其拥护者充分利用其在网络技术上的优势，利用网络语言的易复制性、娱乐性、技术性等特点，以更加隐蔽的方式对社会主义国家特别是青年群体进行价值观渗透，诱使一些政治信仰和价值观淡薄的人认同西方的价值观。他们在思想上极力推崇西方所谓的普世价值，对社会主义核心价值观持怀疑甚至否定的态度，对相关言论通过分享到朋友圈、转发、点评等方式致使其快速传播，造成严重的负面影响。

---

① 胡锦涛. 坚定不移沿着中国特色社会主义道路前进　为全面建成小康社会而奋斗——在中国共产党第十八次全国代表大会上的报告 [N]. 人民日报，2012 – 11 – 18.

二、推进网络文化建设，增强社会主义核心价值观大众凝聚力的路径

1. 营造健康的网络文化氛围，增强大众对社会主义核心价值观的接受能力

网络技术使得人类文化的发展有了新的空间和起点，但网络文化不可能脱离现实社会而独立存在，它只有紧密联系现实、服务于现实，积极吸收现实文化中的合理成分，才能保持自身发展旺盛的生命力和强大的吸引力。习近平在主持以网络强国为主题的中共中央政治局第三十六次集体学习时指出，要加快推进网络信息技术自主创新，提高网络管理水平，朝着建设网络强国目标不懈努力。网络文化具有开放、平等、多样、自主等特点，但是网络文化的健康发展需要深厚的人文精神作支撑，需要我们尊重人和人的需求，需要我们尊重个性、给个性以充分的发展空间。同时，我们必须加强网络监管意识，制定网络法规，对网络犯罪行为进行严厉打击，确保网络信息产业规范化发展，净化网络环境。培育心智成熟的网络使用者，是营造健康的网络文化氛围的底线要求和前提条件，因为人始终是网络的决定因素。要通过加强网络文化素养教育，使广大网民具备基本的网络伦理道德意识、责任意识和自律自治意识。这样，我们才能共同建设网络文明，造就一种人人受益的网络文化。同时，努力增强网络主流意识形态的引导力，用社会主义核心价值观引领网络舆论方向，使网络成为传播正能量的载体，这是我国新时期加强和创新社会治理的重要手段。依托移动互联网的先进技术和丰富应用，以培育和弘扬社会主义核心价值观为目标，推动网络文化普及，重视具有通俗性、流行性、民间性的大众文化的培育；推广蕴含时代精神的精品文化和大众文化，通过手机报、手机阅读、"红段子"等满足群众的文化需求。

2. 创新网络文化传播方式，不断增强社会主义核心价值观的感染力

我们所要建设的社会主义文化强国，是由先进文化精神引领、强大文化能力推动、能够对当今人类文明作出更大贡献、在当今世界文化格局中具有重要影响的国家。价值观是文化之魂，没有核心价值观的确立及其引领作用的有效发挥，任何国家都不可能屹立于世界文化发展的制高点，成为文化强国。随着互联网的急遽崛起，网络文化成为人类有史以来最重要的文化硕果之一，影响着整个"地球村"。网络文化软实力主要体现在网络主流意识形态影响力、网络内容产品吸引力、网络舆论引导力和网络文化安全力等四个方面。网络主流意识形态影响力

是网络文化软实力的灵魂。① 在共同文化的长期熏陶下，整个社会成员的思维习惯、情感表达、价值追求等必然会有趋同的一面。这种趋同会促进共同理想信念的形成，从而有助于核心价值观的培育。

网络文化具有虚拟性、共享性、多元性等特点，作为一种新型、便捷的文化传播方式，它深刻地影响着当代人的思维方式、生活方式和交往形式。在这一过程中，要始终坚持网络舆论的主导方向，建立全方位、立体式社会主义核心价值观传播体系，为主流价值理念的传递筑牢舆论阵地。从传播学的角度看，社会主义核心价值观的培育是一种特定的信息传播工作。习近平总书记在中共中央政治局第十三次集体学习会上提出："一种价值观要真正发挥作用，必须融入社会生活，让人们在实践中感知它、领悟它……要利用各种时机和场合，形成有利于培育和弘扬社会主义核心价值观的生活情景和社会氛围，使核心价值观的影响像空气一样无所不在、无时不有。"信息时代要实现这一目标离不开互联网这一新兴传播媒体。目前，微博、微信等新媒体以它们的开放性、互动性、参与性冲击人们传统的认知方式、思维方式，对社会主义核心价值观的培育有巨大的现实价值。要努力建构一种将虚拟与现实、继承与发展、吸收与创新有机结合的文化平台，促成人文精神与网络文化的有机结合，构筑核心价值观教育的文化高地，才能克服网络文化给人们带来的负面作用。微信、微博、QQ 群等新媒体要积极宣传反映新时期道德要求的新事物、新典型；要加强对社会普遍关注的突发事件和道德热点问题的引导；积极开展舆论监督，建立健全舆论引导机制，把核心价值观教育延伸到日常生活，强化教育影响。在网络平台上讲好"中国故事"，挖掘生活中践行社会主义核心价值观的先进典型，借助网络加以宣传推广，这是当前传播社会主义核心价值观的一项重要举措。榜样的力量是无穷的。群众身边平凡的人和事最能感染身边的人，它直接为社会主义核心价值观的传播提供生动鲜活的榜样，更能发挥先进典型的引导示范作用，更能引起广大人民群众情感上的共鸣，进而增强社会主义核心价值观的吸引力、感染力和凝聚力。

3. 提升网络文化的内容品质，使社会主义核心价值观更加深入人心

一是创造丰富、有趣、合乎主流价值思想的网络文化产品，促进核心价值观的广泛传播。一定社会的主流文化，它以一定社会的核心价值观引领个人和社会的发

---

① 徐强. 提升高校网络文化软实力——基于全国 100 所高校大学生的调查分析［J］. 思想理论教育导刊，2016（4）.

展，实质上是对文化整体走向的引导。在当今社会，我国的社会主义主流文化就是以马克思主义为指导，吸取中华民族优秀传统文化和世界优秀文化遗产的、具有先进性并体现时代精神，为人民服务的、有中国特色的社会主义文化。我们要发展网络文化，增强社会主义核心价值观的大众凝聚力，必须注重吸收本民族文化的精髓，促进本民族的文化认同和保持民族文化的特色、优势，促进本民族文化走向世界。在全球化趋势深入发展、瞬息万变的网络时代，我们尤其需要追溯源头活水，接洽文化传统。习近平总书记在中共中央政治局第十三次集体学习会上强调，要"使中华优秀传统文化成为涵养社会主义核心价值观的重要源泉"。我们必须充分认识我国传统文化的历史意义和现实价值，遵循"古为今用"原则，在继承的基础上培育我们的核心价值观。我们的宣传工作者应该把核心价值观中所传承的中华优秀传统道德充分展示出来，比如，合理吸收以孝道为主要内容的家庭伦理；立足于当代中国公民人格塑造，吸取儒家思想的精华，强调纪律、服从、勤俭节约、诚实、严谨等社会美德。我们要赋予传统文化以全新的时代内涵和丰富的表达形式，激活其内在生命力。基于网络微时代的即时性、移动性、互动性，多运用博客、微视、微电影等传播手段，宣传优秀传统文化和社会主义核心价值观；充分运用各种网络视频技术，把图文声并茂、生动活泼的形式与社会主义核心价值观内容信息有机结合起来，让新媒体用户在娱乐中自觉不自觉地受到教育；紧密联系当前重要战略机遇期、中国的实际国情和民众普遍关注的社会问题，创作出更多能够反映社会主义核心价值观的网络文化产品，包括网络游戏、网络小说、网络视频、网络音乐、网络漫画等，创新运用体验型、立体化的大众方法，贴近群众，使之与群众日常工作、学习和生活有机融合，以轻松愉悦、群众喜闻乐见的艺术形式吸引网民，从而使社会主义核心价值观内化于心。

二是借助新媒体等网络媒介，广泛宣传蕴含社会主义核心价值观的地方特色文化。社会主义核心价值观的培育践行离不开先进文化建设，尤其是植根于本土的优秀传统文化更便于引导大众。要突出地方特色文化的资源优势，深入研究地方特色文化对社会主义核心价值观培育的独特价值。社会主义核心价值观地方化，就是把社会主义核心价值观融入地方经济社会发展实际，建构地方化的价值观，从中展现地方文化特色和实践特质，使社会主义核心价值观在地方落地生根、开花结果。① 比如，韶文化是岭南文化中一个主要的文化类型，它分布在粤

---

① 徐海峰. 培育和践行社会主义核心价值观需要关注的几个问题［J］. 中共天津市委党校学报，2015（1）：41－47.

北地区，这里有丰富的历史文化资源，如唐朝贤相张九龄、宋代名臣余靖，还有布衣学者廖燕、闻名中外的传教士利马窦；珠玑巷、梅关古道、南华寺、客家围屋等深具底蕴的历史文化遗存共同构成了人文粤北。韶乐的和谐善美精神在韶关地区至少已传播千余年，舜裔文化更多的是传承以善美和谐为核心精神的韶乐人文之美。韶文化在韶关大地上源远流长，其精神核心就是和谐善美包容的道德文化，它是统领其他文化要素的主导部分，也是区别于其他区域文化的重要地方特色。禅宗文化包括大丹霞、大南华在内的崇尚自然与人文和谐相处的文化。我们可以将韶关的历史文化、禅宗文化、丹霞文化和革命文化与社会主义核心价值观结合起来，立足社会主义核心价值观视角改进表达方式，提升蕴含社会主义核心价值观的地方文化特色。借助新媒体等网络媒介，我们以通俗易懂的大众语言和喜闻乐见的大众形式，宣传普及社会主义核心价值观的基本精神和要求，同时打造韶关特色文化品牌，加强特色鲜明的区域文化的网络传播，使广大市民感悟韶文化精华，实现社会主义核心价值观具体化、地方化的目标，进而增强社会主义核心价值观的凝聚力，实现以文"化"人、以文"育"人的目的。

三是学习和借鉴外来文化的优点，实现国民价值引导的无痕性。网络作为一个开放的体系，人们对它进行文化选择时，是平等的、公开的。建设和发展网络文化、培育社会主义核心价值观，必须保持开放的心态，吸收世界文明的共同成果。我们应积极适应世界文化交流、交融、交锋更加频繁的趋势，着眼于民族精神的长远发展，以更加自信的心态、更加开阔的视野，吸纳百家优长，使核心价值观的弘扬和培育不仅植根于民族优秀传统文化的沃土，而且符合世界发展进步的潮流。在确立核心价值观的过程中，西方国家普遍采用内隐化教育方式，使国民潜移默化地接受核心价值观的熏陶和感染，实现价值引导的无痕性。比如，西方国家充分利用网络文化等载体宣传国家主流政治文化和道德价值观念，影响国民价值取向、引领和塑造核心价值观；通过公权力引导文化传播事业，影响公共传媒的方式，尤其是借助新兴网络媒体以富有感情和艺术魅力的语言来表达和传播核心价值观，使其成为全民共识。[①] 对于国外核心价值观建设的这些先进方式和方法，我们要虚心学习和创造性地借鉴，进而实现核心价值观培育手段的内隐化。

---

① 张雅光. 加强核心价值观建设的国际经验与启示［J］. 理论导刊，2014（8）：72 – 75.

道德文化自觉与社会主义核心价值观的培育践行

　　道德文化自觉强调的是生活在一定道德环境的人对自身道德文化具有"自知之明"。无论是对于个人、组织，还是整个社会，道德文化自觉都可以看成是各类主体在道德认知、道德内省、道德责任以及道德约束等方面的清醒认识与自主意识。培育与践行社会主义核心价值观是推进中国特色社会主义事业的内在要求，必须重视并充分发挥道德文化自觉的独特优势和作用。缺乏道德文化自觉，践行社会主义核心价值观将失去动因。增强全社会的道德文化自觉，成为新时期培育与践行社会主义核心价值观的关键。

一、道德文化自觉是社会主义思想道德建设的奠基石

　　所谓道德文化自觉，是指一个民族、一个政党、一个国家通过在道德文化上的觉悟和觉醒，对于时代使命和教化责任的自觉担当。一个民族、一个政党、一个国家必须有道德文化上的觉醒和自觉，必须有自己的核心价值体系和精神支柱，方能凝聚人心，引领社会的道德文明。改革开放以来，党和国家非常重视社会主义思想道德建设和社会主义道德体系建设，连续出台了一系列有关道德建设的重要文件。1996 年 10 月，《中共中央关于加强社会主义精神文明建设若干重要问题的决议》中就明确指出："社会主义道德建设要以为人民服务为核心，以集体主义为原则，以爱祖国、爱人民、爱劳动、爱科学、爱社会主义为基本要求，开展社会公德、职业道德、家庭美德教育，在全社会形成团结互助、平等友爱、共同前进的人际关系。"2001 年 9 月，中共中央颁布的《公民道德建设实施纲要》提出："通过公民道德建设的不断深化和拓展，逐步形成、发展与社会主义市场经济相适应的社会主义道德体系。"并明确提出了 20 字公民道德规范，进

一步明确和强调了社会公德、职业道德和家庭美德的道德规范。党的十六大报告指出："要建立与社会主义市场经济相适应、与社会主义法律规范相协调、与中华民族传统美德相承接的社会主义思想道德体系。"胡锦涛在此基础上又提出了以"八荣八耻"为基本内容的社会主义荣辱观，更加丰富和完善了我国社会主义道德规范体系的内容。中共十六届六中全会所提出的"社会主义核心价值体系"，是社会主义社会所倡导的思想理论、理想信念、道德准则和精神风尚的有机整合。党的十七届六中全会发表了《中共中央关于深化文化体制改革推动社会主义文化大发展大繁荣若干重大问题的决定》。十八大报告提出，"倡导富强、民主、文明、和谐，倡导自由、平等、公平、法治，倡导爱国、敬业、诚信、友善，积极培育社会主义核心价值观"①。这一论述是我们党立足社会主义核心价值体系建设实践作出的重大理论创新，反映了我们党对社会主义核心价值观问题的最新认识和总结。这充分体现了中国共产党在社会主义建设新时期的道德文化自觉，从而奠定了全党全国各族人民团结奋斗的共同思想道德基础。

爱因斯坦曾说过：光靠科学和技术，不能把人类带向幸福与高尚的生活，人类有理由将崇高的道德准则的发现置于客观真理的发现之上。纵观全球，越来越多的国家把增强民族道德文化的国际影响力提升为增强国际竞争力的战略选择。只有在社会主义道德自觉的基础上，才能真正理解社会主义经济、政治和文化制度的合理性，并由此在科学意义上认识社会主义的公正、平等和自由，并形成全体人民在政治上、道义上和精神上的凝聚力，从而不断增强建设社会主义的自觉性，提升国家文化软实力。具备社会主义道德自觉的公民，必然有着崇高的人生价值取向和宏伟的人生目标，因而具有不断完善自身的不竭动力。只有具备社会主义道德自觉的公民，才能够真正认识和把握社会主义道德体系的原则和规范并将其自觉转化为自身的道德义务和行为准则，从根本上认同以爱国主义为核心的民族精神和以改革创新为核心的时代精神，进而不断增强维护国家核心利益和民族利益的责任感和使命感。因此，我们必须充分认识道德文化自觉在中国现代化进程中的重要性，培养起高度的道德自觉和道德自信，为中华文明的伟大复兴提供坚实的支撑。

---

① 胡锦涛．坚定不移沿着中国特色社会主义道路前进，为全面建成小康社会而奋斗［M］．北京：人民出版社，2012：131.

二、传承与培育社会主义核心价值观需要全社会的道德文化自觉

党的十八大指出："社会主义核心价值体系是兴国之魂，决定着中国特色社会主义发展方向。"① 一个民族，没有文化力量的支撑，就难以自立于世界民族之林。中国的崛起和民族的复兴，离不开核心价值观的支撑，这是我们的精神基石，也是我们安身立命的根本。随着各种思想文化交流、交融、交锋日益频繁，文化领域已渐成为各国竞争、较量的重点。不论哪个国家，要想确立其文化地位、维护其文化传统，都必须深入发掘和培育自己的核心价值观。从十六届六中全会、十七大报告中提出的"核心价值体系"，到十八大报告中概括的"三个倡导"的"核心价值观"——立足国家层面的富强、民主、文明、和谐，立足社会层面的自由、平等、公正、法治，立足公民层面的爱国、敬业、诚信、友善，这背后的指导理念都是以人为本。价值观建设的基础是公民价值体系的形成。从某种程度上看，"爱国、敬业、诚信、友善"恰恰是其他两个"倡导"的基础，如果这一条没有践行到位，其他两个"倡导"恐怕就难以立脚。就当前中国社会而言，爱国和诚信应当放到更为重要的位置。有国才有家，国强才能民安、民康、民富、民乐。没有爱国主义这一精神支柱，中国将会是一盘散沙。同样，诚信则是一个关乎基本道德的问题。如今市场上制售伪劣层出，网络上造谣生事不断，其中一个根源就是诚信缺失。这个问题解决不好，将极大涣散人们之间的共识。敬业、友善是根植于我们日常工作和交往的重要道德准则。这8个字言简意赅，理应成为我们每个人所坚守的基本价值，理应成为我们每个人说话办事所秉持的基本理念。社会主义核心价值观是浓缩整个社会道德理想、反映全国人民共同心声的价值理念，是当代中华民族道德观念的精髓和标杆。它反映了中国特色社会主义的道路自信、理论自信、制度自信，体现了中国特色社会主义根本性质。同时，社会主义核心价值观又大胆借鉴吸收一切人类优秀文化成果，做到先进性和广泛性相统一。中国共产党人在新的历史条件下，本着鲜明的道德文化自觉，坚持马克思主义与中国实际相结合，从中国的文化国情出发，有效地实现了整体主义价值观向集体主义价值观的转化，实现了民本思想向人民主体思想的超

---

① 胡锦涛. 坚定不移沿着中国特色社会主义道路前进，为全面建成小康社会而奋斗［M］. 北京：人民出版社，2012：131.

越，实现了人的等级秩序向人的平等地位的变革。特别是全面建成小康社会目标的确定，科学发展观理论的创新发展，使我国传统伦理思想在当代社会条件下实现了充分的现代转化，使我国的道德文化特色更加鲜明。作为中国特色社会主义在现阶段的价值追求和价值尺度，社会主义核心价值观必将伴随中国特色社会主义伟大实践而进一步丰富和发展。社会主义核心价值观越深入人心，人们团结奋斗的目标指向就越清晰、创新创造的活力就越巨大、崇德向善的自我修养就越自觉。核心价值观既根植于现实，也映射出理想。

然而，现实中的私人利益，"就其本性说是盲目的、无止境的、片面的，一句话，它具有不法的本能"①。如何穿越迷雾，到达个人自主自在、社会公正和谐的"理想"彼岸？道德自觉不可或缺。道德自觉是价值判断、选择与认同的根本前提。传统德育的主要任务一般是将社会基本的道德伦理规范和制度法则传授给学生，培养学生适应社会与面向未来生活的道德素养和良好行为习惯。道德教育的旨趣就是让学生去想所谓"正确"的东西，去做所谓"正确"的事情。结果，道德成为一种外在于人的东西，道德教育成为一种强制性规范行为的服务工具，而失去了其"提高、扩展人的价值，能最大限度地发挥人的创造才能……使人活得更有意义，更有人的尊严，人格更为高尚，意识到自我存在的意义"②的目的性价值。科技理性所负载的伦理道德风险，科技实践所带来的伦理道德危机不断地提醒着我们要关注当代道德教育的局限性及其所面临的挑战。只有在清醒认识道德现状、注重把握共同利益的基础上，人们才能坚持向真、向善、向美的"内驱力"，努力克服自身局限性，避免急功近利，最终得以守望共同的精神家园。因此，社会主义核心价值观的传承与培育呼唤着全社会范围内的道德自觉、道德学习。培养民族道德文化自觉，增进社会共识必须坚持"五化"并举：

第一，现代化。这里的现代化主要指的是现代化的科技手段。中华民族五千年的文明留下了极为丰富的文化遗产，既有物质文化遗产，也有非物质文化遗产。要加强规划，加大投入，特别是运用现代科技手段，认真做好文化典籍整理工作，切实保护好我们的文化瑰宝。

第二，生活化。即逐步使仁义礼智信、温良恭俭让、礼义廉耻成为日常生活规范。培育与人为善、乐于助人的道德情感，见利思义、顾全大局的行为准则，形成相互尊重、礼让宽容的人际关系，树立互谅互让、友好协商、人人为我、我

---

① 马克思恩格斯全集：第1卷 [M]．北京：人民出版社，1956：179.
② 孙喜亭．人的价值·教育价值·德育价值：下 [J]．教育研究，1989（6）：10－15.

为人人的社会风尚，营造关爱他人、团结互助、维护公平、伸张正义的社会氛围。

第三，社会化。即使中华伦理文化走入社区和社会，改造和发展具有浓郁民族特色的民间风俗礼仪，开展丰富多样、健康有益的民间民俗文化活动，保持中华民族共有的精神记忆和文化传承。

第四，人性化。即注重教育理念和方式的人性化，本着丰厚的人文关怀精神，切实做好各级各类学校的传统文化教育，广泛开展典籍诵读活动，使儒学精华成为知识资源与生命智慧进入教育层面，让青年具有深厚的民族文化内涵。

第五，网络化。即让中华文化走进互联网，以更好地介绍和普及中华伦理文化。要把中华文化的丰厚资源与现代数字、网络技术结合起来，使网络成为弘扬中华民族伦理精华的重要载体，使更多的人了解传统文化、喜爱传统文化，成为优秀传统文化的承载者和传播者。

三、增强全社会的道德文化自觉，力促社会主义核心价值观的培育践行

最好的道德就是最能够承担时代的伦理使命和教化责任的道德。[1] 道德教育不是独存的，而是从浓厚的传统文化氛围和社会生活中继承下来的。文化的内容和形式，是人们在生产和生活实践中形成、积累和总结出来的。生产和生活的形式和内容不同，形成的文化便存在差别。[2] 文化自觉是对其产生根源、形成过程及其特色、发展趋势所进行的梳理。道德教育改革，需要秉承一种"文化自觉"的态度，可称之为"道德文化自觉"。在现代社会，道德教育改革既要植根于社会现实的实践，也要客观审视传统道德文化，两者皆不可偏废。要树立道德文化自觉意识，反思传统的道德文化对现代德育的影响，抛弃不属于道德教育的附加功能。通过教育和引导，使每个中国公民都充分认识到：社会主义核心价值观立足于中国特色社会主义建设的国情和实际，既承接中华民族的优秀道德文化传统，又凸显时代精神的发展方向，体现人民追求美好幸福生活的精神期待。

社会主义核心价值观具有鲜明导向性、时代性和共识性。当前，我国进入新

---

① 戴茂堂. 道德自觉·道德自信·道德自强 [J]. 道德与文明，2011（4）.

② 王晓丽. 文化现象的解释//21 世纪：文化自觉与跨文化对话 [M]. 北京：北京大学出版社，2001：437.

的发展阶段，经济体制、社会结构和利益格局正在发生深刻变革与调整，人们的价值观念日益呈现出多元、多样、多变的复杂性。在这种情势下，培育社会主义核心价值观，应该更加重视并充分发挥道德自觉的独特优势和作用。只有充分发挥道德内省的自觉性，在道德层面上积极倡导批判与自我批判，才能更加明辨是非、坚定信念，确保社会主义核心价值观的践行活动更加理性扎实、富有成效。同时，社会主义核心价值观的践行活动，需要每个公民投入心智、全体公民凝心聚力。正是在这种"有情感的自觉自我行为"过程中，人性与人格才能充分彰显，人的创造性才会真正迸发，人的全面发展也才可能更加地深入推进下去。因此，培育与践行社会主义核心价值观必须努力增强全社会道德文化自觉。那么，增强全社会的道德文化自觉，促进社会主义核心价值观的培育践行具体路径有哪些呢？

第一，要全面加强学校德育体系建设，使道德文化自觉成为我国道德教育改革的逻辑起点和核心主题，使德育工作者真正担负起时代所赋予的弘扬社会主义核心价值的使命。[①] 要唤醒个体的主体意识，激发个体的道德自觉。只有个人确立了道德实践的主体观念，增强道德的自觉与自律意识，具备较强的道德判断和选择能力，产生强烈的道德责任感，才能为社会主义核心价值观的树立奠定最广泛、最坚实的群众基础。

第二，要珍惜民族文化的道德传统。一个民族的道德文化往往扎根于民族的文化土壤之中。当代社会核心价值观的构建，必须立足于中华传统道德文化基础之上。中华文明源远流长，道德文化内涵丰富，符合民族心理、反映民族特征、体现民族品格，是构建具有鲜明民族特色的社会主义核心价值观的活水源头。因此，我们亟须加强对中华传统道德文化的特征识别，发掘中华传统道德文化的现代价值，并使之与现代文明相结合。

第三，要与世界文明相协调。当代社会核心价值观的构建必须面向世界，与世界文明相协调。不同民族的道德文化虽互有差异，但都各有所长。我们要按照"美己之美，美人之美，美美与共，天下大同"的文化自觉原则，以海纳百川和兼容并蓄的宽阔胸怀，积极与世界其他民族的优秀文化进行对话和交流，使中华道德文化与世界文明相协调，并为中华道德文化走向世界提供保障。

第四，要发挥知识分子和领导干部的引领作用。培育社会主义核心价值观，

---

① 田秀云. 以道德自觉为社会主义文化发展繁荣奠基 [J]. 保定学院学报，2012 (3)：5 - 8.

价值的选择和践行是落脚点。从价值主体看，国家、共同体和个人都可成为培育社会主义核心价值观的践行载体，并形成不同的培育要求。其中，坚定理想信念、坚守共产党人精神追求，是党员干部以实际行动坚持"三个倡导"的根本要求。知识分子和领导干部的道德自觉和道德实践在社会主义核心价值观的建设中有着十分重要的作用。知识分子的道德自觉和道德实践既是全社会道德觉醒的先导，又是支撑整个社会道德体系的主要力量。领导干部的道德自觉和道德实践对全社会树立良好的道德风尚发挥着引领和示范作用。知识分子要以强烈的历史使命感，积极发挥道德自觉和道德实践的重要推动作用。各级领导干部要带头加强道德修养，履行职业规范，践行社会公德，增强政治信用，积极发挥道德自我修养和道德自觉遵守的表率作用。

论先进典型在社会主义核心价值体系建设中的引领作用

社会主义核心价值体系是党的十六届六中全会首次明确提出的一个科学命题，包括四个方面的基本内容，即"马克思主义指导思想、中国特色社会主义共同理想、以爱国主义为核心的民族精神和以改革创新为核心的时代精神、社会主义荣辱观"①，这四个方面的基本内容相互联系、相互贯通，共同构成辩证统一的有机整体。深入开展社会主义核心价值体系学习宣传教育，是全党当前和今后一个时期的一项重要任务，也是宣传思想工作的重中之重。

先进典型是时代的先锋和社会的楷模。努力发现、培养和宣传推广先进典型，是我党思想政治工作的优良传统。在当前的形势背景下，我们要充分发挥先进典型在社会主义核心价值体系建设中的引领作用，加大先进典型的学习宣传力度，着力提高典型宣传的艺术和方法，不断增强典型宣传的吸引力和感染力。

一、 先进典型彰显时代的核心价值

"所谓典型，是指同类中具有代表性的人物和事件。它从一般人物中概括出来，具有自己的个性，同时它又是同类人物或事件中的突出代表者。"② 时代孕育典型，典型反映时代。时代需要航标，社会需要榜样。在创立和建设新中国的伟大历程中，中国人民在中国共产党领导下，谱写了中华民族历史上最壮丽的篇章，涌现出许多可歌可泣的英雄模范。从留下《可爱的中国》动人篇章的方志敏到狼牙山五壮士，从"生的伟大、死的光荣"的刘胡兰到舍身炸碉堡的董存

---

① 中共中央关于构建社会主义和谐社会若干重大问题的决定［N］. 人民日报，2006 – 10 – 19.
② 甘惜分. 新闻学大词典［M］. 郑州：河南人民出版社，1993.

瑞，从共产主义战士雷锋到"拼命也要拿下大油田"的铁人王进喜，从"县委书记的榜样"焦裕禄到新时期领导干部的优秀代表郑培民……他们是爱国主义教育最生动、最直接的教材，是激励全体人民团结奋斗的精神力量。大力颂扬英雄模范的先进事迹和崇高精神，能够引导人们深刻理解爱国主义的丰富内涵，激发爱国精神，振奋民族精神，把英雄模范的崇高精神转化为推动实际工作的强大动力；能够进一步弘扬社会正气，树立学习楷模，引导人们见贤思齐，陶冶情操，净化心灵，提升境界，不断提高广大干部群众的思想道德水平，推动社会主义核心价值体系建设；能够通过英雄模范的先进事迹回顾我们党的光辉历史，通过光辉历史昭示中国未来发展方向，引导人们增强对中国共产党领导、社会主义制度、改革开放事业、全面建设小康社会的信念和信心，增强坚持中国特色社会主义"一面旗帜、一条道路、一个理论体系"的自觉性和坚定性，激励全国各族人民继续解放思想，坚持改革开放，推动科学发展，促进社会和谐，为实现中华民族伟大复兴而努力奋斗。

新中国成立后，在不同的历史时期，我们树立许多体现先进价值观的典型人物，如雷锋、王杰、王进喜、蒋筑英、张海迪、孔繁森等。透过这些平凡的名字和面孔，我们感受到了道德力量的坚毅、执着、震撼和伟大。伟大的事业需要伟大的精神，伟大的精神推动伟大的事业。在构建社会主义和谐社会的今天，在全国各行各业、各个阶层涌现出了一批弘扬传统美德、彰显道德风范的典型人物和生动感人的事例。他们的这种精神，凝聚着五千年来华夏民族的文化血脉，闪烁着时代核心价值观的理性光辉。党的十六大以来，一大批先进典型人物如雨后春笋，点缀着社会主义道德的盎然春意："为民书记"郑培民，"忠诚于党的事业的好干部"牛玉儒，"人民的好卫士"任长霞，"导弹司令"杨业功，"马班邮路上的忠诚信使"王顺友，"独臂英雄"丁晓兵，"人民的好军医"华益慰，"党的创新理论宣传楷模"方永刚，"杂交水稻之父"袁隆平，"优秀军转干部"林强……近些年，我国媒体大规模、长时间、跨地域地在日常宣传中持续推出"时代先锋"专栏，陆续报道了牛玉儒、任长霞、张云泉、方永刚等一批典型先进事迹和崇高精神，他们像一本本鲜活的教科书，使时代的核心价值变得具体生动，让爱国、敬业、诚信、友善等道德规范变得可信、可亲、可学。这些来自各行各业、各条战线的先进人物，虽然岗位不同、职业不同、事迹不同，但他们的故事都让人热泪盈眶，震撼人们的心灵；虽然他们的身份不同、经历不同，但在他们身上，我们看到了一种理想、一种信念、一种精神、一种力量，他们的先进思想隔行不隔山,其高度的政治觉悟、坚定的理想信念、崇高的精神境界和良好的道德修养,从不同角度诠释和践行了社会主义核心价值体系的本质要求。时代需要真善美、自强不息、百折不挠、公平正义等主流精神,这种精神是我们生存发展、鼓舞斗志的精神助力器。社会主义核心价值体系向世人展现了我们党思想上、精神上的一面旗帜,对社会核心价值的认同和弘扬是社会步入和谐最为坚实的基础,是提升国家软实力的关键。

二、 先进典型教育是我党思想政治工作的优良传统和成功经验

典型教育也叫示范教育,它是通过典型的人或事进行示范,教育人们提高思想认识的一种方法。唯物辩证法认为,事物的发展,平衡是相对的,不平衡是绝对的,具有事物发展不平衡特性的典型经验有着重要的示范价值。通过典型示范,可以促进受教育者价值观的形成和发展。典型教育法的特点在于能够将价值观教育的抽象理论,转化为具体的人格化形象,使人感到亲切、可信,具有较强的感染力和有效性。[①] "见贤思齐焉,见不贤而内自省也。"意思是说要向好的榜样学习,以他人之过作为自己的前车之鉴。努力发现、培养和宣传推广先进典型,是我们党思想政治工作的优良传统,也是不断推进中国特色社会主义事业的需要。榜样的力量是无穷的,运用榜样力量引领人们思想行动,是我们党的思想政治工作的宝贵经验。我们党一贯高度重视学习和宣传各类先进典型,注意发现先进典型并善于发挥其积极作用,通过树立道德楷模,加强示范引导,让人民群众学有榜样、赶有目标。在革命战争年代,我们学习宣传张思德、白求恩、董存瑞、刘胡兰等一批英雄模范人物,对于引导广大军民以高度的革命热忱投身于民族独立和解放的斗争,起到了极大的激励作用。在和平建设时期,我们学习宣传雷锋、王杰、焦裕禄、王进喜、时传祥等一批先进典型,对于动员全国人民艰苦创业、投身社会主义建设,发挥了巨大的推动作用。改革开放以来,我们学习宣传张海迪、蒋筑英、包起帆、孔繁森等一大批先进典型,对于激励人们投身改革开放和现代化建设事业,起到了巨大的促进作用。十六大以来,我们大力宣传郑培民、牛玉儒、任长霞、杨业功、王顺友、丁晓兵、华益慰、方永刚、袁隆平等重大典型,对于凝聚广大干部群众全面建设小康社会和构建社会主义和谐社会,

---

① 王克千,吴宗英. 价值观与中华民族凝聚力 [M]. 上海:上海人民出版社,2001:160-162.

起到了积极的推动作用。近年推出的为民解难为党分忧而抱病工作、以身殉职的辽宁省辽中县信访局原局长潘作良，爱岗敬业的知识型工人楷模邓建军，大孝至爱 32 年如一日演绎人间真爱的河南矿工谢延信，用爱呼唤生命的好警嫂罗映珍等先进典型和"凡人善举"，都在广大人民群众中产生了强烈的反响和良好的示范效果。

见贤思齐、择善而从，是中华民族的传统美德，也是人们自我激励的重要途径。用宣传先进典型事迹的形式教育群众，比一般意义上的讲道理更生动直观，更富于说服力和感染力。通过宣扬先进人物和英雄人物的理想信仰、人生态度、观念模式、价值取向、行为方式和伦理道德情操，充分体现以正面教育为主的原则，对大众起到示范、启迪、疏导、规劝、陶冶、感化、鼓舞乃至提升的作用。发挥榜样的无穷力量，关键是贴近群众、贴近实际、贴近生活，既适时推出全国性的重大典型，也积极树立地方、行业和基层的学习榜样；既注重推出社会公德、职业道德方面的先进典型，也大力宣传家庭美德方面的凡人善事。努力挖掘群众身边的感人事迹和道德素材，让人们感到所宣传的人和事可亲、可敬、可信、可学，切实具有吸引力、感染力、说服力和亲和力。运用典型引导，常常采用讲座讲坛、展演展览、影视艺术、新兴媒体等多种手段，形象直观、生动具体、丰富多彩地展示其高尚情操和优秀品质，引导人们见贤思齐，共筑良好文明风尚。

三、 发挥先进典型在社会主义核心价值体系建设中的引领作用

建设社会主义核心价值体系的目的是改造社会。核心价值体系是社会意识形态的精华，它能通过指导人们的实践而改造旧的社会风气、建设新的社会风气。与社会生活方式、社会风气、社会习俗相融合，既是核心价值体系形成的目的，也是核心价值体系形成的重要标志。一种新的价值体系，特别是先进价值体系的提出和形成，往往会遭到反动势力的围剿、落后势力的反对、世俗思潮的嘲笑。因此，这需要提出该价值体系的阶级、该阶级中的先进分子团结社会中的其他先进群体通过实践加以坚持、身体力行，才能使该价值体系得以传承。[①] 争取广大社会成员的信仰与支持，宣传教育是必不可少的。近年来，我们以社会主义核心

---

① 吕振宇. 论社会主义核心价值体系［M］. 济南: 山东人民出版社，2009: 195.

价值体系作为树立先进典型的重要标准，浓墨重彩地推出了一大批具有重大影响的先进典型。这些典型源自生活、来自群众，生动鲜活、真实可信，事迹感人、催人奋进。观众从"感动中国""红色记忆""时代先锋""劳动者之歌"对历史和现实生活里的先进人物的英雄业绩的写实性传播中，深刻感受到那些为了人民的解放事业进行艰苦卓绝斗争的勇士和志士们所表现出来的英雄主义和爱国主义精神，感受到那些为了实现当代中国的现代化建设而付出辛劳和智慧的民族脊梁和社会精英们所表现出来的丰功伟绩和崇高境界。在当前的形势背景下，我们要发扬优良传统，认真总结经验，进一步营造学习先进典型、关爱先进典型、崇尚先进典型、争当先进典型的舆论氛围，用他们的先进事迹和崇高精神，对广大干部群众进行有效动员和主动引导，让人们更加生动形象地理解和把握社会主义核心价值体系的本质特征，更加自觉地践行社会主义核心价值体系的内在要求，激励全国人民以先进典型为榜样，积极投身全面建设小康社会、构建社会主义和谐社会的伟大实践。

1. 扎实做好先进典型的挖掘评选

学习宣传先进典型，是开展思想道德建设的重要方式，是推动社会主义核心价值体系建设的有力抓手。在广泛宣传先进典型的过程中，要把评选典型与学习典型结合起来，把评选过程与教育过程结合起来，推动社会主义核心价值体系建设再上新台阶；要注重培育先进典型，推动崇尚先进典型的良好风尚形成。通过认真培育各行各业的先进典型，坚持以先进个人带动集体、以文明窗口影响行业、以文明行业促进整个社会文明程度的提升，努力推出一大批在社会主义核心价值体系建设实践中涌现出来的先进典型，以典型的平凡小事来诠释社会主义核心价值体系的丰富内涵，增强宣传教育的感染力和吸引力。

我们要始终注意紧扣时代脉搏，充分发掘先进典型的时代意义与现实价值，更加注重典型的广泛性，注重典型的深刻性；更加注重典型的可学性，确保典型更具公信力和亲和力；更加注重典型的鲜活性，确保典型来自于工作实践，扎根于现实生活。① 其一，典型的选择要反映时代的要求。不同的时代具有不同的时代特点，需要有与时代特点相适应的先进典型来弘扬时代精神，发挥示范作用，鼓舞教育人，激励启迪人。当今时代，社会主义核心价值体系是先进典型的灵魂，即先进典型充分体现社会主义核心价值。无论他们来自哪个领域、从事何种

---

① 刘上洋. 探索建设社会主义核心价值体系的新形式 [J]. 求是，2008（7）：43-44.

职业，都应当是社会主义核心价值体系的积极倡导者和模范实践者。其二，确保先进典型事迹的客观真实。选树先进典型，必须求真、求实，不能搞"假大空""高大全"。宣传必须真实，真实是典型生命力的源泉，只有真实可靠才有力量。其三，选择的典型要多样化，坚持面向基层、面向群众。先进典型之所以感染人、打动人，是因为他们源自生活、来自群众、真实可信。通过宣传、推广，可以起到宣传一个带动一片的效应。宣传推广示范群体，可以产生示范效应。培育示范群体，就是要用这些标志性形象去教育鼓舞更多的人，形成一种崇尚先进思想和模范行为的积极向上的氛围，从而发挥社会主义核心价值观对社会舆论和主流意识形态的导向作用。

2. 多方协动，广开渠道，搭建立体传播平台

典型宣传是坚持团结稳定鼓劲、正面宣传和弘扬主旋律的有效方法，对于动员群众、组织群众、宣传群众有着不可替代的作用。先进典型是人心向善、人心思进的催化剂。宣传越多，他们的示范带动作用就发挥得越强烈。一个智慧的民族，总是善于从其优秀分子身上汲取力量、获得启示。一个道德模范，就是一座精神丰碑。把社会主义道德观念传播到千家万户，有利于在全社会树立起鲜明正确的价值导向，营造知荣辱、树正气、促和谐的社会风尚，促进社会主义核心价值体系建设。

加强党报党刊、电台电视台和网络等新闻媒体的主流意识形态阵地建设。通过广播、电视、报纸等传统媒体，开设不同形式典型宣传专栏，运用电视专题、新闻要闻、专稿、系列报道等多种形式，多角度、大密度地进行集中宣传报道。同时，要善于利用现代信息技术、传媒技术和先进传播手段，根据当代受众的接受特点开展思想宣传工作；通过各大网站、论坛、短信速递以及各级开设的典型宣传工作平台，扩大先进典型影响。尤其要注重发挥主流网络媒体在舆论导向上的权威性与品牌优势，以主流的声音特别是主流论坛的政论、时评来影响和统领"公众"舆论，用权威的言论及时帮助网友把对舆论客体的感性认识向理性认识转化。

要充分利用社会宣传手段。在典型宣传推开之后，要抓住人们普遍认知典型事迹、受到感染和教育的有利时机，加强引导，及时开展多种教育活动，深化学习效果。比如组织典型事迹报告团、座谈会和理论研讨会，开展影视剧、书刊同步宣传等，使先进典型的精神理性化，在全社会营造出一种尊敬典型、热爱典型、学习典型的良好氛围。

3. 发挥先进典型的教育功能

要建立健全典型宣传长效机制，注意典型宣传的连续性、稳定性，在宣传新典型时，对雷锋、孔繁森等"老"典型也要用新时代的要求进行再挖掘，把"新""老"典型放在一起宣传，让大家"温故而知新"，形成良好的示范效应。同时，要教育先进典型树立正确的荣誉观，增强模范意识，自觉地把荣誉当动力，时刻鞭策和激励自己；要让他们了解到先进性是相对而言的，任何先进典型都有自身的缺点和不足，一方面引导他们坦然面对自身存在的问题，另一方面帮助他们克服不足，不断完善和提高自己。先进典型的成长、进步，除了个人主观努力外，离不开各级组织营造良好环境，积极创造尊重典型、爱护典型的良好氛围。要努力做好跟踪培养，在促进先进典型可持续发展的同时使先进典型的教育功能最大化。

坚持人与自然和谐共生
培育新时代生态文明理念

党的十九大报告指出，坚持人与自然和谐共生、建设美丽中国，必须牢固树立社会主义生态文明观，推动人与自然和谐发展现代化建设新格局的形成。① 建设生态文明是中华民族永续发展的千年大计，在当下的中国再次凸显为重要的实践问题和学术课题。生态文明指以人与自然、人与人、人与社会和谐共生、良性循环、全面落实持续发展、繁荣为基本宗旨的文化伦理形态。② 习近平总书记从人类文明发展的宏阔视野审视生态文明，总结出一个科学的结论："人类经历了原始文明、农业文明、工业文明，生态文明是工业文明发展到一定阶段的产物，是实现人与自然和谐发展的新要求。"③ 习近平总书记强调，人类在寻求发展的过程中，一定要遵循"绿色发展、和谐共生"的原则，注重自然、顺应自然、保护自然，找到自然生态和人类社会发展之间的最大公约数，既要金山银山，也要绿水青山。习近平总书记新时代生态文明理念深深植根于中华民族优秀传统文化中的生态智慧。"天人合一"的思想是中国古代对人与自然关系的基本认识，也是我国五千年来优秀传统文化思想的重要组成部分。为推动新时代生态文明理念深入人心、更好地促进中国特色社会主义现代化建设，必须注重传承和发展中华优秀传统文化，借助先哲的"天人合一"思想，从根本上塑造人的生态观念，使人与自然和谐共生的意识牢固树立，进而提高全民生态文明素质。

---

① 习近平. 决胜全面建成小康社会 夺取新时代中国特色社会主义伟大胜利——在中国共产党第十九次全国代表大会上的报告 [N]. 人民日报，2017 – 10 – 18.

② 王琪. 教育也要引入生态文明的概念 [J]. 天津教育，2007（4）：12 – 13.

③ 中共中央文献研究室. 习近平关于社会主义生态文明建设论述摘编 [M]. 北京：中央文献出版社，2017：6.

一、 传统的 "天人合一" 思想与新时代生态文明理念

中华民族优秀传统文化中的 "天人合一" 思想，最早由我国道家先哲庄子提出，后经汉代大儒董仲舒完善成为一套哲学思想体系，体现出传统文化对人与宇宙、人与自然关系的整体性思考，这一体系对我国传统文化的发展起到重大作用。"天人合一" 这一哲学理念将人与万物视为一个和谐统一的整体，认为人与自然的和谐是人类各种关系和谐的基础。"天人合一" 蕴含着丰富的生态伦理思想，其内涵极其丰富，是包括范式、方法、观念等的一套整体的思维模式①，对培育新时代中国特色社会主义生态文明理念具有重要的借鉴作用。

传统的 "天人合一" 思想蕴含着 "人与自然和谐共生" 的生态价值观。人来源于自然界又依存于自然界，没有自然界就没有人本身。一方面，人类改造自然的能力日益增强，通过改造使用风力、水力、畜力等再生资源和金属工具，不违天时，对天、地、人进行合理利用。另一方面，人类改造自然的能力仍然有限，自然是主宰力量。老子《道德经》第二十五章提出，人法地，地法天，天法道，道法自然。这其实涵盖了天人合一的思想萌芽。人、地、天都以自然为最高法则，人天在共同的效法基础上实现了同一。人应当依法自然，不做违反自然规律的活动；人类的生产生活及万物的生长和发展必须尊重自然、顺应自然的客观规律，以符合自然本性的方式改造外部自然。前秦道家认为，人、自然、社会都是由道而生，又复归于道。就其整体而言，世界是一个整体，人、自然、社会三者是这个整体的重要组成部分。在整体内部，自然产生人，人与人之间相互联系产生社会，同时，自然是人和社会发展的基础。因此，三者又有着密不可分的关系，人与自然在本质上是统一的。人类应该认清自身在自然中的实践角色，主动使自身实践行为符合自然发展规律及社会历史规律，实现人与自然、社会的和谐共生。

汤一介先生说："所谓'天人合一'，就是说'人'和'天'（自然）成为一和谐的整体。"②"天人合一" 把 "天、地、人" 作为一个系统的整体来思考，要求用辩证思维认识事物，尊重客观规律，以系统的观点、整体的观点、可持续发展的观点来协调，注重事物之间的和谐统一。作为处理人与自然关系的法则，

---

① 张岱年 . 中国伦理思想研究［M］. 上海：上海人民出版社，2000；124.
② 汤一介 . 国故新知：中国传统文化的再诠释［M］. 北京：北京大学出版社，1993：96.

它要求顺应自然、尊重自然规律，实现人与自然的和谐相处。在处理当代人与后代人的发展问题时，我们要合理保护和利用有限的自然资源，建设节约型社会。生态文明从根本上解决了人类文明发展同自然环境恶化之间的矛盾，克服了工业文明的弊端，是人类永续发展的必然选择。建设中国特色社会主义生态文明是一项系统工程，而培育新时代生态文明理念、科学处理人与自然的关系是其首要之义。我们必须秉持"人与自然和谐共生"的生态价值观，正确处理自然、社会、人的发展等一系列关系，以尊重和维护自然为前提，引导人们走上持续、和谐的发展道路，在日常生活和物质消费领域确立全新的道德标准，把当代和未来的发展看成历史发展的一个系统整体。只有这样，我们才能自觉地维护生态发展，才能更好地建设生态文明。

二、 借助"天人合一"智慧，加强全民生态保护意识教育

"天人合一"作为一种整体性的思维方式，把天、地、人看作一个相互关联、相互影响的整体，任何一个元素的变化和发展都会影响另一元素的变化和发展。天、地、人各有其运行的规律，人居于其中，应该效法天道、地道，择善而行。三者存在的最佳状态即是"乾道变化，各正性命，保合太和"①。天道变化和谐，事事遵循其道，各受其利，方可达到最和谐的状态。"天人合一"思想中渗透的生态保护意识，为现代人面临的生态危机提供了一种整体性的解决思路。古人早已认识到自然环境对人类生活生存的重要性，强调对自然资源要取之以度。据史料记载，管仲在任齐国宰相期间，就提出对森林资源"以时禁发"的原则。《孟子·梁惠王上》中强调利用自然必须有度，也提出具体的"时禁"原则。在处理人与自然的关系方面，古人认识到节用节度的重要性，是适度开发和可持续发展的精神来源，值得今人借鉴。近代以来，功利主义、机械化的观念把人与自然分裂开来，认为自然是作为人攫取利益的对象而存在的，把人高高凌驾于万物之上，失去了古人的谦虚和智慧。"天人合一"思想贯穿于整个农业文明时期，但总体来说，由于人对自身主体性与能动性的认识不足，又受人类保护自然能力的限制，在很多事情面前无能为力，只能求助于超自然的庇护，自然仍是无法征服的主宰。"天人合一"作为一种理论模式，相对较完整和理想化，但是受制于当时的生产力水平和社会治理能力，提出的很多构想是无法实现的。

---

① 黄寿祺，张善文.周易译注［M］.上海：上海古籍出版社，2001：6.

"天人合一"思想是古人留给我们的宝贵精神财富，其中的生态保护意识尤其值得挖掘与继承。生态与生产和谐共存，是新时代生态文明的根本特征。党的十九大报告强调，我们必须倡导简约适度、绿色低碳的生活方式，开展创建节约型机关、绿色家庭、绿色学校、绿色社区和绿色出行等行动，反对奢侈浪费和不合理消费，推进资源全面节约和循环利用，从而完成降低"物耗"的任务，实现生态良好与生产发展互促互融。我们要通过多种渠道普及推广生态保护意识，广泛传播环境法律法规，采取多种形式加强对不同层次民众的生态教育，逐步形成崇尚自然、保护环境的行为规范；鼓励社会各界人士参与生态环境保护，培养善待生命、善待自然的伦理观；倡导节约资源、文明健康的生活方式，确立保护和改善环境就是保护和发展生产力的发展观，进而推动生态环境保护事业的发展和整个社会生活的文明与进步。

三、 通过整体共生思维教育， 塑造国民的生态道德意识

党的十九大报告指出，要坚持推动构建人类命运共同体，构筑尊崇自然、绿色发展的生态体系，建设清洁美丽的世界。生态共同体是人类命运共同体的基础。生命从产生之初就不是孤立的，而是在不同因素、不同物种之间的相互作用、相互联系中共同发展起来的。自然界中存在许多共生现象，植物与动物、微生物与动植物都是相互依赖、和谐共存的。但人在大自然中生活，超越了自然的局限。因此，人与自然的共生超越了生物圈内的共生，是旨在促进不同生物体有意识、有思想的共生，是强调自然、人以及人、社会、自然之间关系的整体性、内在关联性的共生，即整体共生。

整体共生既有整体性的含义，也有共生性的含义，分别体现在个体、物种群落、生态共同体三个层面。在个体层面，整体共生指有机个体作为一个生命体的完整性与独特性，不容被其他物种否定的内在规定性；在物种群落层面，整体共生指一个物种的完整性和独特性不仅表现为其区别于其他物种的特殊规定性，而且体现在与环境、其他物种群落之间的内在关联性和不可分割的相互依赖性，是不同异质群体之间的共生；在生态共同体层面，整体共生性涵盖的不仅是几个群落、不同层面的内容，还包括整个生态圈的整体性与共生性。在生态——整体论中，整体共生性原则是一种思维方式，要求从整体的角度认知自然，以及人、自然、社会三者之间的关系。整体共生性原则强调有机个体、物种、生态系统和生命过程的实体性以及他们之间的互利互惠、协同共生的关系，从根本上转变了人

类对待自然征服和漠视的态度。这就要求我们正确处理人类与自然的关系，牢固树立尊重自然、顺应自然、保护自然的生态文明观，争做生态文明建设重要的参与者、贡献者和引领者。首先，我们应遵照自然固有的规律，做到从自然本身尊重自然。其次，应承认自然具有一定的道德地位，而不应仅从人类的自我目的和经济利益出发去保护自然。再次，要树立生态忧患意识、生态责任感、人与自然和谐观、生态消费理念等生态道德价值观，形成正确的生态意识和生态观念。最后，加强生态法治建设，用法律条例保障公民生态道德意识的培育，利用新媒体提高人们的生态道德意识。

四、 通过共生课堂教育， 培养青少年的生命关怀思想

人与自然的共生关系需要一代又一代人共同建构，共生关系需要有共生意识的人。在教育中渗透共生理念，是时代交给教育的任务。

一是进行理念渗透。共生理念，其核心是人、自然、文化的相互和谐促进。共生教育下的人应怀有基本的生命关怀思想，以此对待身边一切有生命的事物，并致力于自然与人文共生的维护。

二是打造共生课堂。在课堂中培养具有共生意识的人，从可操作层面来讲，便是人文与科学课程的融合共生。自然科学尤其是实验科学，为人类社会积累了巨大的物质财富，促使人类更深刻、更系统地探索与发现自然的奥秘。人文科学饱含了人类的关怀之爱、意义之源，不断地寻求对世界、对人更深刻的理解。科学课程造成人的意义的失落，需要人文学科的补救，但绝不可把两者割裂，要丰富各学科中与科学知识相生的人文知识以及与人文知识相辅的科学成果。

三是强化生命教育。生命教育不仅要帮助青少年学生肯定与珍惜个人生命价值，而且要引导他们认识他人、社会乃至自然、宇宙生命的互动与伦理关系，建立大生命观念。认识生命与自然的和谐关系，包括深入理解"天人合一"的理念、人的生命与自然息息共生、尊重生命的多样性、单向度的技术理性会破坏地球生态等生态价值观。

五、 通过正面宣传引导， 培育全民共建共享的生态文化氛围

生态文明和美丽中国是实现中国梦的重要内容。生态文明建设是中国特色社会主义现代化建设"五位一体"总体布局之一，坚持人与自然和谐共生是新时代坚持和发展中国特色社会主义基本方略之一。坚持人与自然和谐共生，培育新

时代生态文明理念，是实现美丽中国的基础条件和重要保障，需要全社会形成共识和共同行动。政府要通过积极宣传引导，营造良好的生态环境保护氛围，不断提高生态环境承载能力，为人民创造良好的生产和生活环境。各级党政机关、企事业单位要率先垂范，把生态文明建设与文明城市创建有机结合起来，坚持绿色发展理念，正确处理加快发展与生态保护的关系；坚决打好污染防治攻坚战，加快宜居城乡建设，全面启动生态文明万村绿行动，打造人与自然和谐的人居环境，构建生态型城乡社区；完善重大生态环境新闻发布和信息披露制度，畅通投诉举报渠道，完善生态环境保护举报制度。

为培育全民共建共享的生态文化氛围，必须在全社会推进以正确的生态价值观和以环境伦理为核心的城乡生态文化体系建设，促进物质文明、精神文明和生态文明高度统一。

一要建立和完善生态教育体系，将生态文明纳入大中小学生教育课程和干部培训方案。各级各类学校都要通过开设生态环境课程、开展生态环境实践活动等方式，在学校形成生态教育氛围。加强政府工作人员的发展观教育和生态知识教育，做到自觉践行绿色发展理念，积极贯彻生态保护政策。

二要加大对民俗、民风和传统文化艺术等口头和非物质文化遗产的调查研究、整理和保护，加强对国家级、省级、市级文物保护单位的保护。

三要充分利用公共媒体资源和各种社会组织资源，面向公众普及生态知识教育，广泛宣传生态文明建设的重大意义，提升全社会的生态文明程度。同时，充分发挥非政府组织在生态文明建设中的促进作用，发展和壮大生态文明建设志愿者队伍，定期组织生态文明主题公益活动，在全社会加速推广文明村和文明乡镇创建工作。

四要以质量、诚信为核心，以市场为导向，以企业为切入点，积极倡导企业生态文化建设，培养企业经营者和员工的生态文化大局观，从而诱导社会生产和生活方式的转型，引导市民践行低碳生活和绿色消费方式，形成和谐健康的生态环境。

公德意识养成：
青少年社会主义核心价值观培育的着力点

一、 公德意识培养：青少年核心价值观生成的基础

社会主义核心价值观是建设中国文化的根本，是我国思想道德建设的标尺。社会主义核心价值观"三个倡导"涵盖了国家、社会和公民个人三个层面的价值诉求。① 它们相互联系、互为前提，统一于一个结构完整、内涵丰富的价值观系统。青少年学生社会公德养成应该以社会主义核心价值观为引领，科学规划，稳步推进。虽然"三个倡导"相互之间不存在层次高低的区别，但对青少年的价值观培育，按照由近及远的原则，可从公民个人道德准则做起。公德是公民自觉履行现代社会对个体的道德价值要求。社会公德渗透于社会公共生活的各个领域，涵盖了人与人、人与社会、人与自然之间的关系。它是社会道德的基础，是人类社会文明发展进步的标志，是社会共同道德理想的体现与折射。遵守社会公德是对社会生活中每个人最低层次的道德要求。公德意识是在一定社会公德知识的基础上形成的稳固的观点和看法，包括公德知识、公德情感、公德意志、公德信念。它是社会公德行为的基础，指导着人们在社会生活中的实际行动。可以说，有什么样的公德意识，才可能有什么样的公德行为。一个个体的公德意识水平，直接决定着这个人的素质修养；而一个国家、一个民族的整体公德意识水平则直接决定着这个国家文明进步的程度。公德意识养成是指对培养对象的社会公德知识、情感、意志、信念进行有意识的培养和训练，使之形成良好的公德意

---

① 胡锦涛. 坚定不移沿着中国特色社会主义道路前进 为全面建成小康社会而奋斗——在中国共产党第十八次全国代表大会上的报告［N］. 人民日报，2012 – 11 – 18.

识，符合社会公共生活领域基本的行为准则和道德规范。针对青少年群体而言，遵循公民个人的道德准则，实质上是引导青少年加强公德意识培养，提高他们的道德素质，促使他们养成遵守社会公德的良好习惯，用心去做好身边的每一件事，用心去关怀身边的每一个人，培养服务国家、服务人民的社会责任感，从而为青少年核心价值观培育奠定坚实的基础。

二、促进公德意识养成：青少年核心价值观引导的着力点

社会公德是社会整体利益的反映，是社会公众普遍认可的公共生活准则，它规范和调节着人际交往和社会公共生活中人们之间的相互关系，反映了人们公共生活的道德需要。[①] "倡导爱国、敬业、诚信、友善"的社会主义核心价值观，从个人层面上引领青少年社会公德的养成。爱国是指对待国家的情感，是崇高的爱国主义情操；敬业是指对待工作的态度，要做到爱岗敬业；诚信是指为人处世必须具备的品质，待人诚恳，诚实守信；友善是指对待人和物的关怀，表现为助人为乐、与人为善、关注他人，努力形成社会主义的新型人际关系。个人层面的社会主义核心价值观为社会公德养成提供了具体指南，它是社会道德准则，也是社会公德养成的具体内容。在这种价值观的指导下，能够引领整合社会思潮，使青少年学生树立正确的价值观，有利于促进他们公德意识的养成。首先，要提高他们的公德认知，形成正确的公德观，使他们懂得哪些可行哪些不可行；其次，要培养他们的公德情感，使其对不讲公德的行为有强烈的憎恶感，对讲公德的行为产生愉悦的感受；最后，要使他们在正确的公德认知和公德情感基础上形成公德意志，坚定公德信念，并形成自觉遵守社会公德的良好行为习惯[②]，进而在身体力行中促进青少年实现社会主义核心价值观的知行统一。

（一）树立"三位一体"的培育理念，完善青少年公德意识培育机制

从社会到家庭到学校都有责任有义务促使青少年良好公德意识的养成：要建立健全教育机制互联、教育功能互补、教育力量互动的学校、家庭、社会"三位一体"的教育网络，由学校向家庭辐射、向社会延伸，推动学校教育、家庭教育、社会教育的有效衔接，实现"全员、全程、全方位"育人，抓好青少年的

---

① 席彩云.当代社会公德教育研究［M］.武汉：湖北人民出版社，2008：152.
② 黄娜，何齐宗.青少年社会公德意识教育［J］.教育学术月刊，2011（7）.

公德意识养成。

1. 发挥家庭道德教育的基础作用

家庭教育对青少年的成长至关重要。父母是孩子的第一任老师。家长与青少年学生有着特殊的亲密关系，是其成长过程中的主要指导者、促进者、支持者，其言行举止对青少年学生良好道德行为习惯的养成有莫大的影响。提高家长素质，增强家长教育子女的理念，是加强青少年学生道德建设的重要渠道。因此，要强化家庭的德育功能，充分发挥家庭在青少年公德意识培育和价值观塑造中的基础性作用。通过推进文明家庭建设，拓展家风建设活动平台，传承中华民族优秀的家庭美德，以良好家风弘扬社会主义核心价值观。家庭教育最重要的是"关爱而不溺爱"，家长要时时处处给孩子做榜样，用正确行动、正确思想、正确方法教育引导孩子；要善于从点滴小事中教会孩子欣赏真善美、远离假丑恶；要注意观察孩子的思想动态和行为变化，及时了解孩子的心理需求，经常沟通感情，帮助他们解决各种困惑。

2. 坚持学校道德教育的导向作用

学校是对青少年进行思想道德教育的主渠道、主课堂，应把德育放在更加重要的位置，全面加强校风、师德建设。要根据青少年特点和成长规律，循循善诱，春风化雨，努力做到每一堂课不仅传播知识而且传授美德，每一次活动不仅健康身心而且陶冶性情，让学生都得到倾心关爱和真诚帮助，让社会主义核心价值观的种子在学生心中生根发芽。要将参加志愿者服务等公益事业和社会实践活动纳入德育课程考核，拓展学生实际工作能力，增强社会责任感。在学校生活中，根据青少年学生身心特点，利用图书馆、橱窗等文化教育设施，通过演讲、歌咏、书画、标语、校园广播等形式，使学生受到环境和气氛的感染；积极开展科技、文艺、体育、军训等文体活动，开展入队、入团、入党宣誓、成人仪式以及各种形式的重礼节、讲礼貌、告别不文明言行活动等，努力营造健康向上的校园文化。要让他们重温社会的基本公德，把《论语》《大学》《中庸》《礼记》等重新搬回课堂、搬上荧屏，引入思想，融进生活。要根据学生的成长需求，以传承和弘扬中华传统美德为基点，选择适合学生阅读的经典诗文，引导学生从古圣先贤的思想人品中感悟人生睿智，从经典阅读中汲取精神力量，在中华美德浸润中认识自己，领略中华传统美德的价值所在。如：仁者爱人、尊贤敬长、诚信待人，既是人的高尚品德，又是人与人相处的基本原则。厚德载物、推己及人、仁义诚信等中华民族优秀传统文化必将涵养青少年学生的道德情操和健全他们的人格，为当前青少年公德意识培养和价值观引导创造相应的社会氛围、提供重要的舆论和道德力量资源。①

核心价值观既是一个思想问题，也是一个实践问题。针对青少年思想活跃、可塑性强的特点，应积极创新校外实践活动，注重行为积累，抓好公德意识养成。要给学生更多的体验机会，鼓励他们走出校门，去参观、去考察，在实践中亲眼看见各种道德行为和不良行为，在亲身感受中进行自我教育，提高弃恶扬善的能力和自觉性。如利用寒暑假，积极组织青少年参与文明城市、文明社区、文明镇村创建活动，参加义务清洁家园、关爱空巢老人、文明交通宣传，争当"社区小义工""文明小使者"，开展义卖募捐、资助灾区及困难家庭学生等公益活动。利用法定节日、传统节日、重要人物和重大事件纪念日等重要时机，开展青少年社会公德实践活动，引导青少年弘扬民族精神，增进爱国情感，提高公德素养，激发爱党、爱国、爱家乡的情感，树立起为民族复兴而努力学习的远大志向，从而在行为实践的体验中抓好公德意识养成。

3. 净化社会环境，使社会公德建设制度化、法制化

净化社会环境对于青少年的健康成长具有重要意义。实践证明，网络媒体对于引导舆论、统一思想、凝聚人心、稳定大局有着不可忽视的作用。网络虽有不利的一面，但也可以成为思想政治教育工作的载体之一。维护网络文明，提倡绿色网络，营造优良的网络文化环境，可以成为加强青少年学生公德自律素质的一种手段。当前，我们要深入分析和研究网络环境下青少年思想道德教育的新特点、新规律、新问题，牢牢掌握网络教育的主动权，积极抢占"网络思想政治教育阵地"，加大正面典型的宣传报道力度，发挥好正面典型的引导、激励和教育作用。要化被动为主动，调整德育方法，增强德育工作的主动性、针对性和有效性，全面提高网络公德教育的水平。② 要整合各种社会资源，精心搭建有利于青少年健康成长的活动平台，使学校教育、校外教育、家庭教育无缝衔接，着力营造培养青少年良好心态、健康人格和道德修养的育人环境。公德教育本身的力量常常无法鼓励人们从善。为善不得奖、为恶不惩罚的状况则会进一步削弱公德的感召力量。而借助法律手段建立有效的奖惩机制，实现奖惩有据，对中国当前社会公德建设是必要而有效的。奖励是以积极肯定的方式倡导公德，它可以激励和

①　邱伟光．核心价值观是青少年成长的基石［J］．思想理论教育，2014（11）．
②　郑洁，梁虹．网络媒体传播社会主义核心价值观的有效方式［J］．学习与实践，2014（1）．

引导公民认同并实现社会公德行为。惩罚是以消极否定的方式禁止不道德行为的发生，它能警示当事人和其他人防止类似行为的发生。

（二）加强道德自律，强化和巩固青少年的公德意识

道德自律，就是道德主体借助于对自然和社会规律的认识，借助于对现实生活条件的认识，自愿地认同社会道德规范，并结合个人的实际情况践履道德规范，从而把被动的服从变为主动的律己。杜威曾指出："我们甚至可能用强力进行控制，而忘了虽然我们可以把马引到水边，却不能迫使它饮水；虽然我们能把一个人关在教养所，却不能使他悔过。"[①] 青少年有了自律的愿望和要求，他才会有进一步的道德上的追求，他才会去寻找更有效的道德策略，从而实现自己德性的提高。苏联著名教育学家苏霍姆林斯基说过："自我教育是最好的教育。"只有当一个人心存道德，拥有强烈的道德自我建构意识，做到道德自律，才有可能形成符合社会要求的公德意识，也只有道德自律，才能做到一方面自尊、自爱、善良，渴望高尚品格；另一方面寻找自身的道德欠缺，积极努力地去克服这些缺陷，养成良好的道德习惯。否则，道德意识就难以通过青少年自身的积极思维与情感体验，内化为自身的道德需要，道德规范和行为操作也就仅停留在知其然而不知其所以然的层面上，当然就难以形成具有自我约束力的道德意识。由于青少年的道德意识还处在构建过程中，道德自律程度还不高，他们对自我的认识、评价还存在着一定程度的主观片面性。一般而言，他们评价别人的品质比较清楚，评价自己的品质则显得模糊和软弱无力，而且他们的自控能力还比较薄弱。作为青少年成长的引路人，教育工作者应立足于培养青少年正确的思维方法，使他们形成正确的道德认知，不断提高他们的道德认识能力、评判能力以及道德价值的选择能力等。只有引导学生从道德的角度正确地认识自我、评价自我，发挥他们进行自我道德教育的潜力，逐步深入地剖析自己个性品质中的优缺点，并学会设计和调节自我，加强自制力，才能真正推动青少年公德素养的培育和完善。

---

① 约翰·杜威. 民主主义与教育［M］. 王承绪，译. 北京：人民教育出版社，2001：33.

后疫情时代青少年社会主义核心价值观培育

在党中央的坚强领导和全国人民的努力奋斗下，疫情防控阻击战取得了阶段性胜利，人们冲锋的脚步从未停歇，始终坚持勇毅前行，打了一个又一个的"漂亮仗"，取得了显著成绩。在艰苦卓绝的抗疫斗争中，全国人民心手相连、守望相助，铸造了伟大的抗疫精神，为抗击疫情提供了强大的精神动力。无论是抗疫先进典型还是普通老百姓，他们都为疫情防控贡献了重要力量，他们无私奉献、顽强拼搏的品质深刻影响着青少年的价值观念和行为态度。这次抗疫是对培育和践行社会主义核心价值观成效的一次大检阅。伟大抗疫精神与新时代价值导向实现了有机融合，体现出中国人民以勇于担当为时代己任、以实现中华民族伟大复兴为奋斗目标的价值导向。[①] 当前，在百年变局与世纪疫情交织叠加的冲击下，世界进入动荡变革期，更要注重加强青少年社会主义核心价值观培育，切实利用好疫情这个现实素材，引导青少年将社会主义核心价值观内化于心、外化于行，激励青少年努力成为堪当民族复兴大任的时代新人。

一、疫情背景下加强青少年社会主义核心价值观培育的必要性

作为新时代中国主流意识形态的核心内容和本质体现，社会主义核心价值观是当代中国人民价值理想和价值追求的集中呈现，是保持中华民族精神独立性的重要支撑，是对西方资本主义社会所宣扬的"普世价值"的根本性超越，鲜明

---

① 石书臣，韩笑．抗疫精神：新时代中国精神的生动体现 ［J］．学校党建与思想教育，2020（15）：9－14．

标定了中国社会主义现代化强国建设的价值坐标和厚重底色。① 习近平总书记指出："青年的价值取向决定了未来整个社会的价值取向。"② 党的十八大以来，党和国家从实现中华民族伟大复兴的全局出发，坚持将青少年价值观教育作为社会主义精神文明建设的基础性、战略性工程进行谋划和布局，采取综合措施积极推进和落实。③ 青少年学生是国家和民族繁荣发展的希望，是新时代的领跑人和接班者。青少年处于价值观形成的重要启蒙期和关键期，逐渐拥有自己的思维定式、思考方式和行为模式，然而情感认知和心理态度尚未成熟，对于社会上交织的各种网络信息没有清晰准确的辨析能力，需要对其加强教育引导和理论灌输。在疫情背景下，青少年学生自身心理首先不可避免地受到影响，心理状态有一定的脆弱性和不稳定性，思想意识淡薄，正确的价值观定位不牢固，容易产生焦虑、不耐烦以及迷茫的心理情绪。因此，在抗击疫情的过程中，需要在加强社会主义核心价值观培育的同时不断增加正向的信息反馈，引导他们形成正确的民族观、国家观、文化观，帮助他们扣好人生的"第一粒扣子"。抗疫精神在不同方面生动体现和彰显了社会主义核心价值观的重要内容，两者具有很大的契合性和关联性。在青少年的社会主义核心价值观培育中有效融合抗疫精神的时代价值和教育意蕴，有助于发挥社会主义核心价值观的重要引领作用，提升价值观教育的实效。

二、 后疫情时代青少年社会主义核心价值观培育存在的问题

社会主义核心价值观是我国主流价值的高度凝练，是全体人民共同的价值追求。④ 在当前应对重大疫情的斗争中，西方敌对势力屡次挑拨，妄图破坏我国社会意识形态领域的良好形势。在这样的背景下，青少年社会主义核心价值观培育面临着不少挑战，许多问题亟待解决。这就需要找准问题症结，对症下药，仔细分析和研究，得出有效的解决方法，以期更好地培养青少年正确的价值观念。

（一） 网络舆情影响青少年正确价值观养成

在时代之变和世纪疫情相互叠加的情况下，世界进入新的动荡变革期。面对

---

① 王娟. 社会主义核心价值观的生成逻辑、目标机理及其实践进路 [J]. 学校党建与思想教育，2021（2）：19－22.

② 习近平. 青年要自觉践行社会主义核心价值观（二〇一四年五月四日）//十八大以来重要文献选编 [M]. 北京：中央文献出版社，2016.

③ 李超. 以文化人：青少年社会主义核心价值观培育探析 [J]. 思想政治课教学，2019（12）：8－11.

④ 崔蕾. 浅谈文化视角的青少年价值观教育 [J]. 中学政治教学参考，2020（8）：81.

重大的全球性健康安全问题，互联网上流行着不同看法的网络舆论，其中不乏夹杂着不良价值导向的错误观点。一些境外媒体和国内少数不良自媒体，利用民众的恐慌心理和网络信息场域突发性议题的缺位空隙，制造谣言、散布恐慌，利用虚假信息吸引流量、博人眼球，导致一些未经核实的信息进入舆论场并进一步发酵。由于各种分散错乱的信息资讯广泛传播，加上青少年本身心智不成熟，他们的意识容易产生混乱，意识形态观不坚定，价值观倾向摆动很大，导致价值观教育面临重重困境。因此，面对突发事件的网络舆情，不仅要侧重引导和管理，还要抓住其中的问题表征与核心进行研究和分析，及时发现当下个别舆情导向发展的潜在危险，提前做好预防措施，加紧实施应对方法。新冠肺炎疫情这一突发公共卫生事件发生后，网络舆情呈现出高集中性和快速性，若应对措施不及时或其靶位朝向不准，极有可能产生不可估量的后果和一系列连锁反应。在疫情暴发后，个别西方发达国家不抓紧时间解决突发事件，反而企图打着溯源幌子搞甩锅推责的把戏，妄图将病毒溯源政治化，严重影响了国内抗疫和国际合作抗疫的进程。在这种情况下，青少年在所处的社会环境中接收到的各种舆情信息都在向他们发射一定的思想信号，他们原本所持有的价值本位开始受到冲击和考验，需要适当的情绪安抚和正确的价值观引导，帮助他们辩证看待和多角度分析问题，进一步缓解关键结点期青少年产生的心理波动。

（二）单一的教育内容导致价值观教育滞后

新冠肺炎疫情作为全球公共卫生事件，对人们的生产、生活造成了重大影响，青少年作为事件的亲历者，其价值取向由于社会舆情环境的变化，也在发生转变，出现不少新情况和新变化。在疫情大考下，需要重新审视青少年的价值观培育问题，根据青少年的心理与认知发展特征和疫情发展新动态，对价值观教育策略做出调整，提高针对性、可操作性和实效性，侧重结合当下时事案例进行教育教学。关于价值观教育，大多数学校只注重知识的传授，认为学生能够背下来就是完成任务了，对社会主义核心价值观内涵的实际解读远远不到位，学生内心层面的解疑需求更是没有关注到。如此情况继续发展，学生的心理情绪可能会随着特殊时期的特殊变化而产生非常大的矛盾波动。

在此情势下，如教师未能结合学生的心理情绪变化特点而针对性地选取社会主义核心价值观相应的内容进行深入分析，就会极大地影响培育效果。尤其是身处互联网时代，青少年的学习、文娱活动等都离不开网络，他们的心理情绪更容易受到网络舆情的影响。如在疫情暴发初期，青少年的情绪心理普遍偏向于害怕担忧；而在经历长时间的疫情防控后，青少年大多是积极自信的心理情绪，相信以及迫切希望疫情早日结束。针对上述各阶段的网络舆情变化特征，教师要是继续延续教学过程中笼统简单、没有新意的状态，不时刻关注学生的心理情绪变化趋势，以寻找针对性的教育内容及教育素材，就会导致价值观教育中运用的素材内容过于单一，不适应当前价值观教育所需。如果价值观教育中运用的素材内容过于单一，只注重讲社会主义核心价值观"是什么"，却没有结合当下所发生的时事热点进行解析，具体说明"为什么"和"怎么做"，单讲理论知识就会缺乏现实性。这样脱离于实际的教学不仅会影响价值观教育的实际效果，导致价值观教育滞后、缺乏时代性，还可能会造成青少年政治认知模糊程度进一步加深。青少年的情感认知和价值趋向更多是源于直接经验，社会环境的变化会极大影响青少年的情感变化，他们相信和依靠现实生活带来的直接感受，而理论知识的教授灌输是属于间接经验，对青少年的影响是不够深刻的。因此，必须及时对价值观教育内容进行革新，结合青少年本身所拥有的直接经验进行讲授，将直接经验和间接经验有效结合起来，才能更好地促进价值观教育的有序开展，助力青少年养成正确的价值观。

（三）"三结合"教育体系落实不到位，价值观教育实际效果出现偏差

家庭、学校、社会"三结合"教育体系是实施价值观教育的重要依托和有效保证。在青少年的成长过程中，其价值观导向养成离不开家庭、学校和社会三方的引导和教育。这三者并非相互独立，而是一个统一体，有很强的关联性和交互性，对青少年的价值观教育有着举足轻重的作用。家庭是学生的第一课堂，学校是进行青少年社会主义核心价值观培育建设的主阵地，社会则是学生价值观启蒙探索的实践地。面对突如其来的新冠肺炎疫情，青少年的价值观教育面临着重要考验和艰巨挑战。近几年来，升学压力逐渐成为家庭教育的主要问题，家长过于注重孩子的学业成绩，认为分数才是决定孩子前途命运的第一要素，而且社会当中流行的"鸡娃"式教育也让家长更加希望孩子读好书、考出好成绩，于是跟风给孩子不断安排课外学习和兴趣班活动。家长逐渐忽视对孩子在思想品德方面的教育，对于社会主义核心价值观的内涵和深刻意义也了解甚少。而更早存在的"家校合作"模式则流于形式，不少学校老师试图借助这一模式来减轻自己的教学任务，变相给家长布置额外的"任务"，如批改作业、监督背书情况等老

师的本职工作也交由家长来完成，与"家校合作"模式的发展初衷不符，甚至背离了正确的发展方向。此外，在学校的各学科教学课堂中，还存在着不少"唯书本"现象，学生从课堂上只能学到课本知识，没有掌握对理论知识的实践运用能力。家、校、社"三结合"教育体系尚未达到成熟阶段，学校教育没有找到和家庭教育的切合点，家长和学校都没有利用好社会这一方在价值观教育上的辅助优势，以致价值观教育的实际效果出现了偏差，三者各自的教育作用和能效性都大大被削弱。只有家庭、学校、社会三方的教育步伐保持一致，秉持统一的价值观教育理念，才能够有效确保"三结合"教育体系真正落实到位，实现三者教育合力的长期效应，创造价值观教育实际效果的最优值，努力达到教育价值的最大化。

三、后疫情时代青少年社会主义核心价值观培育的重要路径

"青年是整个社会力量中最积极、最有生气的力量，国家的希望在青年，民族的未来在青年。"[1] 后疫情时代，面对青少年社会主义核心价值观培育中普遍存在的问题，要瞄准问题核心精准施效，正确运用网络媒体资源，并将弘扬伟大抗疫精神与倡导社会主义核心价值观结合起来，努力创建善美家庭、文明校园以及和谐社会，多措并举为国培育可堪大用、能担重任的栋梁之材。

（一）创新价值观传播手段，正确运用网络媒体资源

社会主义核心价值观要普及到全社会的各个角落，离不开传媒载体的参与、支持和传播。马克思说过其"是社会的捍卫者，是热情维护自己自由的人民精神的千呼万应的喉舌"[2]。疫情防控期间，许多新媒体发挥了它们的作用和优势，用新颖且让大众喜闻乐见的形式传播抗疫先进事迹，展现抗疫逆行者的崇高精神风貌以及无数凡人善举带给我们的温暖。在网络高速发展的新媒体时代，每出现一件时政要闻或社会大事，网上网下通常会掀起一番舆论浪潮，每个人都乐于发表自己的意见和看法，但同时其观点也容易有偏激的倾向，易受某一方影响而跟风，由此好或差的舆论就会快速发酵起来，有不可抑制之势。面对这样的状况，学校要因时因地因人对价值观传播手段进行创新和改造，借助和利用好微信、抖音、微博、B站、快手等受众广泛的媒体传播平台，对青少年大力宣传社会主义

① 习近平．在纪念五四运动100周年大会上的讲话［M］．人民出版社，2019：4.
② 马克思恩格斯全集：第6卷［M］．北京：人民出版社，1956.

核心价值观，并大范围推广人们努力抗击疫情的视频图文作品，让青少年在观看网络作品的同时也能受到价值观教育的文化熏陶和观念影响，做到有所思有所想有所悟有所为，激发他们对社会主义核心价值观的认同感和自豪感，有积极的作为和正面向上的心态。在疫情防控战中，面对各种舆论的发展态势，要做好充足的准备，加快进行正确的价值观引导和科学的舆论管理，准确运用网络媒体资源，同时结合线下的课堂教育资源，开展线上"第二课堂"，让青少年通过参与第二思政大课堂，了解身边的抗疫故事，感受蕴含战"疫"事迹中的奋进力量，深入理解和体味社会主义核心价值观的永恒价值，积极弘扬社会主义核心价值观。有效利用网络媒体资源的多样性，比如可以借助 VR 等新型技术，让青少年云参观抗疫第一线医护人员的工作日常，与身处战"疫"现场的抗疫英雄们隔空对话，向青少年展现最真实、最直观的抗疫第一现场，引导青少年自觉提高防疫意识，将防疫举措落实到方方面面，明白对自己的负责也是对别人、对社会的负责，进一步增强青少年的社会责任感和使命担当。

（二）丰富价值观培育内容体系，积极弘扬伟大抗疫精神

社会发展瞬息万变，人们的思想观念也在不断更新。价值观培育内容体系需得到丰富和完善，以顺应社会的发展变化。疫情暴发后，全国上下万众一心，共同抗击疫情，用坚毅的精神、坚不可摧的意志力战胜疫情。这些成功和好的变化，离不开每一个人坚持不懈的努力，每个岗位上的工作者都在发挥着他们独一无二的作用，为这次疫情防控战贡献出了重要力量。抗疫一线的医护人员不辞辛苦、日夜坚守，为人民的生命健康保驾护航；仔细认真进行排查工作的党员干部严谨踏实、牢记使命，为抗击疫情增强防控效果；积极申请任务的志愿者乐于奉献、持之以恒，为无数人送去温暖和爱心；勇赴抗疫现场播报时事动态的新闻媒体工作者果敢无畏、实事求是，为大众提供心理稳定剂，及时传达客观可靠的真实信息……他们都是疫情防控战取得胜利不可或缺的重要助力者，向全国人民群众展现出了强有力的爱国力量、积极乐观的敬业精神、敢担当负责任的诚信品质以及互助互爱的友善品格，这些都是青少年社会主义核心价值观培育最鲜活的教材和案例，是丰富价值观培育内容体系的重要元素。鉴于此，高校教师要想丰富价值观培育内容体系，积极弘扬伟大抗疫精神，可从以下几点入手：

首先，要加强抗疫价值观教育主题研究，为系统开展青少年价值观教育寻找可用的理论基础，奠定价值观培育内容体系的根基；其次，要从抗疫的不同阶段入手，联系抗疫事实，整理社会、身边涌现出来的好人好事、道德模范、先进典

型，将其作为社会主义核心价值观的有力例证和现实素材，使之成为价值观培育内容体系的源头活水；最后，从"生命至上、举国同心、舍生忘死、尊重科学、命运与共"① 等维度入手梳理伟大抗疫精神与价值观培育相关的内容，形成丰富而完善的价值观培育内容体系，为系统加强青少年价值观教育提供科学的内容支持。概言之，构建丰富而完善的价值观培育内容体系，有利于青少年更深入地理解和体会社会主义核心价值观的内容，感悟榜样力量，提振战"疫"信心。同时，积极弘扬抗疫精神，能够有效引领青少年从价值观培育内容中汲取能量，为疫情防控战取得胜利不断提供新动能。

（三）建构"家庭、学校、社会"全方位的价值观培育网络格局，强化教育引导作用

发挥"家庭、学校、社会"共育的重要效能，构建起全方位的价值观培育网络格局，充分重视三者在价值观教育方面的独特性和关联性，将家、校、社"三结合"教育体系落实到位，形成强大的教育合力，以期达到良好的价值观教育实际效果和整体效应。

"一个人的一生，要接受家庭教育、学校教育、社会教育，这些教育都很重要，对于自己世界观、人生观、价值观的形成和巩固都会起重要作用。"② 其中，家庭是核心价值观教育的起点，家庭教育成为核心价值观教育的推动力量。在疫情防控期间，家长身上的职责更加重要，既要懂得在青少年的心理波动期进行有效调节，更要适时进行价值观的正确引导和教育，发挥好"第一课堂"的重要作用。家长不能一味地关注孩子的学业成绩，也要关心其身心健康，重视德育思想方面的教育。家长可带孩子去观看一些有关抗击疫情的影片、纪录片或电视剧，与孩子交流观后心得，从而让孩子更深刻地体会到在疫情防控期间各个工作岗位上人们的艰辛，培养和激发孩子的社会责任感，教育孩子懂得感恩，激励孩子立志崇德、树立远大理想，为成为一名合格的社会主义接班人而努力奋斗。

作为青少年社会主义核心价值观培育的主阵地，各级各类学校不仅首先要做好本职工作，有序安排教育教学任务，还要注意抓住重要时机落实好价值观教育。学校思想政治教育和教育教学实践基于培育和践行社会主义核心价值观，应始终紧紧围绕立德树人这个根本任务，重视德育工作，统筹好线上与线下课程，

---

① 习近平. 在全国抗击新冠肺炎疫情表彰大会上的讲话 [J]. 实践（思想理论），2020（11）：4－12.
② 江泽民文选：第 2 卷 [M]. 北京：人民出版社，2006.

积极运用各类校园活动平台，引导学生了解战"疫"故事，感受抗疫正能量。新冠肺炎疫情暴发初期，大多数学校开始实施网络教学，老师向学生开放直播课堂，解决疫情防控期间学生不宜返校的问题，恢复了教学工作。学校在开展网络第二课堂、班会主题活动、演讲比赛、辩论比赛、阅读活动、写作比赛、知识竞答比赛等线上和线下活动时，可融入抗疫英雄和模范人物的故事，积极弘扬抗疫精神，引导教育青少年知理明理、善学善知、乐问乐解，在参与活动中收获真知和宝贵体验，真正习得社会主义核心价值观的实际要义和文化内核，并努力做到知行统一，切实履行好自己的职责，勇担责任、践行使命。

社会是青少年成长的"大环境"，其环境氛围潜移默化影响着青少年的价值观养成，是孕育青少年正确价值观的重要实践地。习近平总书记强调："弘扬核心价值观，是社会系统得以正常运转、社会秩序得以有效维护的重要途径，也是国家治理体系和治理能力的重要方面。"① 全社会应该形成良好的文化氛围，大力宣扬抗疫精神，积极弘扬社会主义核心价值观，让正确的价值观深入人心。社会这个"大课堂"教给青少年的是更真实、更有温度、更接地气的知识，应该广泛宣传当地抗疫先进人物的优秀事迹，让身边人身边事感化青少年的内心，帮助青少年拥有正面积极的价值态度、迈好人生的第一个台阶。尤其要注重环境文化的建设，营造良好的社会氛围，引导青少年将所学知识向现实生活靠近，向抗疫楷模人物靠拢，主动学习他们的优良品格，自觉为社会做出力所能及的事情，勇立潮头，争做社会建设的佼佼者。

家庭、学校、社会"三结合"教育体系要进一步发展为全方位的价值观培育网络格局，各方都需发挥其独特效能，不仅在方向上统筹规划，时间空间上衔接有序，教育效应上互补增值，还要互相积极协调以强化价值观教育的引导作用。

四、结语

新冠肺炎疫情对人们的社会生产生活造成了深远的影响，同时对青少年社会主义核心价值观培育也产生了一定的冲击。基于疫情背景下青少年社会主义核心价值观培育存在的问题，我们可以融合抗疫精神的时代价值和教育意蕴，加强青

---

① 习近平. 秉持包容精神就不存在"文明冲突"——在联合国教科文组织总部的讲演［N］. 文汇报，2014-03-28.

少年社会主义核心价值观培育，并从多方位考虑，完善相应的机制和体系，去提升青少年社会主义核心价值观培育的实际效能。只有这样，才能抓好青少年社会主义核心价值观培育，有效地影响青少年的思想和行为，使其在生活和学习中践行社会主义核心价值观。

增进大学生对传统节日的文化情感刍议

中华民族传统节日既是传统文化的重要载体，也是传统文化的具体体现。中国传统节日作为中华传统文化的重要组成部分和表现形态，以潜移默化、寓教于乐的形式，展示着中华民族的精神世界，表达着人们对美好理想、智慧与伦理道德的追求与向往，是弘扬中华民族优秀文化和传承中华美德的重要载体。① 在当今世界多元文化并存、东西方文化融合的形势下，民族传统节日作为珍贵的非物质文化遗产，对弘扬以爱国主义为核心的民族精神、培养青少年社会主义核心价值观、增强社会主义文化的吸引力和凝聚力有着重要意义。

在中华民族漫长的历史中所形成的春节、清明、端午、中秋、重阳等众多节日，是优秀传统文化的历史积淀，是民族精神和情感传承的重要载体，是维系祖国统一、民族团结、文化认同、社会和谐的精神纽带，是中华民族生生不息的不竭动力。这些传统节日，尽管形式不同、主题各异，但所凝结的人与自然、人与社会、人与人和谐的核心价值观念一脉相承，都体现着传统美德，承载着民族精神，蕴含着深厚的文化底蕴。"仁义礼智信""忠孝廉耻勇"等传统美德在传统节日文化中时有体现。② 如春节期间，亲友之间要相互拜年，从而营造了仁义、重礼的浓厚氛围。清明节是重要的祭祀节日，通过祭祖和扫墓充分展现了中华民族尊老敬祖的美德。重阳节的登高习俗具有敬老、祝福老人长寿的意蕴。作为非物质文化遗产的一个重要组成部分，传统节日也和其他非物质文化表现形式一样，在整个人类社会进程中具有共享性的特点。传统节日体系是我们对世界文化

---

① 郗志群，张晓华，刘魁立. 节日的虔敬——"传统节日与和谐文化论坛"精彩观点摘要 [J]. 人民论坛，2008（4）.

② 王克千，吴宗英. 价值观与中华民族凝聚力 [M]. 上海：上海人民出版社，2001：80-83.

多样性发展的有益贡献，同其他一些国家以宗教纪念日为核心的节日体系有极大的不同，这种历史积淀的群体性的庆祝活动，其核心功能在于认识自然、亲近自然、协调人与自然的关系，促进家庭和睦、民族团结、社会和谐，培育人们美好情操、发扬乐观向上的进取精神。①

由春节、清明节、端午节、七夕、中秋节、重阳节等组成的中国传统节日，其确立与流传是一个逐步发展的过程，是一个完整而和谐的节日体系。它充分体现传统节日文化中效法自然、尊重规律的思维方式，这与当下提倡崇尚科学为荣、人与自然和谐发展是一致的，也是中国古老的天人合一哲学思想的集中表现。传统节日所蕴含的民族精神的感召力与亲情的凝聚力，在今天更显其独特的魅力。传统节日习俗反映了民族的传统习惯、道德风尚和宗教观念，寄托着整个民族对生活的美好愿望与憧憬。人们通过节日的各种形式或仪式，将人类趋利避害的自然本能、智慧、聪明与机敏发挥得淋漓尽致，给予了喜怒哀乐、悲欢离合等民族情感鲜活展示和充分表达。如清明节蕴含慎终追远、珍爱生活、缅怀先人的敬意和孝思，具有一种中国人根深蒂固的爱家、爱乡、爱国的文化含义。中秋节"海上生明月，天涯共此时"的团圆情思，使它成为团圆的节日、庆丰收的节日，这种团圆意识是民族凝聚力的一种表现，对民族的团结、国家的团结、整个华人的团结都是非常好的一种精神元素。

在价值取向上，社会主义核心价值体系把以爱国主义为核心的民族精神和以改革创新为核心的时代精神，从精神动力上确定为我们的价值取向。以民族精神和时代精神培育大学生的价值观，就是要用社会主义和谐文化确立的价值导向，教育、引导他们继承优良传统，紧跟时代步伐，积极向上，锐意进取，在多样化的思想观念和社会思潮面前，坚持正确的价值取向。②

在全球化境遇下的文化冲突中，我国的本土文化受到一定的冲击和挑战，影响了大学生对传统文化的接受和传承。尤其是我国改革开放以来，在西方文化价值观的冲击下，一些大学生的文化价值观被扭曲。在他们身上，不同程度地存在着国家意识不强、对民族优秀文化传统漠视、民族自信心和自豪感有所减退、民族文化认同和民族意识淡化等问题。在这一影响渗透过程中，由于受到西方多元文化的影响，有些大学生将追求西方的生活方式和文化理念当作时尚和前卫的象

---

① 郗志群，张晓华，刘魁立. 节日的虔敬——"传统节日与和谐文化论坛"精彩观点摘要［J］. 人民论坛，2008（4）.

② 黄高锋，李铁柱. 用社会主义核心价值观引领青少年流行文化［J］. 思想政治工作研究，2008（6）.

征，金钱至上、拜金主义、享乐主义，以及极端的个人主义思想在部分学生中蔓延，严重地影响了其价值观、人生观和世界观的形成。这就要求高校加强社会主义核心价值观的引导和培育，使大学生明确自己的社会责任和历史使命，找准个人在社会中的正确位置，从而正确地处理个人与他人、集体、社会的相互关系。面对全球化下的文化冲突，我们必须重新审视本土文化，强化本土文化的自我认同，把加强青年大学生优秀民族文化传统的培育、培养和造就民族精神和国家意识作为思想政治教育的主要目标之一。当前，我们已迈入全面建设小康社会、构建社会主义和谐社会的新阶段，利用传统节日开展优秀传统文化教育，弘扬民族优秀传统文化，增进大学生对传统节日的文化情感，对于全面加强社会主义思想道德建设、推动社会主义和谐文化发展、培育大学生社会主义核心价值观具有十分重要的现实意义和深远的历史意义。

传统节日的价值在于它彰显民族情感、昭示人生意义、滋养民族精神。对传统节日的传承，就是对民族之根的认同。传统节日集中体现了中华民族的价值观念、思维模式、伦理道德、行为规范、审美情趣；体现了中华民族和谐为美的社会伦理思想，展示人与人的和谐、家庭和谐、邻里和睦到社会和谐的逻辑进程；体现了中华民族对生活的无限热爱和社会进步的文化价值观；体现了中华民族朴实、热情、开朗、健康的品质特征；体现了中华民族崇尚劳动、尊亲敬祖、敬老敬贤、慎终追远等传统伦理观念。① 传统节日凝聚着历代人民对生活的美好追求和向往，已经成为国家和民族的文化与精神特征，成为维系中华民族融合与统一的重要纽带。

在中华民族五千多年的发展历程中，爱国主义始终是国家统一、民族团结的精神纽带，集中反映了中华民族的独特性格、价值取向和共同信念。如关于端午节的起源，影响最广泛的说法是纪念屈原。民间一直保留着端午节佩香袋、吃粽子、赛龙舟的习俗。香袋表示屈原的品德节操高尚如馨，万古流芳。千百年来，屈原的爱国精神和感人事迹深入人心，透过端午的传统习俗可以感受到人们对伟大爱国者的热爱和怀念。今天我们过端午，吃粽子、划龙舟，最重要的是继承和学习屈原上下求索、爱国忧民的政治情怀，让爱国忧民的传统通过节日这一载体发扬光大。清明节据传是为了纪念春秋时代的爱国忠臣介子推。中秋节、春节等无不饱含着对故土、家乡的眷念，它们也是中华民族爱国主义精神的生动体现。

---

① 郗志群，张晓华，刘魁立. 节日的虔敬——"传统节日与和谐文化论坛"精彩观点摘要［J］. 人民论坛，2008（4）.

　　培育社会主义核心价值观就应该把人民群众作为价值主体，把为广大人民群众谋利益作为价值追求，把实现人民群众的共同富裕作为价值目标。① 传统节日的内容以人际关系、人际交往为主，人们在节日中或合家团圆，或探亲访友，或祭祀祖先，或男女相会，或归宁省亲，或尊老爱幼，或扶贫济困，或团拜，或共游。万人同乐，在融融之乐中，家庭、邻里、社区都增加了凝聚力。中国每一个传统节日几乎都是对生命的颂歌，体现了对生命的热爱、对健康的追求，人们的理想和追求也都渗透在传统节日之中。节日寄托了人们的希望，其中的内涵包括风调雨顺、五谷丰登、财源茂盛，也包括健康、长寿、忠贞美好的爱情、亲人团聚、学业事业进步，更包括道德理念的弘扬。应深入发掘民族优秀传统文化资源，积极倡导文明、和谐、喜庆、节俭的节日理念，构建符合社会主义精神文明建设规律、适应社会主义市场经济发展要求的节日文化，引导人们自觉履行法定义务、社会责任和家庭责任，大力弘扬民族精神和时代精神，唤起全社会的文化自觉，这对于大学生社会主义核心价值观的培育有着重要的现实意义。

　　传统文化是一个民族的自我意识，是解释自身生活世界、生活经验的意义框架，是一个民族的聚合剂，是族群认同的根基。如果传统文化被消解，民族也会因为失去共同的价值信仰、符号体系而分崩离析。因此，对文化传统的体认与尊重，直接关系到一个民族对自身的认同，关系到一个民族的生存与发展。一切传统只有在对今天或者未来具有重要意义时，它才获得了价值。传统节日是什么？有民俗学家说：节日是休闲，但比休闲更重要；节日是广大民众展示美好心灵和表现艺术才华的舞台；节日是提升美好情操和培育丰富情感的熔炉；节日是社会群体和谐团结的黏合剂；节日是历史和文化传统的积淀和再现；节日是民族性格、民族文化的集中展示；节日是文化认同、民族认同、国家认同的重要标志。② 随着社会的变革和时代的发展，尤其是面对全球化和商业化的冲击，许多年轻人正在对传统节日失去"文化记忆"。传统节日维系着一个民族的情感，是民族情感认同的纽带和情感沟通的桥梁。节日内含一个民族特有思维方式的想象力和文化意识，这种文化如同基因，必须靠活态传承才会得以发扬光大。因此，增进青年大学生对传统节日的文化情感，守护精神家园，传承民族文化的血脉，坚守民族文化自信，应当是一个严肃的话题。

---

①　陈静，周丽. 社会主义核心价值观基本内涵探要［J］. 马克思主义研究，2007（6）.
②　刘魁立. 中国节典：四大传统节日［M］. 合肥：安徽教育出版社，2008：6.

一、 加强大学生的传统节日文化导向并提升文化自觉

文化自觉的根本目的，就是要认识自己的文化并进而认同自己的文化。也就是说，希望在全球化的客观进程中保留自己文化的独特个性，使中华民族能以独特的身份融入多元化的世界文明之中。[①] 我们的传统节日体系有着悠久历史和丰富内涵，但近年来由于各种原因没有很好继承和保护，一些大学生对之失去兴趣和关注，而过"洋节"成为追逐的时尚，这是令人担忧的。我们要广泛普及传统节日的基本知识，运用多种形式、多种方法努力在全社会形成尊重民族传统节日、热爱民族传统节日、参与民族传统节日的良好氛围。要实现不仅人人过节，而且人人懂得传统节日的文化蕴含，懂得节日仪式、节日食品的由来和变化等，这样才能喜爱传统节日、尊重传统节日并沿袭它的愿望。要充分发挥文化的社会教育功能，积极创作体现传统节日思想文化内涵、弘扬民族传统文化的优秀文艺作品。新闻媒体要把传统节日宣传作为重要任务，在节日期间开设专题、专栏，通过新闻报道、言论评论、专家访谈、群众讨论和公益广告等多种形式，多侧面、多角度地宣传介绍传统节日的文化内涵。以互联网、广播、电视、报纸、期刊等大众传媒手段为牵引，利用节庆活动，可以增进人们的情感交流、丰富人们的精神世界、满足人们的精神需求、增强人们的精神力量，让广大人民群众在和谐的节日气氛中充分享受社会文明进步的成果。高校要加强传统节日文化知识的普及工作，增强学生对传统节日的认知和理解，让他们更好地了解传统节日、认同传统节日、喜爱传统节日。要把传统节日蕴含的中华民族传统美德纳入日常行为习惯养成教育体系，同学生的日常思想品德教育和管理紧密结合起来，推动民族优秀节日文化进教材、进课堂、进学生头脑。

二、 组织开展有意义的传统节日文化活动

要尽可能通过大学生自己的角色体验、情景体验，使其成为社会化成长中的主动者。不仅要重视发挥课堂教学在传播节日文化中的突出作用，也要充分运用课外文化娱乐活动，把节日文化教育涵盖其中，让学生主动参与，体会传统节日的文化内涵。

---

① 冯婷. 如何应对全球化的文化挑战——有感于费孝通先生的"文化自觉"论 [J]. 中共浙江省委党校学报，2005（1）.

　　高校德育工作者可利用传统节日，与社会各条战线及有关部门联系，精心策划和组织大学生广泛参与社会实践活动，如重阳节的敬老爱老活动、端午节的划龙舟友谊竞渡活动、中秋节的赏月咏诗文艺联欢或才艺展演等。还可以通过社会调查、志愿服务、公益活动、勤工助学等多种形式，让学生通过身体力行、亲身体会、实际接触，去了解社会、认识国家、培养爱心和协作精神，增强社会责任感和道德意识。在节日活动中，人们不断亲近自然，感受自然的变迁，感谢自然的恩赐，从而更加热爱自然、敬慕自然、与自然和谐相处。例如清明节期间，组织大学生走出户外去踏青、植树，到大自然的怀抱中去体验人和自然的亲密关系，从而更加热爱生存环境。同时，还可到亲友的墓地去扫墓，以促进家庭和睦、亲族团结；去瞻仰革命烈士纪念碑，感恩革命先烈为我们创造的美好生活，感念民族先人所创造的一切文化成就，以培育民族情感、增强民族认同。在此过程中，启示大学生感悟人文与大自然的和谐，家庭与社会、个人的和谐，培养对生死乐观对待的精神，对他们进行珍惜生命、承担家庭及社会责任的教育。通过深入社会生产生活实际，引导学生身临其境，感受生活，使学生自觉地把个人融入建设中国特色社会主义的伟大实践之中，增强投身社会主义现代化建设的责任感和使命感。大学生只有在社会实践活动中才能逐步提高理性上的认识能力和选择能力，从而形成责任意识和责任感，确立正确的社会主义核心价值观。

三、 大胆创新并自觉为传统节日文化注入新质

　　随着社会的发展前进，如何与时俱进，增加传统节日的时代精神和内涵，将传统节日文化以通俗易懂、人们喜闻乐见的形式表述出来，让更多的人来关注传统节日，感悟传统节日的文化内涵，是我们共同关注的问题。[①] 传统节日有特定的历史渊源、传统习俗和独特情趣，包含着历史文化的无穷魅力。我们在向外推广传统文化时要彰显其时代风貌，借助传统文明向全世界传播中国的现代文明。例如在"重建清明习俗的文化精神"之文化沙龙活动中，师生围绕清明习俗及其蕴含的文化精神，围绕"纪念缅怀""知恩感恩""文明祭扫"等热点话题，共同探讨继承与弘扬民俗文化的现代意义与时代内涵，从而深刻体味到传统文化的博大精深。显然，传统习俗所蕴含的感恩思源、敬贤思齐等教育资源，是大学生践行社会主义核心价值观的重要内容。中国人以勤劳、智慧、勇敢著称于世，

---

①　张海英 . 中国传统节日与文化 [M] . 太原：书海出版社，2006：60 - 69.

传统节日成了人们展示智慧和才艺的最佳机会。家家户户大门口的春联，实际上形成了才思和书法比赛的大展厅。元宵节的灯会展示着各种奇思妙想和精湛的手艺。庙会上百戏杂陈、百艺斗胜，使人目不暇接。文人可以联句咏诗，村女也可以当场对歌。灯谜竞猜，让人绞尽脑汁。窗花剪纸，生动传神。秋千起伏，风筝入云，孔明灯升天，荷花灯入水，各展胜景。七夕的乞巧，更是以巧手姑娘为美。这些丰富的内容使传统节日成为中华民族共同精神家园中一道亮丽的风景线。

为帮助青年人从欢乐的节庆活动中继承文化瑰宝，充分发挥节日的精神文化效益，就要精心组织好节庆的各种群众性民俗活动和文化娱乐活动。通过开展具有鲜明地方特色的灯会、游园会、文化庙会，以及传统工艺、美术、音乐和民间习俗展示等，增添节日魅力。让人们在参与中了解中华民族的悠久历史，深刻感受优秀传统文化，使传统节日文化真正回归人们的生活。如今，网络与人们的生活联系日益紧密，传统节日文化的表现和传承可以借助网络。比如，在清明节为了让更多人以文明的方式缅怀先辈、悼念逝者，应构建文明、和谐的祭祀环境，网上祭祀就是一种新的形式。在节日文化的表现手段上，应在节庆用品和用语等文化载体上推陈出新。比如，可以运用现代科技手段，多制作一些美观大方、富有情趣的节庆文化产品；多创作一些易于传颂、有真情实感的节庆用语；多生产一些安全卫生、健康有益的节日食品；发展节庆文化产业，体现出节日文化的民族特色，体现人文关怀，增强传统节日对民众的感召力和吸引力。在大学校园，如果能借助或直接利用传统节日所提供的饮食、娱乐游戏为切入点和媒介物来实施教育，则会使学生感到新奇有趣，从而积极参与。学校可根据实际情况，利用演讲、辩论、自制贺卡宣传民族节日，通过编辑短信、观看重大节日纪录片等方式宣传和弘扬民族节日文化，让民族节日深入学生心中，从而增进对传统节日的文化情感，达到提高人文素养的目的。

探索社会主义荣辱观教育的有效模式

——基于大众传媒引导和教化功能的思考

改革开放三十多年来，我国经济社会飞速发展，人民生活水平大幅度提高，整个社会逐步走向进步文明，广大人民群众为之骄傲与自豪，世界为之震撼与敬仰。然而，社会物质财富的增长并不能自然而然地带来精神的富裕，衣食足并非知荣辱。精神家园的荒芜、思想的迷茫困惑和道德生态的恶化导致的是非不清、美丑不分、善恶不明、荣辱颠倒、心灵扭曲、以耻为荣的现象频出，与经济发展和物质富裕形成了巨大反差。社会失信、虚假广告、食品安全、网络的光怪陆离……这一切正考验着中国社会的未来。以"八荣八耻"为主要内容的社会主义荣辱观的提出，可谓是我们党对当下道德问题严峻性的理性自觉。它不仅针对当前公民道德缺失的状况，对社会主义基本道德规范进行了补充和完善，而且拓展和丰富了新时期开展公民道德教育的实践渠道，为落实科学发展观、构建和谐社会、建设全面小康社会提供了强大的精神支撑。社会主义荣辱观教育旨在通过共同的价值尺度，引导和帮助人们约束自我、提升境界，进而协调各种利益关系、化解各种社会矛盾，为构建社会主义和谐社会打下良好的道德基础。

一、社会主义荣辱观教育的现实基础与亟待解决的问题

社会主义荣辱观是人们对荣誉和耻辱的根本看法和态度，是世界观、人生观、价值观的生动体现，它集中反映了社会的价值导向、人的精神状态和社会的文明程度。"每个社会集团都有它自己的荣辱观。"① 社会主义荣辱观既继承了我们党历史上关于社会主义荣辱观的基本精神，又吸收了中华民族传统道德文化的

---

① 马克思恩格斯全集：第 39 卷［M］．北京：人民出版社，1974：251．

精华，反映了社会主义市场经济的公德要求，具有丰富的思想内涵和鲜明的时代特征。在我国经济体制深刻变革、社会结构深刻变动、利益格局深刻调整、思想观念深刻变化的新形势下，人们的道德观念也呈现复杂多变的特征。一方面，社会主义道德观念和优良传统美德仍然起着主导作用，热心公益、孝敬亲长、勤俭节约、崇善尚德等成为公民道德状况的主流；另一方面，极端个人主义、拜金主义、见利忘义、奢侈浪费等落后甚至腐朽的道德观念也对社会成员产生不良影响。公民的道德水平体现了一个民族的基本素质，反映了一个社会的文明程度。公民道德重在养成，社会风尚重在培育。社会主义荣辱观教育有一个从情感到观念的提升过程，也就是说，人们在依据一定的思想道德标准进行自我评价、社会评价活动中，逐渐形成关于荣辱内涵和荣辱标准的比较稳定的思想观念。有学者认为，荣是对善的感受，耻是对恶的感受。换言之，荣是对善的肯定性感受，耻是对恶的否定性感受。前者代表着道德理想的追求，后者代表着道德底线的把握。可以说"知耻"是荣辱观的心理底线。把社会主义荣辱观由外在的规范内化为人们的坚定信念，进而又体现为人们的道德行为是一个复杂的过程，这一过程的实施和完成离不开学习教育机制。只有通过对荣辱观的学习教育，才能够使人们明确在社会主义社会里应该旗帜鲜明地坚持什么、反对什么、倡导什么、抵制什么，从而在全社会形成一种道德意识与伦理精神。

荣辱观的学习教育可以结合生活、工作实际，通过灵活多样的方式来实现，如直接学习教育与间接学习教育相结合、固定学习教育与随时学习教育相结合、正式学习教育与非正式学习教育相结合等。随着市场经济体制的建立和民主政治的发展，受教育者的自主性、民主性增强，社会化程度提高，教育者的权威将会降低，这对教育的内容和形式都有了更高的要求。"社会主义荣辱观教育作为全社会之价值观教育的重要方面，一直受到各级各类学校和全社会的高度重视。然而，人们不无遗憾地注意到，多年来大张旗鼓广泛开展的荣辱观教育，远未取得预期的成效，教育效果与教育投入很不成比例。"① 其原因固然是多方面的，而教育形式尚缺乏有效性也是一个重要原因。如何增强社会主义荣辱观教育的实效性，是目前社会主义荣辱观教育亟待解决的问题。目前，社会主义荣辱观教育在形式上缺乏创新和灵感，让人明显感到是为教育而教育，很难打动人、感染人，尤其是对某些历史人物的任意塑造不但让人感到不真实，损害爱国主义教育的形

---

① 程立显. 开展社会主义荣辱观教育的科学路径 [N]. 学习时报，2011 - 03 - 28.

象，甚至影响人们对教育主体的信任。另外，以往不被群众接受的一个关键问题，还在于一些教育者缺乏社会公信力和一些表彰中被表彰奖励者缺乏社会的认可性，从而影响了宣传教育的效果。正是这种宣传的失策，导致一些非常有价值的宣传内容没有得到群众的拥护和支持。因此，如何通过一种长效性模式的实践，依托于可行性的建设路径，深入进行宣传教育，使之具有历史的活性而产生社会功效，已成为社会主义荣辱观教育亟待解决的问题。

二、增强荣辱观教育实效性的探索与思考

社会主义荣辱观教育的路径是多元的，家庭、学校、社会都应担当起教育的职责，形成合力；同时，还应当探索有效的教育模式，创造有利于公民接受社会主义荣辱观教育的社会环境和良好的舆论氛围。广播电视是当今最具影响力的大众传媒之一，电视、网络、音像等成为影响人们思想道德的第一影响源。为适应现代思想道德教育开放性、多样性的要求，我们要重视大众传媒影响的正负效应并对其进行有效的调控，为加强与改进新时期思想道德建设创造良好的舆论氛围。随着我国公民道德建设的不断加强，干部群众践行社会主义荣辱观的不断深入，越来越多体现社会主义道德要求的模范人物涌现出来。他们的先进事迹感召群众，对于在全社会大力营造知荣辱、树正气、促和谐的社会风尚，为经济社会发展提供强有力的思想道德保障，具有十分重要的意义和作用。在这种情况下，通过评选表彰，树立一批来自基层、来自群众的道德模范，用他们的先进感人事迹感召群众，有利于把社会主义道德观念传播到千家万户，有利于把公民基本道德规范的要求渗透到人们的工作生活中，有利于在全社会树立起鲜明正确的价值导向[①]，从而增强社会主义荣辱观教育的实效性。

（一）坚持群众实践的长效机制，增强社会公信力

要提高教育模式的有效性，必须改善与被教育者的沟通。其关键是如何调动公众的参与性，引发群众对教育的关心和参与，变被动为主动。在我们的身边，总有一些默默无闻、普普通通的人，他们虽然称不上是"杰出人士"，事迹也算不上是"丰功伟绩"，但他们的品质却撼动了人们的心灵。推崇在基层涌现的"凡人善举"，褒奖群众身边看得见、摸得着、学得到的"平民英雄"，能够有力

---

① 王伟. 榜样的力量是无穷的——论道德模范的引领作用［N］. 光明日报，2007 - 09 - 18.

地引导人们从我做起、从现在做起、从身边小事做起,把社会主义荣辱观融入广大群众的工作生活实践。近几年来,"全国道德模范""感动中国年度人物"引起了广泛的关注,产生了良好的社会反响。广大干部群众和社会各界踊跃参与,对于加强社会主义荣辱观教育、培育社会文明的道德风尚起到了积极作用。凡是自觉践行社会主义荣辱观,模范遵守公民基本道德规范,事迹突出,社会反响大,赢得群众高度赞誉,能够在引领社会文明风尚中发挥重大影响的人均可被推荐申报全国道德模范。评选表彰全国道德模范和感动中国年度人物的目的,是褒扬先进、弘扬正气,示范推动全社会道德建设。通过群众评、评群众,群众学、学群众,推选社会生活中看得见、过得硬、学得到的先进人物,确保评选出的模范可敬、可信、可亲、可学,使群众在参与社会生活中受到教育、得到提高。

《感动中国》节目于 2003 年首播,已经成功举办多届评选与颁奖活动,具有相当的群众基础。这些年来,《感动中国》节目向全国观众推出了数十位人物,每位人物身上都有一种让人感到心灵震撼的精神力量。因此,《感动中国》被媒体誉为"中国人的年度精神史诗"。感动中国年度人物评选活动树立了一大批具有中华民族优良传统的道德楷模和英雄人物,他们身上体现某一种重要的精神、重要的价值观、重要的理念,直接推动着社会的进步。超越一切阶层和身份差异,把属于一个民族的精神财富以一个单纯的角度聚集在一台节目中呈现给观众,这是《感动中国》节目多年积累下的最为宝贵的经验,同时也是坚持群众实践的长效机制、增强社会主义荣辱观教育实效性的可贵探索。

(二) 发挥好典型的示范作用,提高社会认可度

要让社会主义荣辱观教育深入人心,必须选择真正有感召力、在群众心目中是正面形象的人作为教育的"形象代言人",只有这样才能让人信服,才能真正打动人。意识形态宣传功能、社会道德风尚引导功能和信息传播功能是支撑典型人物报道的三支重要力量。信息传播功能体现在传播以典型人物为中心的背景生活、先进事迹等,这要求信息必须真实。[①] 典型真实是社会道德建设的内在诉求,对典型人物的报道应展现典型人物的真实生活,才能产生实际意义。典型人物的现实意义在于引导并鼓励大众相信自己能够做到并且在行动上有所表示。"媒介的报道必须真实,新闻必须自由,媒体在整体上高举正义、公正和健康的

---

① 李艳君. 典型人物纪实与虚构的反串——以《感动中国》和《士兵突击》为例 [J]. 法制与社会,2008 (22):289.

大旗，媒体镜像才显现出真理的物象，让人们看清生活和历史的发展方向。"①

当下我们应当重视的是，如何从正面入手，树立身边好的、可亲可敬可学的典型，引导青少年在日常生活的体验中提炼荣辱观、在情感体验中培育荣辱观、在社会实践中升华荣辱观，特别是通过参与志愿者、手拉手、扶贫助困等活动，真正使他们感受到好的行为得到赞许、肯定、表扬，从中产生积极快乐的情绪，体验到自我满足和幸福。"榜样的力量是无穷的"，社会树立什么样的典型，意味着这个社会倡导什么样的核心价值观。在"全国道德模范"与"感动中国年度人物"评选活动中，推选出一大批先进模范人物。这些榜样不仅数量大，而且类型全，既有立足本职工作、热心为民服务、反映时代精神的先进个人，又有开拓进取、艰苦创业、做出突出贡献的优秀群体；既有认真贯彻中央精神、自觉维护大局、服务大局的典型，又有艰苦奋斗、无私奉献、勇于开拓的典型；既有全心全意为人民服务、关心群众生活、为群众办实事的典型，又有见义勇为、助人为乐、扶危济困的典型；既有领导干部，又有工人、农民、解放军、企业管理者、医生、教师、科技工作者。这些典型定位准确、事迹感人，容易得到人们的认同。他们行业特点突出、时代特点鲜明，宣传他们既具有典型的形象特征，又抓住了典型的精神实质。

（三）坚持自律与他律相统一的机制，推进社会主义荣辱观教育大众化

从社会主义荣辱观的角度分析，道德修养包括两层含义：一是动态上的"下功夫"，即依照社会主义荣辱观的要求，进行学习、体验、对照、反省等心理和实践活动；另一层含义是指静态的"已经达到的功夫"，即经过长期的努力之后所达到的道德境界。② 社会主义荣辱观能否充分发挥其巨大的社会效应，关键在于广大公民能否通过道德修养升华到较高的道德境界，成为自由自觉的道德生活主体。道德主体只有在道德自觉意识的引领下，才能达到"从心所欲不逾矩"的自由境界，才能在道德冲突中保持"富贵不能淫，贫贱不能移，威武不能屈"的高尚节操。因此，树立正确的社会主义荣辱观，一个至关重要的环节就是培育受教育者的道德自觉意识。受教育者只有具备了道德自觉，才能自觉自愿地向善

①　刘建明. 新闻学前言——新闻学关注的 11 个焦点 [M]. 北京：清华大学出版社，2005：19.

②　李抒望. 当代中国发展与进步的道德诉求：深化对社会主义荣辱观的认识 [J]. 中共贵州省委党校学报，2010（5）：9－11.

弃恶、弃辱求荣，自觉自愿地将正确的荣辱观内化为自身的行动标准，真正在实际行动中践行荣辱观，达到知行合一的道德境界。

社会主义荣辱观的形成要靠自律，但也离不开他律。他律既包括相应制度的约束，也包括社会舆论的压力等。我们应该注重建立践行社会主义荣辱观的制度约束机制，对于违背社会公德的行为，除了在道德、舆论上给予批判和谴责外，还应当用社会规范、制度甚至法律来约束之。

要建立主流媒体的社会责任制度，通过建立健全舆论监督机制和有效合理的制度防止主流媒体的过度娱乐化，充分发挥报刊、广播、电视、互联网等平台的导向作用，让践履社会主义荣辱观的人受到普遍尊重，多一些荣誉感和自豪感，少一些尴尬和无奈。道德的基本特点之一，是以善恶标准对社会现象进行评价。所谓"善"，主要是指符合国家和人民利益以及社会道德要求的行为；所谓"恶"，主要是指违背国家和人民利益以及社会道德要求的行为。通过各媒体的真实报道，"全国道德模范"等众多社会道德楷模以及各行各业的杰出先进人物，他们以各自不同的感人事迹唤醒了人们的社会良知，引起大众的共鸣和强烈的社会反响，具有广泛的示范效应，使道德力量在全社会得到不断传递，从而真正实现价值观教育的大众化。从2008年起，由中央文明办主办、中国文明网承办的"我推荐、我评议身边好人"活动如今扩展到每月评选一次，"好人榜"上的名字每天都在递增。2009年3月4日，以"助人为乐"模范孙茂芳名字命名的志愿服务岗亭在北京东四奥林匹克社区挂牌，10名北京联合大学学生成为服务岗亭首批志愿者。从一个人到一个集体，更多的人接过道德模范的"接力棒"，东四奥林匹克社区已经成为北京的一张名片。

2008年奥运期间，以李素芝、张云泉等道德模范名字命名的志愿服务队伍始终活跃在城市的街头巷尾。像"吴天祥慈善小组""许振超群体""林秀贞式好人"这样的群体，在各地不断涌现……道德模范的典型效应正转化为群体效应，进而扩散为社会效应。①

---

① 张音，颜珂，朱磊. 人民观察：回访第一届道德模范　道德的力量在传递 ［N］. 人民日报，2009 - 08 - 11.

下篇

高校思政课教育教学实效性提升探索

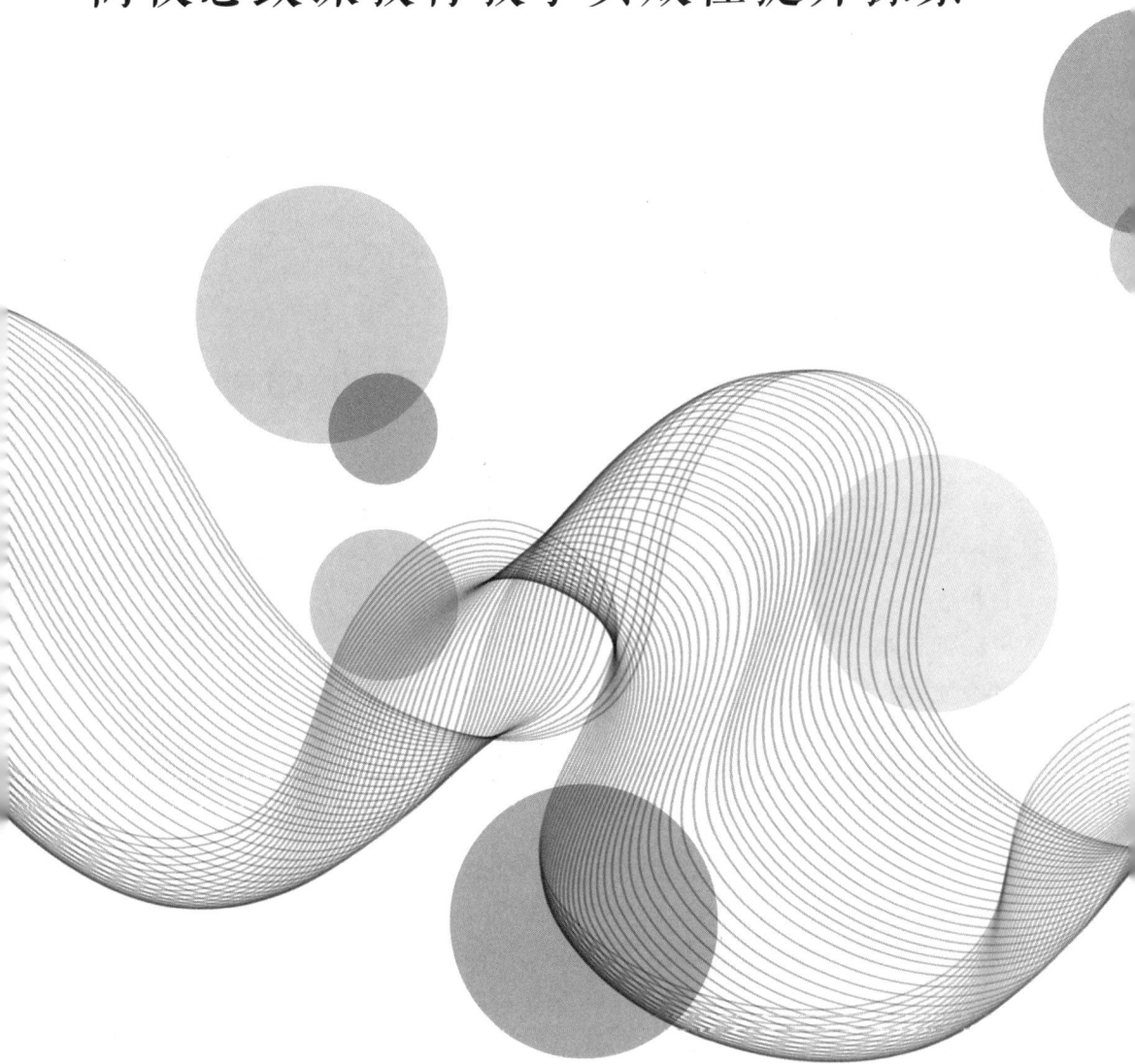

培养学生自主学习能力
增强思想政治理论课教育的实效性

高校思想政治理论课具有鲜明的意识形态属性，对于帮助大学生坚定正确的政治方向、正确认识和分析复杂的社会现象、提高思想道德修养和精神境界具有重要的作用。只有重视大学生思想政治理论课自主学习，不断推进学生自主学习能力的培养，才能引导青年大学生树立正确的世界观、人生观、价值观，提高思想政治理论教育的实效性。

一、更新教学观念，重视学生自主学习能力的培养

1. 大学生自主学习的必要性

《中共中央国务院关于进一步加强和改进大学生思想政治教育的意见》明确指出：加强和改进大学生思想政治教育的基本原则之一是坚持教育与自我教育相结合，既要充分发挥学校教师的教育引导作用，又要充分调动大学生的积极性和主动性，引导他们自我教育、自我管理、自我服务。思想政治理论课教育不是纯粹的知识教育，而是知识教育与思想教育相结合。这就要求我们在思想政治理论课的教学中，联系大学生的思想实际，联系改革开放和社会主义现代化建设的实际，把传授知识与思想教育结合起来，把理论武装与实践育人结合起来。

要很好地体现思想政治理论教育的特点和顺应其培养目标，必须重视大学生思想政治理论课的自主学习。所谓自主学习，顾名思义就是学生依靠自己的努力，自觉、主动、积极地获取知识。自主学习能力是学生在学习活动中表现出来的一种综合能力。具有这种能力的学生有强烈的求知欲，善于运用科学的学习方法，合理安排自己的学习活动；善于积极思考，敢于质疑问难，在学习过程中表

现出强烈的探索和进取精神。自主学习作为一种新的教育思想和素质教育具体化的理论框架，就一定意义上说，把握住了素质教育的实质和核心。现代学校教育着眼于健全人格的塑造，不能单纯以学生掌握了多少知识作为教学活动的衡量标准，而应当注重学生在掌握知识的基础上获得了怎样的发展、在学习过程中取得了怎样的进步、培养了怎样的综合素质。这些效果的取得都必须依靠个人积极主动地投入学习、自觉自愿地学习。也只有对学习掌握了主动权的学生，才能作为学习的主体，达到上述要求。因而可以说，培养学生自主学习的意识、习惯、能力和方法是实施素质教育的中心任务，自主学习能力的培养是素质教育的核心内容。

2. 大学生自主学习的重要性

培养自主学习的能力不仅有利于学生今后的学习，而且能优化课堂教学并提高教学效率。教师应该创造有利的教学环境，使学生能够学会操纵和指导自己的学习，控制自己的精力投入，管理自己的情绪。自主学习能力实质是一种元认知能力，"是关于个人自己认知过程的知识和调节这些过程的能力，对思维和学习活动的知识认知和控制"①，也就是学习者在学习过程中承担有关学习的所有决策，并负责实施这些决策的能力。高校思想政治理论课教学中培养学生的自主学习能力，是指大学生在教师指导下，根据其学习任务，并运用一定学习方法、学习步骤和学习策略，对其学习过程进行有效管理、调节和监控，从而实现思想政治理论课程学习目标的能力。学生自主学习能力主要包含四项基本能力：一是学习目标的自我设计能力；二是学习过程的自我管理能力和学习节奏的自我调节能力；三是学习效果的自我检测能力和自我评价能力；四是理论知识的自我转化能力，即学习者能够把所学到的马克思主义立场、观点和方法融会贯通，并且能够转化到与其学习目标相一致的方向上来。在教师的指导下进行自主学习，学生可以充分利用各种媒体资源，阅读和了解各种社会信息，并独立进行分析、评价、运用，做到理论联系实际、学以致用，从而提高分析解决问题的能力。同时，这种方法也可以在一定程度上解决教学内容与时代脱钩的问题，使思想政治教育能反映时代最前沿的问题、聚焦社会热点，贴近学生实际，提高针对性、时效性以及吸引力。在这个过程中，教师通过引导学生认识思想政治理论学习的重要性，提出具有针对性的符合学生实际的学习目标，循序渐进地培养学生学习兴趣，通

---

① 陈琦，刘儒德. 当代教育心理学［M］. 北京：北京师范大学出版社，1997：383.

过不断深入探讨问题等教学方式，使学生能自觉主动接受和认同思想政治理论，并通过个人努力达成思想政治教育和课程学习的目标。

二、 高校思想政治理论课自主学习的现实困境及基本要求

1. 思想政治理论课自主学习的现实困境

自主学习给个性的发展，尤其是独立的人格、自由的思想和批判的态度等重要人格特征的发展提供了最大的空间，使人的潜力与创造力得到充分的发挥。大学生只有具备较高的自主学习能力，才能深入教学内容，真正获取马克思主义理论知识。只有具备较高的认知能力、选择能力和实践能力，才能在错综复杂的各种社会思潮中做出正确的选择。当前，高校思想政治理论课学生自主学习还面临一些现实困境，主要表现在：其一，学生学习动机的阻碍。思想政治理论课程是国家主流意识形态最集中的体现，是整合学习者个人自我发展与促进社会发展的思想基础。从这个意义上说，思想政治理论课程的学习动机和学习目的理应是统一的。但在思想政治理论课程教育教学的实践中，绝大多数大学生学习动机倾向于"个人需要"，注重个体的自我发展和自我规划，纯粹出于对学习内容感兴趣或关注国家和社会发展而产生历史责任感和使命感的学习动机不多见。这是影响大学生思想政治理论课自主学习的一大障碍。其二，课堂教学方式的单一化。单向注入式的思想政治教育，势必影响和压抑学生的积极性和主动性。假如很少让学生通过自己的亲身参与教学来获得知识，不允许学生发表对热点问题的看法、意见或对已有的思想政治理论进行质疑，学生的主体参与意识和自主学习能力不能得到有效培养，这样的教学方式就很难保证思想政治理论课教育的应有效果。

2. 思想政治理论课自主学习的基本要求

"新的教育精神使个人成为他自己文化进步的主人和创造者。自学，尤其是帮助下的自学，在任何教育体系中，都具有无可替代的价值。"① 培养和发展学生的主体性是当前教育改革的一个主题，也是深化思想政治理论课教学改革的一个重要突破口。就学习方法而言，思想政治理论课实行学生主体性教学模式改革，其核心在于倡导学生自主学习，改变以往教学中学生单向度接受的倾向，由原来的被动接受者转变为自我规划、自觉攫取、主动发展的个性化主

---

① 联合国教科文组织国际教育发展委员会. 学会生存——教育世界的今天和明天［M］. 北京：教育科学出版社，1996：251.

体。从思想政治理论课程学习活动来看，其自主学习能力要求学习者在思想政治理论课学习过程中充分发挥自己的主观能动性，因而显示其应有的特征：其一，主体性。学习者处于学习的主动地位，能够有效地参与到有关学习活动之中，成为学习的主人。其二，独立性。在学习过程中学习者能够根据自己的学习特点和学习风格选择独特的学习方法和手段，独立地、有策略地解决学习中的问题。其三，适应性。学习者学习意识强烈、学习动机明确、学习态度积极，而且能自己寻找适合的学习方式，主动参与到该课程教育教学之中，以适应学习活动，使自己能迎接学习中产生的新问题的挑战。自主学习要求学生不仅能够充分调动内在的学习动力，还要学会利用学习资源，营造学习环境，争取教师、同伴和家长等的支持。通过自主学习，学习者积极参与到教学活动中，通过自己深入了解、认真理解、亲身体会，自觉意识到提高马克思主义理论修养、培养良好道德品质、提高政治觉悟对自己成长和进步的必要性和迫切性，从而激发起自己学习思想政治理论课的热情。为有效激励和指导学生自主学习，教师应充分尊重学生的独立自主性、发挥学生的自觉能动性和培养学生的创造性，利用各种方式营造民主、宽松、和谐的教学氛围，点燃学生主动探索的兴趣，培养学生的问题意识，挖掘学生学习的潜力，让他们在锻炼中逐渐掌握正确的学习态度和方法，引导他们将一定的思想政治道德要求与价值观念内化；同时，要求学生对自己的学习进行自我评价，对自己的学习行为进行自我调节，最终使学生达到对当前所学知识构建知识网络和对课程所传导的社会主义核心价值理念的认同的目的。

三、 培养学生自主学习能力，增强思想政治理论课教育的实效性

思想政治理论课教育教学必须真正地"活"起来，增强有效性，才能潜移默化地引导人学生树立正确的世界观、人生观和价值观，从而发挥它作为大学生思想政治教育主渠道的作用，促进大学生对社会主义核心价值体系的认同。"他们（大学生）思维的抽象性、独立性与批判性已经发展到一个新的阶段，具有强烈的探求意识与独立学习的愿望，也具备了一定的自我控制能力。"[①] 他们对学习内容和社会现象的理解逐渐形成自己的独特视角，更倾向于主动探寻事物的

---

① 潘懋元. 高等学校教学原理与方法 [M]. 北京：人民教育出版社，1995：214.

本来面目，自主学习能力成为他们成才成长的重要手段。随着思想政治理论课教育教学改革的深入发展，越来越多的学生主体性教学模式被引入教学实践和教学课堂，如专题演讲式、探究主导式、热点研讨式、参与辩论式、案例解构式、情理交融式等，大大提高了思想政治理论课教学实效性。而这些教学模式的有效实施和落实，在很大程度上有赖于对学习者自主学习能力的培养。提高大学生自主学习能力，应着力从调动学生自主学习的积极性、改革创新教育教学方法、保障学习的社会物质条件、改进思想政治理论课程学习评价等方面入手，使之想学、会学、能学、坚持学。

1. 拓展课程学习的资源和路径，保障自主学习的有利环境

现代化教学手段和多媒体课件、网络技术的运用等集文字、声音、图像于一体，生动形象，可以提高学习者的学习兴趣，有助于学习者对抽象概念和理论知识的理解与掌握，具有传统教育教学手段不可比拟的优势。面对课程内容量大、教学时数相对少、师生见面少的情况，思想政治理论课网络课程的不断建设，为学生自主学习创造了有利的条件和环境；一些教师还开设了个人教学博客，上面既有课程问题答疑解惑，也有学术前沿介绍、经典好文推荐等，能开阔学生的学习视野；有些教师采用公共论坛的形式，或开辟"问题讨论""读书交流""考试专版"等栏目，围绕着不同话题，学习者之间、师生之间思想碰撞，相互切磋，共同提高。网络提供了跨时空交流、研讨的平台，真正实现教与学在时间、空间和心理上的"零距离"。因而网络及其传播方式构筑了一个开放式的学习环境，为学生的自主学习提供了更为自由的开放环境。

"思想政治理论课程的特殊性在于不能仅仅停留在理论教学本身，而必须把理论转化为学生的思想政治素质，以学生思想政治素质的提升为核心目标，而要想使一个人超越个人自身体验的局限性，形成更为宏观的思想政治观念，最好的方法是参加社会实践，在实践中增长知识才干。"[①] 为了使思想政治理论课的学生自主学习取得更佳实效，应加大实践教育教学力度，丰富实践内容，拓宽实践渠道。要建立一批相对稳定的社会实践基地，把实践教学与社会调查、志愿服务、公益活动、专业课实习等活动结合起来，形成实践育人的长效机制。

---

① 余双好．加强思想政治理论课程建设　提升思想政治理论课程主导性［J］．学校党建与思想教育，2005（6）．

2. 指导学生掌握有效的自学方法，促进学习活动的有效开展

学生自主学习能力的培养是一个循序渐进的过程。教师要特别注意以各种方式鼓励学生自我探究，有效地调动学生的积极情绪，增强他们自我获知的信心。"授之以鱼，不如授之以渔。"培养学生的自主学习能力，可在教学过程中指导学生掌握有效的自学方法，让学生真正成为学习的主人，使学生能够进行快速有效的自学，这是对学生进行自主学习能力训练的重点。经过一段时间的训练，学生的自学方法越来越多。遇到难点问题，有的学生喜欢在教材中查找信息；有的学生能从以前学过的相关知识中受到启发，找出解决新问题的方法；有的学生能通过实际调查研究解决某些问题；还有的学生更愿意通过图书馆或利用互联网搜索查找相关参考资料，自己归纳总结新的知识，由最初的只听老师或同学讲解，变为听他人的讲解后敢于质疑问难，发表个人观点。

从思想政治理论课内容形式和体系来看，不但其课程内容理论抽象性、概括性强，而且其体系结构高度整合性特征突出。学习者要掌握该课程，应该具备从现象到本质，从概念范畴到基本原理，再用本质去揭示现象的抽象思维能力，以牢固掌握理论知识、培养思维能力，并提高其思想认识能力。基于此，在日常教学活动中，要不断优化课堂教学模式，从以"教"为中心向以"学"为中心转变，培养主体的参与意识和自主学习能力，并且在这个过程中逐渐独立于教师。教师应注重训练学生的分析综合能力、抽象思维能力、抽象概括能力、比较与分类能力等，指导学生在自主学习的基础上理清课程内容的内在联系、本质特征及变化规律，然后在掌握这些理论和原理的基础上分析和解释各种社会现象与社会现实，并促使自己树立正确的思想政治观念和价值信仰。

3. 树立"以生为本"的评价观，发现和发展学习者的学习潜能

"以生为本"的评价观就是以学习者在学习活动中的状态和学习效率为事实依据，对其学习活动做出价值判断和信息反馈，以促进学习活动的有效开展。该学习评价观的目的是发现和发展学习者的学习潜能，调动他们的学习积极性，满足他们思想道德发展的内在需要。譬如，以学习小组为单位，搜集他们学习过程的"作品"，如学习者的提问、为讨论和辩论准备的资料、阅读的书目与学习心得、小组调查访问报告、社会实践活动的资料、自我反思材料、小论文、小组专题研究成果等。这些成果包括知识、情感、态度、能力等多方面评价因素。教师要依据这些材料，发现学生的学习潜能，了解他们的学习态度和兴趣特长，掌握其学习过程中取得的成绩和存在的问题，对不同学生的不同方面、不同程度的进步给予肯定和鼓励。

对学习评价的改进离不开对考核方式的改进。要积极探索适应思想政治理论教育教学特点和正确引导大学生健康成长的考核方式，逐步建立闭卷与开卷、笔试与口试、道德认知与实际行为、课堂教学与社会实践、日常思想状况与关键时期表现相结合的科学测评体系：从着眼于提高学生的精神境界和道德理想来设置考评目标，注重对道德认知的评价；从着眼于提高学生运用马克思主义立场、观点、方法对实际问题的理论思考能力来设置考评目标，突出对思维方式的考核；注重形成性评价，注重评价中的多元化与学生的体验；注重对学生学习过程与学习结果的双重评价，尤其注重对学生学习过程中的能力、情感、态度和价值观的评价；关注学生的过程体验，超越传统教学中注重学习结果的测评。

思想政治理论课实现"体系转化"的基本路径探索

——以"思想道德修养与法律基础"课为例

近年来,高校思想政治理论课程(以下简称"思政课")进行了多方面、多视角的改革,但是调查显示思政课教学的空间还需要进一步转化与提升。实现教材体系转化为教学体系、教学体系转化为学生的知识体系和信仰体系,是思政课教育教学所要解决的基本矛盾,也是提高思政课教育教学质量的关键。

一、 把握"基础"课的育人目标, 实现两个"体系转化"

近些年来,我们在开展大学生思想政治教育工作的过程中,不少时候只重视远大理想、宏伟目标等大道理的教育,而忽视了做人的基础教育和公民基本素质教育。"思想道德修养与法律基础"课(以下简称"基础课")是实现立德树人根本宗旨的重要途径。这门思想政治理论课的教学任务是要对学生进行马克思主义人生观、价值观、道德观、法制观的教育,同时提高大学生的社会主义道德素质和法律素质。① 其基本目标就是通过公民素质教育和人格教育,培养德智兼备的合格公民,使他们学会关心人、学会生存、学会合作、学会生活;尊重他人、尊重社会、尊重自己;关爱社会、关爱他人、关爱自己。作为一门帮助大学生提高自身修养的通识教育课程,对大学生从思想到行动提出系统的规范要求,提高学生的道德素质和法律素质,对促进大学生健康人格的形成、实现思想政治教育的目的,具有重要的理论意义和现实意义。

实现两个"体系转化",即实现教材体系转化为教学体系、教学体系转化为学生的知识体系和信仰体系。教学体系,是指教师在教学过程中根据教学目标和

---

① 姜清明,等. 对"思想道德修养与法律基础"课教学的初步探讨 [J]. 前沿,2007 (3):96.

任务，以教材为依托，构建的一套包含教学环节各要素在内的体系。教学体系的功能是通过教师的教学活动使学生获得相应的理论知识，具备较高的理论素养，并掌握一定的分析问题和解决问题的能力。信仰体系，就是通过教育教学活动，使学生掌握正确的方法论，真心信仰马克思主义，树立科学的世界观、人生观和价值观，并以此为指导，运用于学习、工作和生活中。信仰体系的功能在于通过构建马克思主义的科学信仰，使学生确立中国特色社会主义道路的自觉和自信，并自觉投身于中国特色社会主义现代化建设的伟大事业。教学体系侧重于培养学生的能力和素养，而信仰体系则侧重于培养思想政治素质合格的中国特色社会主义事业的建设者和接班人。

刚刚踏进大学校门的学生对第一门思想政治理论课往往充满着期待抑或怀疑的矛盾心理，倘若教不得法，他们会怀疑是中学政治课应试教育的延续，甚至影响后续三门思政课的学习。该课程使用的是中央马克思主义理论研究和建设工程开发、高教出版社出版的统编教材。教材内容涵盖面广、信息量大、知识跨度很大：既包含哲学、政治学和社会心理学等基础知识，又有法学和伦理学等内容。单凭有限的课堂教学，采用传统的面面俱到的讲授方式可能会使这门原本有着丰富理论内容和完整科学理论框架的课程变得枯燥无味，更谈不上将课程目标和内容有效转化为学生的知识、能力、道德素质和信仰。为提高教学实效，教师在教学实践中须创新性审视及运用教材，注重教学内容、教学方法和教学手段等一系列改革，将教材体系有效转化为教学过程的基本知识结构框架、教学内容设计、教学方法设计、教学形式、教学评价等，形成一个完整的教学体系。基础课教师一定要结合本校实际情况，调动一切可调动的力量，充分利用教学和考评的每一个环节，建立一个系统、动态、立体的转换体系，实现学生由"要我学"向"我要学"和"要我做"向"我要做"转变。教师须深入研究授课对象，吃透教材，努力探索基础课实现两个"体系转化"的途径，真正把教材体系转化为"能适应不同层次学生掌握理论知识以解决现实问题"的教学体系，把教学体系转化为学生的知识体系和信仰体系，进而实现本课程的育人目标。

二、开发学生的主体能力，实现教材体系向教学体系转化

主体性是指主体在认识结构中的一种主体定势作用，是相对于客体的被动性、消极性而表现出来的能动性、创造性和自主性。人的头脑并非像容器那样机械地、被动地接受理论灌输，而是在原有思想基础上能动地、有分析有选择地接

受理论灌输。教育的最高境界，在于形成受教育者知、情、意、行在高水平、高层次上的协调，从而构成系统的内在的自律体系。要增强思想政治教育有效性，必须将科学灌输与调动受教育者的主动性相结合，把人自身的积极性和智慧宝藏发掘出来，否则灌输的理论就很难被其理解和接受。对受教育者而言，要使自己的主体性得到充分发展，要使自己成为教育活动和自身发展的真正主体，仅仅具有主体意识是不够的，还需要自身具有与之相适应的能力，即主体能力。所谓主体能力，就是主体能动地驾驭外部世界对其品德才能实际发展的推动作用，从而使自身主体性得以不断发展的能力。在道德生活中，主体能力主要体现在道德思维能力（主要指道德判断能力、道德推理能力）、道德选择能力和道德践履能力上。教育工作者的教育活动在于大胆地列举各种不良观点，帮助受教育者分析其中的谬误所在，然后逐渐过渡到受教育者自我分析为主，使其养成分析辨别的习惯，形成正确的选择与辨别能力。

教师是课堂教学的主导者，也是教材体系转化为教学体系的关键。教师对教材的加工和处理，就是完成由教材体系到教学体系转化的过程。将教材内容主体化、情景化、信息化，进而转变为能动的教学内容是十分重要的。基础课教学的最终目的不是要把道德知识传授给学生，也不是要培养学生学习道德知识的能力，而是要培养学生感受道德的意识和实践道德的能力。因此，基础课的教学要从知识本位转向生活本位，它所"遵循的内在的逻辑是个体生活的逻辑，而不是学科知识或道德规范的逻辑"。基础课提出和回答了处于成长转折时期的青年大学生普遍关心的问题，有利于唤醒学生作为社会主体的自我意识，培养他们成为具有自我分析和判断能力的能动主体。教师在教学过程中应注重培育和增强人的主体性，成为学生的人生导师。因此，本课程的教学首先要具有理论性，注重对学生的理论引导；其次要具有教育性，关注教学研究；再次要具有实践性，重视实践育人；最后要具有时代性，关注大学生生活世界的具体组成，紧密联系现实。"人是一个特殊的个体，并且正是他的特殊性使他成为一个个体，成为一个现实的、单个的社会存在物，同样的他也是总体、观念的总体，被思考和被感知的社会的主体的自为存在，正如他在现实中既作为社会存在的直观和现实享受而存在，又作为人的生命表现的总体而存在一样。"① 为增强思政课教学的实效性，课程设计要坚持以人为本，既要坚持教育、引导和激励学生，又要尊重、关心和

---

① 马克思恩格斯全集：第 42 卷［M］. 北京：人民出版社，1979：123.

帮助学生，坚持从学生关心的热点难点问题出发，从为学生服务出发，贴近实际、贴近生活、贴近学生；教师的课堂管理要因学生而动、因情景而动，从而捕捉稍纵即逝的教育契机，帮助学生排忧解难、释疑解惑。要大胆创新教学方法，以教师的气质魅力、人格魅力和才学魅力吸引学生，调动学生的学习兴趣。一是倡导启发式、参与式、研讨式等教学方式。① 针对不同类型高校、不同专业大学生的特点，结合不同的教学内容，采取课堂讲授、专题讲座及学生论坛、演讲、辩论、研究性学习等方式。二是充分运用多媒体教学，建立教学互动网站，把课堂延伸到网络，使思政课教学更加灵活、有效和充满吸引力。三是改革考核评价体系。重点考查学生对教学内容的理解、接受和运用的情况，尤其是以马克思主义为指导分析和解决问题的能力，可采用口试、论文答辩、写读书心得和调研报告等方法。这样，形成"立体"式课堂，使课堂活起来，在此过程中发展学生的主体性，开发学生的主体能力，引导大学生独立感悟、思考和探索，掌握理论知识以解决现实问题，使其在主动参与过程中获得自我教育和自我提升，从而顺利实现基础课教材体系向教学体系转化。

三、以"中国梦"教育体系的构建和实施为契机，实现教学体系向学生信仰体系转化

《中共中央国务院关于进一步加强和改进大学生思想政治教育的意见》（中发〔2004〕16 号）指出，要对大学生开展中国革命、建设和改革开放的历史教育，使他们正确认识社会发展规律、认识国家的前途命运、认识自己的社会责任，确立在中国共产党领导下走中国特色社会主义道路、实现中华民族伟大复兴的共同理想和坚定信念。科学的理想信念是激励大学生向着既定目标奋斗前进的动力，是引导大学生做什么人、指引大学生走什么路、激励大学生为什么学的力量源泉。大学生树立的理想信念如何，直接关系到国家未来的命运。对大学生进行中国梦重大战略思想教育，使大学生立志为实现民族复兴的中国梦而不懈奋斗，是当前高校思想政治教育的主要任务之一。思想政治理论课教师既是党的路线、方针、政策的传播者和实践者，也是当代大学生健康成长的指引者和引路人。为实现教学体系向学生信仰体系转化，我们可以借助基础课的课程教学设

---

① 参见《中共中央宣传部教育部关于进一步加强和改进高等学校思想政治理论课的意见》（教社政〔2005〕5 号）。

计，把"中国梦"主题与其他教学内容有机结合，互相融会，相得益彰，使青年大学生能更加全面深刻地掌握"中国梦"的理论渊源及其丰富内涵与现实意义。将中国梦融入基础课课堂教学中，教师需着力讲清以下三方面内容：

第一，倡导个人梦想与民族的"中国梦"相统一。坚定不移的理想信念，是一个人、一个政党、一个民族战胜困难、夺取胜利的精神动力。大学生要承担起自己的时代使命和责任，要胸怀大志、敢于有梦，要正确处理小梦与大梦的辩证关系。只有把实现民族振兴的大梦作为自己奋斗的目标，个人才能真正实现自己的梦想。思政课教师要着重阐明大学生的理想信念与"中国梦"的内在契合性，用马克思主义世界观、人生观和价值观教育促进大学生个体理想信念与"中国梦"相统一。对当代大学生进行理想信念教育必须与中国社会的"中国梦"相联系，使理想信念教育具有强烈的时代性；对大学生进行"中国梦"宣传教育，必须与大学生个人的梦想、个人的理想信念结合起来，这样才能有针对性地增强大学生理想信念教育的时代性和现实性。

第二，社会主义核心价值观与"中国梦"的关系。以"三个倡导"为主要内容的社会主义核心价值观，既是"中国梦"所要追求的理想和目标，也是共建共享"中国梦"的精神保障。无论从国家、社会还是个人层面，社会主义核心价值观对于实现"中国梦"都具有重大意义。

第三，民族精神和时代精神是实现"中国梦"的精神支撑。要用"中国梦"激发与凝聚大学生的精神与力量；用"中国梦"引导大学生自觉提升道德素质。只有树立高尚道德，弘扬中国精神，才能为"中国梦"的实现提供持久永恒的驱动力；只有形成完备的道德建设体系、提升全社会的道德素质，才能为"中国梦"的实现奠定更加坚实的基础。

近年来，韶关学院以大学生"中国梦"教育体系的构建和实施为契机，着力探讨课堂、校内实践和校外实践"三位一体"实践教学模式。这样的教学过程不仅可以激发大学生的学习热情，还可以帮助他们树立科学理想、坚定崇高信念，起到很好的价值导向作用。校内实践主要开展以"中国梦"为主题的校园文化教育活动，如主题班会、读书讨论等，提倡校内勤工俭学、公益募捐献爱心行动，并要求学生如实填写读书活动、公益活动、自选活动（与思政课相关）调查报告或调研论文，由任课教师集中评阅后作为基础课期末成绩评定的一项重要指标。在此过程中应积极运用现代科学技术，通过建立"中国梦"教育信息库和网络教育平台，开展网上"中国梦"主题互动和讨论活动，让学生通过博客、微信、手机等充分表达自己的看法和见解。同时发挥理论学会、社团活动的作用，开展征文、摄影、歌唱比赛，结合重要纪念日、重大节日开展校园文艺展演和青春励志电影展播、书籍推荐、歌曲传唱等活动。校外实践教学的主要形式有"红色之旅"学习参观，调查国情、民情和乡情，考察社会主义新农村建设等。例如，韶关学院思政课部教师多次带领学生参观韶关市博物馆及本校的爱国主义教育基地——北伐战争纪念馆和粤北省委旧址；有的教师利用暑期带领学生赴周边企业、乡村考察等。学生目睹着我国经济社会迅速发展的伟大创举，享受着中国特色社会主义现代化建设的丰硕成果，并系统地接受了马克思主义理论的宣传教育，因而大都对马克思主义有比较深入的了解和认识，能坚信马克思主义，拥护中国特色社会主义理论体系，对中国共产党的长期执政和中国特色社会主义发展道路充满信心。事实证明，以大学生"中国梦"教育体系的构建与实施为契机，在理论教学基础上采取形式多样的社会实践活动，有利于培养学生的创新精神、提高学生思想政治素质和观察分析社会现象的能力、深化教育教学的效果，起到"润物细无声"的育人作用，进而真正实现基础课教学体系向学生的信仰体系转化。

"雄关漫道真如铁，而今迈步从头越。"思政课的教学对广大教师而言，是一项任务艰巨而又崇高的育人工程。实现教材体系转化为教学体系、教学体系转化为学生的知识体系和信仰体系，是提高高校思想政治理论课教育教学质量的关键。为达到此目标，教师在教学实践过程中必须循序渐进、坚持不懈地探索和创新。这种探索应兼顾课程的理论深度、价值高度和生活厚度，让师生共同收获思维训练、价值引导和生活智慧，使基础课成为"大学生真心喜爱、终身受益、毕生难忘"的一门课程，进而发挥好高校思想政治教育主渠道的作用，促进当代大学生的健康成长和思想政治理论课教师专业化水平的提升。

抗疫精神融入高校思政课的价值意蕴

在全国抗击新冠肺炎疫情表彰大会上，习近平总书记指出："在这场同严重疫情的殊死较量中，中国人民和中华民族以敢于斗争、敢于胜利的大无畏气概，铸就了生命至上、举国同心、舍生忘死、尊重科学、命运与共的抗疫精神。"①这是对抗疫精神的高度概括。这种抗疫精神是中国共产党红色文化基因的彰显与传承，是中国人民宝贵的精神财富。准确把握疫情形势，把抗疫精神融入思政课教学实践，引导大学生深刻体悟和践行这一伟大精神，进而凸显高校思想政治理论课立德树人、培育时代新人的主阵地和主渠道作用，是当下思政课教学研究的重要课题。

一、 抗疫精神融入思政课是增强思政课教学实效的现实诉求

当前，社会网络化、信息化大发展，文化环境呈现多元包容性，各种信息充斥于网络。由于网络媒介素养参差不齐，部分大学生容易受到某些不良社会思潮的冲击和影响。"西方敌对势力为争夺青年学生的意识形态领域阵地，他们打着民主、自由和人权的幌子，利用各种网络平台歪曲、篡改历史真相，引诱、蛊惑大学生的思想行为。"②自媒体凭借其开放、平等、虚拟、无界等特性为各类网络谣言和错误信息的传播提供了更加快捷迅速的路径，导致疫情期间谣言四起，各类资讯鱼目混珠。同时，普世价值论、历史虚无主义等西方不良思潮在一定程度上影响着大学校园，坚定信仰、艰苦奋斗等老一辈革命家倡导的优良革命传统

---

① 习近平. 在全国抗击新冠肺炎疫情表彰大会上的讲话［N］. 人民日报，2020 - 09 - 09.
② 王永明，李旭娟. 论重大疫情应对中青年的社会责任担当［J］. 思想理论教育导刊，2020（3）：12.

与部分大学生渐行渐远。微信、微博上传播着一些不实信息和激发恐慌与焦虑的虚假言论。国际上，以美国政府为首的西方反华势力凭借对主流媒体的控制优势，一直妄图借题发挥，极力抹黑中国，出现了恶意攻击中国、污名化中国的种种"负能量"论调。这些无端指责的本质，就是要尽全力贬低中国特色社会主义制度的成就与经验，以达到丑化社会主义制度、遏制中国发展的目的。各种恶意事件汇集起来，就容易形成一种社会趋向，使很多人被错误舆论所误导。部分学生受负面舆情的影响，误解抗疫精神内涵，与主流价值观产生"认知偏差"，致使思政课教学实效性大打折扣。调查显示，当前高校思政课教学主要存在教学内容与抗疫精神融合度不高、融入效果亟待提升等问题。因此，将抗疫精神深度融入思政课教育教学，引导学生理性应对突发公共卫生事件，帮助学生提高防范与化解重大风险挑战的能力，是提升思政课教学实效性的现实诉求。

二、抗疫精神融入思政课彰显课程的时代价值

（一）抗疫精神融入思政课，增强课程政治引导力和价值塑造力

教育的力量和实效性取决于教育内容、方式的说服力，与时代同向同行、融入时代精神、紧扣时代脉搏必将成为思想政治理论课教学的必然选择。抗疫斗争生动有力地彰显了社会主义核心价值观的精神力量，为青少年价值教育提供了最现实、最丰富的素材。

抗疫精神蕴含着"爱党、爱国、爱社会主义"的博大情怀，"一方有难，八方支援""天下为公"的仁爱文化，"命运相连，休戚与共"的人类命运共同体理念等政治价值和文化价值，充分彰显了"全国一盘棋、集中力量办大事"的制度优势，具体形象地诠释了中国共产党为什么"行"、社会主义为什么"好"。同时，它也彰显了丰厚的教育价值，从科学精神、道德法制、生命关怀、中医智慧等方面提供了多样化教育素材，有助于激发青年学生的爱国主义情怀，坚定以人民为中心的价值取向，牢固树立"四个自信"，深刻理解人类命运共同体的深刻内涵，逐步养成无私奉献、求真务实的科学精神。

当前，应着力将抗疫实践中凝聚而成的抗疫精神科学合理地融入思政课课程体系，着重突出党的领导、人民主体地位、制度优越性和中华优秀文化等生成抗疫精神的价值因子，进一步增强思政课的政治引导力和价值塑造力。要注重各门思政课的协同效应，坚持有所侧重、相互配合，强化价值引领。例如，以人生修

养为视角，把抗疫精神融入"思想道德修养与法律基础"课（以下简称"基础课"）教学，引导学生深刻领会抗疫精神的精髓；讲清楚"命运相连，休戚与共"的人类命运共同体理念等中华民族亘古已有的仁爱文化，强调"一方有难，八方支援"的互助精神是中华民族的传统美德；讲透抗疫先进典型所表现出来的理想信念和逆行而上的英雄主义精神，结合基础课教材中有关"坚定理想信念"的阐述——"新时代的大学生应当把个人的命运与国家和人民的命运联系在一起，立为国奉献之志，立为民服务之志，自觉把个人的理想追求融入为实现中华民族伟大复兴中国梦的奋斗当中"[①]，用武汉战"疫"过程中医护工作者挺身而出、勇担大任的英勇事例来诠释为国奉献、为民服务的精神内涵，进一步引导青年学生在灾难面前坚定理想信念、弘扬中国精神，为"世纪大考"交上青春答卷。"马克思主义基本原理"课，从哲学原理层面阐释"生命至上""尊重科学"的内涵，讲透抗疫中体现出来的"人民立场""科学精神"。"中国近现代史纲要"课，以历史的发展为主线，通过阐释中华民族历经种种磨难而最终奋起、成长的过程，引导青年学生正确看待疫情，讲透疫情防控彰显的中国共产党领导和中国特色社会主义制度的显著优势。"毛泽东思想和中国特色社会主义理论体系概论"课，从党的创新理论角度讲深讲透中国战胜疫情的根本保障，使学生在现实教育中去发现和探究什么是战胜疫情的政治保证、什么是战胜疫情的最大优势、什么是战胜疫情的精神支柱，最终得出结论：中国共产党的坚强领导、中国特色社会主义制度、中国社会主义先进文化是中国能够战胜疫情的根本保障，我们必须要有文化自信。

（二）抗疫精神融入思政课，有力增强课程时代感和吸引力

高校思政课教学是立德树人的主要渠道，只有恰如其分地结合战"疫"主题内容，不断创新教育教学方法，才能提高思政课堂的实效性和吸引力。采取专题讲授与渗透融入结合式、案例式、体验式、启发式等方式，实现教学讲授方法创新；以播放视频和主题宣讲撰写等方式，实现教学实践方法创新；通过大数据、教学软件、微课、慕课、虚拟实践等方式，实现教学技术手段创新；坚持主导性和主体性相结合的原则，引入辩论课堂、研讨式小组作业等学生主体性教学模式，引导青年学生理性思考、理智发声。教师在整个教学过程中解疑释惑，发挥舆论引导作用。

---

① 本书编写组．思想道德修养与法律基础［M］．北京：高等教育出版社，2018：44.

利用云端教学、线上资源，拓展课程学习的资源和路径，探索线上线下相结合的混合式课堂教学新路。增强思想政治理论课的感染力是提高思政课教学实效性的关键。不仅要讲道理，而且要善于摆事实，运用抗疫中的鲜活事例讲好中国故事。首先，要弘扬正能量。从正面入手，把疫情防控中特别是武汉涌现的可歌可泣的逆行者故事，火神山、雷神山建设者故事，"共和国勋章"获得者钟南山院士的故事，"人民英雄"国家荣誉称号获得者张伯礼、张定宇、陈薇的故事等融入思政课教学，让青年学生体会到国难当头也是英雄辈出之时，引导他们树立正确的世界观、人生观、价值观。其次，要引以为镜鉴。从反面事例入手，教育学生引以为戒。如在疫情防控过程中，由于瞒报、隐报、散布谣言、制造恐慌，甚至贪赃枉法、违法乱纪等行为受到国家权力机关严惩的案例。最后，要努力提升课程的针对性和亲切感。从熟悉的人入手，讲好身边故事。遴选具有代表性的案例，如在防疫过程中涌现在我们身边的逆行者、志愿者的感人故事，尤其是同龄人的故事。

依托融媒体，创建思政课教学诊改平台。自媒体的迅速发展，掀起了各行业主动融媒的浪潮。高校要想让思政课落地生根，使思政课堂鲜活起来，提高育人实效性，就必须充分利用网络育人平台，如抖音、快手、微博、微信群、QQ群、微信公众号等媒体平台；必须充分利用网络资源对教学资源进行补充，激发青年学生的家国情怀，彰显中国优势、感悟中国精神、体会中国力量。

描画育人同心圆，融入社会大课堂。为打造抗疫精神融入思政课堂的高校思政教育共同体，须发挥高校宣传部、团委、学工、社团等部门的作用，形成协同力量。邀请身边的抗疫逆行者、志愿者、医学专家、社会心理学专家等走进课堂，现身说法，进行疫情解读，分析、疏导社会舆情。社会就是课堂，生活也是教育，疫情的到来给我们国家、社会以及每个人都出了一道真情实境的考题，这道重要考题不是附加题，而是人生的必答题。如何帮助青年学生完成好自己的答卷，跟随抗疫过程共同成长，是高校思想政治教育的重要着力点。

（三）抗疫精神融入思政课，着力落实课程立德树人根本任务

习近平总书记在全国抗击新冠肺炎疫情表彰大会上指出："新冠肺炎疫情发生以后，最优秀的医护人员、最急需的物资、最先进的设备迅速驰援武汉……千千万万志愿者和普通百姓默默奉献……"[①] 高校思政课要以习近平新时代中国特

------

① 习近平. 在全国抗击新冠肺炎疫情表彰大会上的讲话［N］. 人民日报, 2020-09-09.

色社会主义思想为引领，在教材体系中融入抗疫精神，在思政课各门课程中讲好抗疫故事，将抗疫价值观教育有机融入思政课理论教学和实践教学全过程，从坚定中国特色社会主义道路自信、理论自信、制度自信、文化自信的高度理解全民抗疫的价值。教学要结合中外抗疫的各种事实进行横向对比，讲好伟大抗疫精神，帮助学生坚定树立"四个自信"。在国内外意识形态斗争日趋激烈、西方敌对势力不断挑拨中国共产党和中国人民关系的背景下，筑牢学生思想防线，增强学生政治认同，使学生坚定理想信念，茁壮成长为中国特色社会主义事业的合格建设者和可靠接班人。

高校思政课的根本任务是提升学生的思想政治素质，帮助青年学生树立正确的世界观、人生观和价值观，坚定崇高的理想信念。要紧密联系疫情与抗疫事实，突出重点主题教育。首先，要树立生命至上观。在抗疫过程中体会生命的宝贵，从而珍爱生命、呵护生命，自觉加强体育锻炼，努力提升自身免疫力，勇于同病魔作斗争。其次，要树立正确的人生观和伦理观。通过抗疫过程中涌现的英雄先进事迹，启迪学生思考：人为什么活着？人生的意义何在？我的人生方向是什么？通过抗疫过程中人与人之间互相帮助、互敬互爱的感人事例，引发学生思考：我是谁？我该怎么做？我为什么要这么做？我该如何对待家人和周围的朋友？再次，要树立和谐的生态观。基于东方智慧，中国共产党带领人民走上生态文明建设之路，倡导人与自然和谐共生，建设美丽中国。要通过疫情，启迪学生认识野生动物、自然生态保护的重要性，引导学生成为生态环境的捍卫者。最后，要树立责任担当和国家认同意识。通过抗疫过程中涌现的榜样力量引导学生认识"国家有难，匹夫有责"，明确"我能做什么，我该承担什么样的责任"。通过世界各国政府和民众在抗疫中的表现的比较，让学生体会到什么是政治优势、什么是制度优势、什么是文化优势，并自觉成为中国特色社会主义制度的践行者和信仰者。

席卷中华大地的疫情，引发了一场中华民族全民参与的阻击战，诞生了伟大的抗疫精神。中国共产党要带领中国人民实现中华民族伟大复兴，建设社会主义现代化强国，思政课作用不可替代，思政课教师责任重大。广大思政课教师应将抗疫精神有机融入思政课教学，引导学生在疫情防控中践行社会主义核心价值观，坚定理想信念，反求诸己，由内而外地提升思想道德修养，真正将立德树人落到实处。

从文化主体看高校德育课程课堂文化冲突

近年来，思想政治理论课教育教学的外部环境和教育对象都发生了一些新的变化，高校思想政治理论课教学面临着十分复杂的困难局面。对许多高校来说，都不同程度地存在思想政治理论课难教和难学的问题，产生了大学生对思想政治理论课消极应对的状况，使高校思想政治理论课课堂出现了一些不和谐的现象，如教师在讲台上认真讲解，口动不停；学生在台下看闲书、做习题、听音乐、发短信，各行其是。"专业课认真听，选修课随便听，思想政治理论课不想听"几乎成了大学校园里一个常见的现象。针对新形势下的新特点、新问题，认真研究，积极探索，充分协调、发挥课堂教学各种主要因素的良性互动，着力构建高校思想政治理论课和谐课堂文化，使学生在心情愉悦、积极上进、思维开启、乐于实践的良好氛围中高效地学习，对思想政治理论课走出教育困境，提高实效性，从而实现高校德育课程的价值与功能具有重要意义。

一、 高校德育课程与课堂文化的诠释

本文中德育课程是指直接学科德育课程，在我国高校，特指马克思主义理论课和思想品德课（简称"两课"），现在统称为思想政治理论课。[①] 思想政治理论课程实施的过程，即是把主流意识形态转化为学生个体思想政治观念的过程，也是个体在一定思想政治观念基础上接受新的思想政治信息、形成正确思想观念的过程。德育课程的目标在于价值观念的确立、态度的改变，以及正确的道德信念和行为方式的形成；其教学目的在于帮助大学生树立正确的世界观、人生观和价

---

① 佘双好．现代德育课程论［M］．北京：中国社会科学出版社，2003：11.

值观，从而促进大学生的全面发展，培养社会主义事业的建设者和接班人。在学生成长的非智力因素中，理想、信念、世界观、人生观、价值观等观念形态的因素，是直接学科德育课程不可回避的主题，而这些观念在人的一生中是持久、积极的精神动力。①

　　课堂教学是德育课程实施的主要方式和途径。作为教学活动展开的主要场所，课堂教学本身是作为一种文化现象而存在的。在本文，笔者主要是从对象化课堂文化这一视角展开考察的，并且是在狭义的概念框架下来界定课堂文化——课堂文化就是指在课堂当中教师和学生所共享的价值观、思维方式、信念以及行为模式等的总和。它是师生在课堂上生活方式的体现，"是围绕课程在教与学的互动中建构的关于'教与学的价值体系和行为方式'"②；它既体现了课堂教学的内核，也包括支撑着教学活动的根本理念、价值诉求，展开教学活动的基本思维方式，以及维系师生交往活动的人际氛围和精神氛围等。

　　课堂文化以具有文化自觉性以及文化创造性的人——教师和学生作为其文化主体。高校德育课程教学涉及不同学科专业、文化背景的教师与学生。教师的知识涵养、教育观念、生活经历、教育教学能力等因素构成了教师独特的文化；来自不同地域、学科专业、社会背景的学生也存在文化知识结构、学习态度、动机兴趣与能力等各方面的差异。他们在理解、选择、表达与接受课程时，难以避免地会打上个体特性与主观因素的烙印。课堂文化受一定的时空影响，具有其特殊的情境性。课堂文化的情境性主要体现在主体之间生动活泼的互动上，师生之间通过教学活动的开展，通过言语、动作、情感的交流来加深师生之间的理解，营造和谐的课堂气氛。课堂文化作为一定教学组织情境当中教师和学生所共同遵守的价值观以及行为方式，对课堂内全体师生具有一定的约束作用，可以通过外显的行为来探究其背后师生共享的意义。课堂文化对于师生，尤其是学生来说具有内在性、主观性、当下性和动态性。课堂文化反过来制约教师，尤其是教师的教学理念以及行为。

二、从文化主体看高校德育课程课堂文化冲突

　　美国社会学家乔纳森·H. 特纳认为："冲突即指各派之间直接的和公开的旨

①　顾海良，佘双好. 高校思想政治理论课程教学改革研究［M］. 武汉：武汉大学出版社，2006：12.
②　刘耀明. 课堂文化的诠释与重塑［J］. 教育理论与实践，2003（23）：57－60.

在遏制各自对手并实现自己目的的互动。"① 据此，我们可以将课堂文化冲突表述为：课堂不同文化之间或隐蔽或公开的旨在阻止对方实现其目标从而实现自己目标的社会互动。思想政治理论课程是直接为培养学生思想政治素质而设计的课程，它概括和浓缩了特定社会所积累的思想政治观念、道德规范、价值观念和行为模式等，是一个社会占主导地位的意识形态的集中体现。高校德育课程的实施过程交织着一系列矛盾、对立和冲突，从实施过程开始就是教育者和受教育者的双向互动过程。在这个双向互动过程中，教育者和受教育者以现代德育课程为媒介，不断地发生着思想政治观念教育与阻抗、碰撞和裂变、分化与重组，发生着思想观念的转化。这种过程不单纯是受教育者接受某种德育课程信息的过程，而且是受教育者与教育者共同发生着思想的交互作用，并产生新的思想道德观念的过程。②

有学者认为："师生冲突是指师生之间由于价值观、目标、地位、资源多寡等方面的差异而产生的直接的、公开的旨在遏制对方并实现自己目的的互动过程。"③ 课堂中不同类型的文化在价值体系、文化资源、表意象征符号等方面存在着差异，这是课堂文化冲突的内源性基础。不同文化之间只要存在着目的源、价值规范、分配等方面的差异，冲突就无法避免。在本文，笔者主要以课堂文化主体作为课堂文化冲突的分析维度，围绕"教师文化与学生文化之间的冲突"对高校德育课程课堂文化现象展开分析。

（一）从文化主体看课堂文化冲突

为了深入分析高校德育课程课堂文化冲突，为课堂文化研究提供最为基础的参考依据，我们对大学生进行了有关思想政治理论课课堂教学的认识与评价的调查。以下是笔者在本校教务部门召集的一次学生"评教评学"座谈会上所做的记录（下文中 G 为女生，B 为男生）：

G1：从我们刚上过的马克思主义基本原理来看，我觉得挺无聊的。我觉得课堂上应注重实践，老师可以更多地联系社会实际，从专业角度给我们分析世界上发生的重要事件。此外，做社会调查、参加社会实践也是锻炼我们的好机会。

---

① 乔纳森·H. 特纳. 社会学理论的结构［M］. 吴曲辉，等译. 杭州：浙江人民出版社，1987.
② 余双好. 现代德育课程论［M］. 北京：中国社会科学出版社，2003：11.
③ 田国秀. 师生冲突的概念界定与分类探究——基于刘易斯·科塞的冲突分类理论［J］. 教师教育研究，2003（6）：44－45.

B1：思想政治理论课，光讲理论一点意义也没有，我觉得老师可以给同学们多举一些事例，或者请同学们表演小品，让同学们自己发表对这些事情的看法，然后适当地讲一些理论，最好用形象的语言引起同学们的兴趣，使得课堂生动而有趣。

G2：如果考试仅以教科书上的要领作为成绩的话，我会极度失望的。上课谁起来发言，老师就把名字记下来记入平时分数，这种做法挺形式化，我不喜欢。

B2：对大学生的思想政治教育不应只在课堂里讲讲课，这样太枯燥了，也难以让人接受。我建议教学内容应灵活多样，如参观访问、辩论演讲、劳动实践等。课堂上，老师应多让我们学生发表看法、表明观点、参加辩论，这样才会收到好的效果。

G3：生活环境不是真空的，在我们的世界观、人生观尚不稳固的时候，社会上流行的思想潮流对我们的冲击超过了学校教育，我不想在大学里接受一些虚假的教育。我希望教师除传授教科书上的知识以外，还结合理论难点与社会热点问题进行分析。

B3：思想道德修养课不应该是空洞的说教，更不能把条条框框强加给学生。老师可否通过学生的切身经历以及理性的剖析，让我们理解该做哪些、怎样处理一些问题才合适？

B4：老师对所讲的东西应阐述得全面、科学，让人信服。当课堂上有同学或老师的思想与自己有差异时，我会更注意参与教学——我希望老师通过一种百家争鸣式的教育，让我们自己来思考、判断、选择。

通过本次调查，我们了解到大学生认为大学是有必要开设思想政治理论课的；从总体上看，思想政治理论课对大学生思想政治观念的形成和他们今后的发展是有帮助的；教学内容和教学方法是影响思想政治理论课教学效果的最主要因素，其中教学方式问题又是思想政治理论课教学中最突出的问题。学生们对于"课堂互动与讨论"的态度各有不同，总体来看，大多数学生对有不同观点碰撞的课堂讨论持肯定态度。同时，课题组成员对近五年来一直从事思想政治理论课程教学的教师进行了一次随机听课与集体访谈。从听课和访谈中，我们发现思想政治理论课教师基本熟悉并相信课程内容、备课认真，但在学生中缺乏威信，师生关系一般。大学生普遍认为：教师的专业学科知识、自身文化素养、生活经历及其教育教学能力等是影响思想政治理论课课堂教学吸引力与实效性的重要因素。大学生坦率真诚的话语使我们不得不认真反思高校思想政治理论课教学：大学生厌恶的是空洞的说教，反对的是脱离实际的假话，这也正说明了大学生对科学真知的渴求与希冀。在访谈与交流中，我们鲜明地感受到：教育要进入人的内心，就必须接触与理解学生真实的情感、兴趣与思想。教师不仅要讲授，更重要的是懂得感受与理解，善于反馈并释惑答疑，因为学生表达的观点和提出的疑问往往就是他们的兴趣与关注所在。在德育课程实施过程中，尽管教育者占据着德育课程信息的"高位"，但是在实施过程中也会受到受教育者的"阻抗"。受教育者的"阻抗"作用一方面表现在当教育者所提供的德育课程信息与自己原有思想政治观念基础存在差异时，会出现一种"自然阻抗"现象；另一方面也表明人的正确思想道德观念形成和发展的复杂性与艰巨性，并不是一次德育课程的实施就能完成，而需要教育者与受教育者在德育课程这个中介作用下，通过反复的活动过程来消除德育课程实施过程中的"阻抗"因素。[①]

（二）课堂文化冲突之根源考察

课堂教学视阈下，不同个体由于人生经历的不同，形成的经验相异，使课堂文化冲突成为可能。通过对高校德育课程课堂文化冲突现象的分析，其冲突表现内容可归类为：社会规范、主流文化与非规范文化的冲突——从文化自身的价值取向；学校精英文化与大众文化的冲突——从文化的相对"社会地位"角度；传统文化与现代文化的冲突——从文化的历史连续性与代际传承、发展的角度。

学生文化代表着年轻人世界的经验，是学生特有价值观念、思考与行为方式的组合。学生文化的形成与学生家庭所属的社会阶层，青年群体的目标、规范、人际交往等有着千丝万缕的联系。特别是学生所在的非正式群体中的特有价值观和行为方式与学生文化的倾向性之间密切关联。学生文化的性质和水平，尤其是其社会倾向性，对学生的课堂学习态度、学习成就与个性发展有着很大影响。教师文化由教师的教学思想、专业学科知识、自身文化素养、个性、教学风格乃至人际交往等组合而成[②]，在课堂文化的形成与发展中占主导地位，对学生文化具有定向与指引作用。教师文化与学生文化冲突其实就是师生背后的两个异质社会在冲突。教师和学生在所处的社会地位、遵守的规范、追求的目标、拥有的资源等方面都存在极大的差异。教师是以社会代言人和国家代表的身份出现的，教师

① 余双好.现代德育课程论［M］.北京：中国社会科学出版社，2003：11.
② 吴康宁，等.课堂教学社会学［M］.南京：南京师范大学出版社，2001：116.

的这种角色促使其变成了社会规范的符号；而学生作为具体的个体，在个性表现上千差万别，多姿多彩。学生非规范文化则具有一个广阔的"文化资源背景"，学生个体文化观念形成的途径，一个是来自家庭与社区，一个是来自学校的理性的、系统的、有意识的观念形成，它除了从家庭背景中获取成分以外，还从广泛的社会阶层中吸收斑驳陆离的文化成分，因而，其资源显得庞杂、多样、良莠不齐。美国社会学家法拉克斯在探讨社会变迁与青年亚文化之间的相互关系时指出，社会文化变迁的速度过快引起了社会文化的失调，新的科技发展与固有文化体系之间的冲突，产生价值体系的混乱，使许多青年产生认同上的危机，也就是无法确定生命的意义，无法接受上一代所赋予的成人的生活意义及规范。在青年人对社会文化不满且相互作用时，就形成了青年亚文化。① 当代多元性社会文化的冲突实质上是人的思想观念和价值观念的冲突，具体表现为个体对文化的选择和反应，进而表现在个体的行为方式上。从积极的意义上说，多元性社会文化明显体现着社会转型中的人们理想信念、价值观念、道德观念、生活态度的多元化和多变性，也满足了人的不同层次文化需求；而从消极的意义来审视，多元性社会文化的盛行不可避免地衍生诸多负面影响，造成一部分人思想混乱、理想信念淡漠，也使得道德界限模糊，产生伦理道德困惑，最严重的是产生对社会主流文化的认同危机。

随着经济全球化、信息技术的高速发展，西方文化影响甚至瓦解着一些国家，尤其是发展中国家既有的社会结构和规范秩序，影响着人们的思维方式和生活方式，特别是影响着最易受这种力量冲击的青年学生。以美国为代表的发达国家凭借强大的经济和科技实力，通过跨国投资、文化产品、强大的传播媒介和互联网等途径，传播其意识形态，试图以其文化价值观重塑世界，直接威胁着其他民族文化的生存与发展。当代大学生大都出生于 20 世纪 80 年代后期，是在大众文化的环境中长大的一代。在信息化社会中，网络文化、短信文化、街头文化等大众文化在大学生中迅速流行。大众传媒提供给学生不同社会阶层的种种生活方式、信仰系统、价值体系，由此组成的社会图景往往不能真实地反映现实生活。在大众文化范畴中，文化披上了一层经济的外衣。文化的传播，更多的是受到商业利润的驱使，传统文化的权威性、崇高性和严肃性逐渐被庸俗性、娱乐性和消费性所取代。大众文化渗透于大学生的日常生活当中，大众文化的内容往往平面

---

① 郑金洲. 教育文化学［M］. 北京：人民教育出版社，2000：311.

化、无深度，文化的消费过于追求时尚和通俗，造成大学生审美趣味呈娱乐化、低俗化和大学校园文化媚俗化的现象，这些无疑冲击着思想政治理论课对大学生自身知识体系和健康精神世界的构建。从近年来对有关高校学生抽样问卷的调查数据来看：在"你认为学校的德育课程对自己的道德修养的影响"的调查中，回答"影响很大"的占12%，"影响一般"的占69.4%，"一点都没有影响"的占18.6%，这说明德育课程的效果正在弱化；在对待"老师的话与媒体的话"的调查中，16.7%选择"相信老师的多一些，因为那是他们学问与人生经验的结晶"，1.6%选择"相信媒体的多些，因为媒体是客观而且具有公信力的"，75.8%选择"信我认为有道理的"，2.7%选择"都信"，3.2%选择"都不信"。由此可以看出，在大众文化的冲击下，教师的权威正在弱化。①

三、在课堂文化互动与冲突中实践对话教学

在多元文化交织并存的今天，高校德育依然有其文化导向与引领的重要职责。在德育课程教学过程中，一方面，课堂文化冲突会擦出思想的火花，促进理解与创新；另一方面，如果处理不当，也会产生观念偏激或异化等负面影响。因此，教师的教学与引导艺术就非常重要。从课程方案的制订到实施，中间要经过教师的实践和教师文化的转换。教师的价值文化支配着教师对新课程方案的理解和执行。笔者认为，根据目前高校德育课程教学存在的问题和产生课堂文化冲突的原因，应从理念革新与行动操作策略两个维度出发，构建一种有益于课程可持续发展的课堂文化。

理想的课堂文化，即师生构建的价值体系，应该是学生对课程知识以及"教与学"形成积极的认识以及认同态度，把学习作为自身完整生活中的一部分，与教师以及课程知识展开积极的交流与对话，在"理解"中构建的教学文化。课堂教学活动是由师生通过对话性教学实践构成的课堂教学共同体，师生在这一共同体中进行"互惠式学习"，而不是以自我为核心的封闭式学习。在当下的思想政治理论课课堂教学境遇中，教师首先要树立"育人为本，以学生为本"的教育教学理念，把学习者看作是具有独立个性和特定观念的主体、具有无限发展潜力的主体。因为理论知识的获得、学习能力的发展和思想品德的形成归根结底必

---

① 韩东才，房慧玲. 社会问题对高校思想政治理论课教学的影响研究［M］. 广州：中山大学出版社，2008.

须依赖学习者自身的主观努力，一切外在的影响因素只有转化为学习者的内在需要，引起学习者的强力追求，才能发挥其对学习者身心的巨大塑造力，所以教育教学的一切活动都必须以调动学生的主动性、积极性为出发点。学习者的种种思想、心理问题皆由物质或精神的贫乏引起，教师要尊重、关注他们的实际需要、困难和疾苦，把解决思想问题与解决实际问题结合起来。教学过程中，教师将学生置于主体地位并提供自我展现的空间，使学生成为学习的行动者。学生可以充分发表自己的见解，学习者之间在互相学习、取长补短、共同进步的过程中交流、质疑、释疑、发展思维和品格，并在成员之间形成相互影响、相互依赖、相互促进的人际关系。教学不仅促进学生的发展，也是教师自身专业化成长的过程。"没有沟通就不可能有教学"，教师需要形成开放的意识和姿态，愿意和学生交流彼此的思考、观念和知识，分享彼此的情感；愿意接受新的事物，愿意尝试新的教学方式，愿意在与他人经常性的交流与合作中实现教学相长。师生之间形成一种平等、民主的交往关系，通过真诚的沟通实现双方的理解，在理解中获得学生与教师的同构性发展。教师要走进学生的最近发展区，积极诱发、促进学生的自我对话，还要与学生展开彼此间的对话。这样，在课堂中保障每一个人以多样个性为出发点的活动性学习，以及实现多样的交流与合作学习。

高校德育课堂教学是通过教师和学习者之间的平等交往和对话而实现的活动。这种交往和对话，不是教师单向的灌输过程，应避免教师对学习者居高临下的权威者的姿态，它是教师与学习者双方"个性渗透过程"①。要想教育人，首先就要理解人，了解学生的内心。教师需要了解年轻人的心理特性与喜好倾向，关注课堂外究竟发生着什么，这些因素会对学生知识、文化结构产生哪些影响？伴随着多元文化的发展和社会生活的更加复杂，大学生要追问的问题将与日俱增，我们绝不能、也无法将他们挡在生活之外；社会生活本身是综合性的，对人的道德发展提出的要求也是多角度、多层面的。社会转型时期的多元文化在年轻一代身上有着鲜明的反映，在课堂文化互动与冲突中，学生接触到彼此不同的观点，表达自己的思考和感悟，自我效能感获得充分展现。同时，在自由、开放的交流过程中，学生也学会从不同的角度去思考问题，评判他人作出价值选择的依据，理解他人的独特生活。这样，思想得以切磋，情感得以共鸣，视界得以融合。因此，高校德育应走入多元社会文化生活之中，吸纳鲜活的实践内容。课堂

---

① 鲁洁，王逢贤. 德育新论［M］. 2 版. 南京：江苏教育出版社，2002：460.

教学要树立文化的对话意识，激发青年大学生表达出内心真实的感受和观点，使他们在不同文化的交流碰撞中获得对彼此的认识和理解，从而更为全面深刻地理解课程文化，将教学内容内化为自身知识结构与文化素养。通过文化冲突、对话沟通建构起来的价值观念学生更容易接受，能更有效地指导自己的行为，这对于德育课程真正实现育人功能无疑更具有针对性和实效性。

高校德育教师专业化：
基于文化全球化视角的解析

一、现实背景：高校德育教师专业化的意义

在此，高校德育教师是指思想政治教育工作者，主体是高校党政干部和共青团干部，思想政治理论课和哲学社会科学课教师，辅导员和班主任（简称"三支主体队伍"）。[①] 德育教师是高校教师中的特殊群体，其专业化发展程度直接影响学生思想道德品质的形成，影响学生个人对社会现实生活的理性思考和认识。随着高等教育的改革与发展，高校德育环境和德育对象不断发生着变化。面对新情况和新挑战，高校德育教师这一职业承担着更加重要的社会责任，具有重要的社会价值。如何坚持以马克思主义的指导思想引领和主导多样化的社会意识，帮助引导大学生在错综复杂的社会思潮中辨别是非、明确方向，树立正确的世界观、人生观和价值观；如何在积极吸收和传播世界文明优秀成果的同时，教育引导大学生增强民族文化意识，自觉抵制西化腐朽思想文化的侵蚀等[②]，需要高校德育教师解放思想、与时俱进，认真作出研究和回答。

从职业性质上看，德育教师职业是一个相当复杂，需要高度心智的创造性劳动。[③] 高校德育教师不同于其他学科的教师，它对教师有自身的特殊要求，这是由德育课程本身的特殊性决定的。高校德育教师除了应具备一般教师所具备的基本素质（如良好的职业道德修养、较高的科学文化素质、较强的语言文字表达能

---

① 徐魁峰. 高校德育教师专业化建设研究 [J]. 中国成人教育，2006（6）：74 – 76.

② 李卫红. 统一思想 明确任务 扎实工作 高质量实施高校思想政治理论课新课程方案 [J]. 思想理论教育导刊，2006（6）：4 – 13.

③ 檀传宝. 专业化：强化德育实效的关键 [N]. 中国教育报，2004 – 10 – 15.

力、过硬的心理素质和身体素质等）外，还应具备以下综合素质：

（1）良好的思想政治素质。作为德育课程教师，必须要有坚定的共产主义信念，要有科学的世界观、人生观、价值观，要有热爱祖国、热爱集体、热爱社会主义的政治情感。

（2）扎实的业务素质。作为一名高校德育教师，应具备相当完整的知识结构，不仅应完整、准确地把握马克思主义及其中国化的理论成果，自觉用习近平新时代中国特色社会主义思想武装头脑，做学习和实践马克思主义的典范，而且应具备丰富的教育学、心理学、伦理学、法学、管理学、经济学、政治学、逻辑学等科学理论知识，也就是要具备丰富的哲学社会科学知识和一定的自然科学知识。

（3）伦理道德素质。德育课程教师主要担负着塑造灵魂的重任，即担当着培养学生具有高尚的道德品质的重任。这就要求德育课程教师除了在理论上对学生进行说服教育外，还要以榜样的力量去影响学生。

（4）一定的战略思维能力。具有战略思维能力，意味着德育教师能把当今政治、经济、科技、文化、教育等各方面最新发展的成就和进步、困难和挑战与当代中国特色社会主义实践紧密结合起来，不断增强马克思主义的说服力和吸引力，从而增强思想政治工作的实效。

《中国普通高等学校德育大纲（试行）》明确规定："学校应当采取有效措施切实加强高等学校德育专职人员队伍建设，努力培养和造就一批专家和教授。"高校德育教师是高校专职从事德育工作，开展大学生思想政治教育的骨干力量，提升他们的学历层次、知识水平和实际工作能力，使之成为思想政治教育工作方面的专门人才，成为大力加强高校德育教师队伍建设的一项战略性任务。为贯彻落实《中共中央国务院关于进一步加强和改进大学生思想政治教育的意见》（中发〔2004〕16号）精神，根据《教育部办公厅关于做好2008年"高校思想政治理论课教师在职攻读马克思主义理论博士学位"专项计划招生工作的通知》（教学厅〔2008〕2号）精神，从2008年起，教育部开始实施"高校思想政治理论课教师在职攻读马克思主义理论博士学位"专项计划。近几年来，为大力加强高校辅导员队伍建设，全国一些高校开通了高校辅导员在职攻读"思想政治教育"专业硕士的渠道，反映良好。为培养政治强、业务精、纪律严、作风正，具有思想政治教育学科坚实宽广的理论基础和系统扎实的专业知识，能够独立从事科学研究和工作创新，开展大学生思想政治教育和日常管理工作的专门人才，教育部又设立了"高校辅导员攻读思想政治教育专业博士学位计划"，鼓励综合素质较高、工作能力较强、善于科研创新，并有志于长期从事大学生思想政治教育工作的高校优秀专职辅导员报考思想政治教育专业博士学位。这些重要举措，对于推进高校德育教师专业化进程，全面贯彻落实党的教育方针，把大学生思想政治教育的各项工作落到实处，具有十分重要的意义。

二、 文化全球化视角： 高校德育教师专业化的必要性

全球化是一个矛盾统一体。全球化概念的内涵涉及政治全球化、经济全球化和文化全球化。我们主要以文化全球化的视角来讨论高校德育教师专业化的必要性。正如俞可平曾谈到，"全球化过程本质是一个内在的充满矛盾的过程——它既是一个内在化的趋势，同时也含分裂的倾向，既单一化，又有多样化；既是国际化，又是本土化"[①]，基于这种认识，文化在全球化的过程中既要体现均质化的发展趋势，又要体现多样化，保留自己民族的独特性和多样性。保持和发展本民族文化的优秀传统，同时实现文化的与时俱进和开拓创新，是关系民族前途和命运的重大问题。

文化认同与文化传承是民族赖以生存的基础和继续发展的前提。[②] 在全球化过程中，由于西方强势文化的威胁，发展中国家的文化传承在全球化的语境下正越来越失去固定的空间，文化主权受到严重的威胁和挑战。[③] 而文化生存是民族生存的前提和条件，文化生存状态不仅积淀着一个民族国家过去的全部文化创造和文明成果，而且还蕴涵着它走向未来的一切可持续发展的文化基因。文化是维系一个民族国家的精神纽带。一旦这种文化遭到侵蚀和消解，必然会给民族国家带来深刻的文化危机和民族危机。一旦一个民族失去了自己的文化特色，那么这个民族事实上也就不存在了。[④] 今天，文化成为国家利益构成中的亮点，国际关系中的文化因素越来越突出，因为国家的生存与发展离不开特定的文化养料，任何国家都以特定民族文化为精神支柱，在处理对外关系时必然把民族文化的尊严

---

① 俞可平. 全球化与世界［M］. 北京：中央编译出版社，1998.

② 司马云杰. 文化价值论［M］. 济南：山东人民出版社，1992.

③ 赖纳·特茨拉夫. 全球化压力下的世界文化：来自各大洲的经验和反应［M］. 吴志成，等译. 南昌：江西人民出出版社，2000.

④ 李太平. 论全球化和民族意识［J］. 华中科技大学学报（社会科学版），2005（2）：10－14.

和地位视为本民族利益的组成部分，极力保护民族文化。① 由于文化的传承是教育的基本功能之一，那么德育教师对文化的传承具有不可推卸的责任。从文化和价值观的关系来看，价值观是文化的内涵，是文化的浓缩。实际上，对价值观的传承，就是对文化的传承。由于价值观传承与德育工作具有内在的一致性，从某种程度上来讲，德育工作就是价值观的传承。那么，在文化全球化的压力下，文化的传承就是德育教师的历史使命。当今的高校德育教师要能够不辱使命，承担起这份重托，就必须向专业化方向发展。

（一）在高校人才培养中传承民族文化的和谐思想

当前，世界正处在一个思想大活跃、观念大碰撞、文化大交融的时代，先进文化、有益文化、落后文化和腐朽文化同时并存，主流意识形态和非主流意识形态相互交织，各种思想文化有吸纳也有排斥，有融合也有斗争，有渗透也有抵御。

要着力建设和谐文化，推进中华文化的创新，不断增强中华文化的生命力，扩大中华文化的影响力。② 因此，当代政治思想教育必须根植于中华民族的土壤，充分汲取传统的养分。只有在现实的基础上积极探索研究、继承发扬中华民族的优秀文化，充分挖掘传统文化价值内涵，才能切实增强当代思想政治教育的实效性。③

和谐是中华民族一以贯之的文化理念、文化实践和理想追求的总和。和谐文化主张以和谐的理念形成解决社会矛盾的新认识、处理社会关系的新方法，引导人们用和谐的思想认识事物、用和谐的态度对待问题、用和谐的方式处理矛盾。建设和谐文化，发扬乐群贵和的伦理精神，作为调节人际关系、国际关系的行为规范，培育与人为善、乐于助人的道德情感和见利思义、顾全大局的处事准则，使崇尚和谐、维护和谐内化为人们的思维方式和行为习惯，进而达到消解社会矛盾、促进民族团结、维护世界和平的崇高目的。在高校人才培养中，高校德育教师要根据建设社会主义和谐社会的要求，在传承传统文化中剔除其封建性的糟粕，保留其民族性的精华，同时融入民主精神、科学精神、市场精神、法治精神、竞争精神、公平精神等新理念，并渗透到教育教学之中，奠定大学生思想品

① 赖纳·特茨拉夫. 全球化压力下的世界文化：来自各大洲的经验和反应［M］. 吴志成，等译. 南昌：江西人民出版社，2000.
② 郭建宁. 提高文化软实力与建设共有精神家园［J］. 中国特色社会主义研究，2008（1）：71-74.
③ 张伟江. 中国高等教育中的优秀传统文化与和谐教育［J］. 中国高教研究，2008（1）：8-9.

质的扎实基础，用和谐思想打牢大学生道德根基。为此，要做到三个有机结合：在人与自然的关系上，把传统文化教育与科学发展观教育有机结合起来；在人际关系上，把传统文化教育与公民道德教育结合起来；在人与自我的关系上，把传统文化教育与心理健康教育结合起来。①

（二）在社会转型中引领文化价值观的嬗变

当前，我国处在社会大变革时代，发展机遇和矛盾凸现并存。从总体上看，当代大学生的主流是积极的、健康的，是值得信赖的一代，但是由于社会结构的深刻变动、利益格局的深刻调整、生活方式的深刻变化，给大学生的思想观念、生活方式、思维方式和价值取向带来了巨大变化，表现为大学生思想独立性、选择性、差异性和多样性明显增强。大学生正处在世界观、人生观、价值观形成的重要时期，这一时期是大学生不断适应社会要求、完善自我素质的过程。在这一过程中，文化环境的耳濡目染，会潜移默化地影响大学生的身心发展，进而影响他们的思维方式和行为习惯。尤其是社会不良文化会使大学生的身心受到严重摧残。如网络文化，其特征是虚拟性文化、全球性文化、典型快餐文化、典型个人文化。作为虚拟世界，网络并不是一方净土，必然会对大学生产生负面影响。其中，西方发达国家通过图、文、声、像等各种现代信息传播手段，大肆宣扬资产阶级的民主、自由、人权等价值观和颓废的生活方式，特别是一些成人网站和色情网站，严重毒害和影响了部分大学生，使他们从理想虚无到追求极端自由、从一切向"钱"看到极端享乐主义、从强调自我到蔑视社会等。

由于各种错误的、落后的、腐朽的思想观念和文化的冲击，少数大学生存在"价值失落""价值混乱""价值扭曲"。在文化全球化的语境下，如何校准大学生的人生航程，引导他们找到正确的人生坐标，社会主义核心价值体系提供了正确价值标准。它既有目标的崇高性，又有规范的普适性；既体现了道德建设的先进性要求，又体现了道德建设的广泛性要求，对引导大学生确立正确的价值取向、思想观念和道德情操具有极大的现实意义。

"社会的现代化首先且彻底的是价值观的现代化。后者不但是前者的前提条件和内在动力，也是前者得以完成的最高标志。""在中国现代化实践中，最紧急最艰难，最长远和最深层的问题是解决好伦理价值观现代化的转换问题。"②

---

① 张伟江.中国高等教育中的优秀传统文化与和谐教育［J］.中国高教研究，2008（1）：8-9.
② 万俊人.现代性的伦理话语［M］.哈尔滨：黑龙江人民出版社，2002.

从一定意义上来说，新的价值观是社会转型的先导，而社会转型也必然伴随着价值观的转变。由于德育教师的职责就是改造旧价值观，倡导新价值观，因此，当今社会的大变革，高校德育教师必须参与进来，首先与不合时宜的价值观进行断裂，并根据时代的需求，倡导新的价值观，或者为新价值观的诞生营造一种良好的环境，从而完成引领文化价值观的嬗变这一历史使命。

三、教师的课程文化反思力：高校德育教师专业化的基础

什么是课程文化？从课程的角度来看，课程文化包括课程目标文化、课程内容文化、课程实施文化与课程评价文化。课程目标文化反映了课程选择文化或建构文化的价值取向，是课程领域中最具精神意义的文化现象。课程内容文化是不同学科的差异中共同存在的标志性话语，课程内容并不是中立、客观的知识，也不是绝对的真理，而是由价值负载的文化；就制约课程内容文化的诸方面因素而言，知识、经验是属于媒介性的，社会是属于外在性的、间接性的，而学生则是属于内在性的、根本性的。课程实施文化主要反映在课程开发与情境教学之中，它最能体现课程文化的自组织特点和建构意义。在课程实施过程中，是强调控制约束还是主张参与合作，是强调整齐划一还是主张宽容差异，是强调单向接受还是主张互动理解，是强调灌输还是主张体验，直接反映了课程的文化质量。课程评价文化也同样体现在课程评价领域中的价值取向上。课程文化是在课程目标、结构、内容的确立过程中，在课程研制、开发、评价的实施过程中诞生的。它指向对人的内在的深切关怀，具有开放性、多样性和包容性，是交融、渗透、超越科学文化、道德文化和审美文化的高级文化复合体。高校德育教师如何注重研究课程文化，关注学生的完整人生、完整的心理世界？一是要研究教材，发掘其文化内涵；二是要拓展教育资源，把学生引进生活的大背景当中；三是要改革教法，在人文关怀的层面去对待学生，摆正师生关系，不仅要实现自身从低级到高级的发展，而且要达到终极目标——实现人的全面发展。

教师是课程文化建设的关键性人物。课程文化建设主要通过课程实施这条主渠道来开展，而教师是课程实施的主要角色。首先，教师在德育课程中主导作用的发挥是德育课程教学的前提。与智育过程不同，德育课程目标的实现与学生间不仅会存在智能水平的差异，而且还会存在态度倾向的矛盾。只有充分发挥教师的主导作用，才能解决这一矛盾，使德育过程真正成为知、情、意相融合的影响过程。其次，教师主导作用的发挥是实现学生主体地位的基础。学生是发展过程

中的人，尊重他们的主体地位实质上是对学生主体发展过程的预测和期待。教师主导作用的发挥体现为教育过程，学生主体地位的实现体现为发展过程。虽然在德育课程实施过程中，教师也存在自我完善、自我发展的需要，但与学生相比，这种完善和发展是直接服务于教师主导作用的发挥的。最后，教师主导作用的发挥体现在对学生道德成长的引导上。教师与学生人格上的平等并不等同于地位上的对等。一位诚实和负责任的教师决不能放弃自己作为学生道德成长的引导者的使命。所谓"引导者的使命"，意味着教师不仅是学生道德成长之路上的"同志""朋友"，而且应当是学生的"指导者""帮助者"。① 教师有责任将自己个体和整个人类社会的道德经验提供给学生参考，保持绝对的价值中立不仅不可能，而且对学生的道德成长有害。

高校德育教师专业化，是德育教师个体专业水平提高的过程以及德育教师群体为争取这一职业的专业地位而进行努力的过程。高校德育教师个体专业化是这一职业专业化的基础和前提。德育教师个体专业化发展水平，主要依赖于个体对专业成长的追求。高校德育教师要顺利实现专业化发展，关键在于建立专业自我，不断增强自己的课程文化反思力。教师要富有成效地提高自己实施新课程方案的能力和水平，实现个人的专业化发展。只是被动地听取有关课程专家（包括教材编写者）的几次培训讲座，阅读数位课程理论工作者关于思想政治理论课程新方案解读之类的读物并不能如愿以偿。教师只有在课程实施中自我意识觉醒了，课程文化反思力提高了，才能自觉地以自己的眼光去审视并推进课程建设。要成为一名成熟的专业人员，高校德育教师需要通过不断的学习与探究历程来拓展其专业内涵，达到专业素质的全面提高，从而实现个人的专业化成长与发展。②

---

① 李玉堂，王莎.高校增强德育实效性的课程改革与实施方略［J］.当代教育论坛，2007（4）：73.
② 刘捷.专业化：挑战 21 世纪的教师［M］.北京：教育科学出版社，2002.

思政课教师要准确把握"讲道理"的本质

2022 年五四青年节前夕，习近平总书记在中国人民大学考察调研时发表重要讲话，其中强调指出：思政课能否在立德树人中发挥应有作用，关键看重视不重视、适应不适应、做得好不好。思政课的本质是讲道理，要注重方式方法，把道理讲深、讲透、讲活，关键在于沟通心灵、启智润心，激扬斗志。① 总书记关于思政课的重要讲话精神指明了思政课教师的努力方向，为我们讲好思政课、推进思政课改革创新注入了强劲动力。我们要深入贯彻落实习近平总书记对思想政治理论课建设的重要要求，准确把握思政课"讲道理"的本质；更要注重以实际行动推动思政课创新发展，切实增强课程的亲和力、吸引力和针对性，真正实现育人过程的启润心智、培根铸魂。

一、 思政课为何要讲道理

作为坚持社会主义办学方向的重要阵地，思政课是全面贯彻党的教育方针、落实立德树人根本任务的关键课程。青少年阶段处于人生的"拔节孕穗期"，教师要针对学生成长发展过程中面临的各种问题精心引导。尤其是思政课教师，必须坚持思政课的价值属性和价值引领功能，切实履行好育人使命。思政课具有深刻的理论性，语重心长地讲道理是思政课的育人使命使然。虽然思政课的育人使命和功能决定了它也要追求以情感人，但最根本的还是要讲清道理，做到以理服人、以理育人。思政课的本质是讲道理，这个道理必须是马克思主义理论。思政

---

① 张东刚. 深入贯彻习近平总书记重要讲话精神　提高新时代育人质量和办学水平 [N]. 学习时报，2022 - 05 - 09.

课的理论性不仅仅指它的理论体系和理论逻辑，还包括其理论品味和理论旨趣。马克思主义和全部思政课教育追求的终极目标是实现人的自由全面发展。"办好思政课，就是要开展马克思主义理论教育，用习近平新时代中国特色社会主义思想铸魂育人。"① 中国共产党为什么能，中国特色社会主义为什么好，归根到底是因为马克思主义行！而马克思主义行的最主要原因就在于马克思主义的科学性和真理性。

思政课只有讲清道理，才能有效引导新时代大学生心怀"国之大者"，树立正确的世界观、人生观、价值观，争做堪当民族复兴重任的时代新人。思政课教师要把自己的真心、真情、真爱融入思政课教学，要善于把马克思主义理论讲深、讲透、讲活、讲实，用高品质的理论去启蒙人、引领人和塑造人。一方面，要通过扎实有效的马克思主义理论教育，深化学生对人类社会发展的规律性认识，使学生在对历史发展规律的把握中确立对共产主义远大理想的信仰，引导学生坚定走中国特色社会主义道路的信念和定力。另一方面，要贯通历史、扎根现实、面向时代、聚焦问题，以高质量的内容满足学生在思维、方法、实践各层面的需求，把思政课建成精准对接学生需要、引领学生发展的关键课程，引导学生增强政治定力，树立远大志向，练就过硬本领，在为实现中华民族伟大复兴而奋进的征程中磨炼意志、艰苦奋斗，最大程度地实现人生的价值。

二、 思政课要讲什么道理

要讲好思政课、切实发挥思政课在立德树人中的应有作用，必须给学生讲清楚为人做事要弄明白的道理，讲清楚人的一生从自然人到社会人转变要明白的道理，讲清楚讲明白"中国共产党为什么能""中国特色社会主义为什么好""马克思主义为什么行"，深刻揭示新中国成立 70 多年、建党 100 多年来我国社会巨变背后的道理。这些道理是以马克思主义理论为指导的科学真理、是揭示事物的本质及其发展规律的正确思想理论体系。道理不是一种现象，不是事物本身，而是内在的规律性，对学生世界观、人生观、价值观的形成起着重要作用。习近平总书记说，"理想指引人生方向"②。科学的理论既提供了正确的世界观，又有方法论的作用，可以将一定的理论应用到分析问题以及解决问题当中，并使之转化

---

① 习近平. 思政课是落实立德树人根本任务的关键课程［J］. 求是，2020（17）.
② 习近平. 习近平谈治国理政：第 1 卷［M］. 北京：外文出版社，2018：50.

为引导行为行之有效的方法。马克思主义理论教育的重点就是帮助学生分析、解决思想和行为问题，进而帮助学生最终确立理想和信仰。只有彻底讲明白马克思主义理论的真理性，才能让学生在弄懂学理的同时，自觉接受正确的价值引导，坚守正确的政治导向。

长久地坚定地确立一个信仰，既需要理性认知、理性自觉，同时也需要紧密结合生动的实践，做到知行合一、学以致用。思政课教师要学会用多样化的话语和阐释方式讲道理，并在联系我国当代社会的伟大实践中引导学生分析社会问题，同时准确阐释习近平新时代中国特色社会主义思想。要引导学生学习领会这一思想的时代意义、理论意义、实践意义、世界意义，深刻理解其核心要义、精神实质、丰富内涵、实践要求，深刻把握这一思想贯穿的马克思主义立场、观点、方法。思政课教学要教育大学生树立科学的价值观，为大学生提供更好的人生指引，不能采用空洞的说教式讲道理，而应用丰富、鲜活的案例把价值性和知识性相结合，让学生在学习理论的同时在知识上也有所收获，从而达到良好的教育效果。面对各种社会思潮的冲击以及改革开放过程中出现的各种问题，思政课教师通过知识创新，运用丰富的纵向和横向对比案例，可以向学生论证马克思主义是中国历史的必然选择，帮助学生抵御各种错误思潮的影响，让学生认识到马克思主义的时代价值，进而深刻领悟习近平新时代中国特色社会主义思想这一马克思主义中国化最新理论成果。

三、思政课怎样讲道理

思政课应当如何更好地进行思想教育，把道理讲深、讲透、讲活呢？思政课教师必须立足于新时代这一全新的历史方位，适应时代发展要求，满足教育对象成长成才的需求和期待，以自身的人格魅力和学术造诣开启学生智慧，呵护学生心灵，激发教育对象形成符合社会发展要求的思想和行为。在教学活动中既要"因事而化、因时而进、因势而新"，又要遵循教育规律、思想政治工作规律和教育对象的身心发展规律。"思政课讲道理"必须坚持正确的政治导向，要符合党的理论自觉，要适合思政课的内在规律，还要契合青少年的成长需求。讲好思政课关键在教师，思政课教师要以扎实的理论功底把道理讲"深"，以过硬的政治能力把道理讲"透"，以积极的教学创新把道理讲"活"。

（一）讲道理必须坚持正确的政治导向

首先，必须坚持思政课的政治属性和政治导向功能，严肃认真地讲好"大道理"。政治导向能力是思政课教师的核心素养之一，坚持正确的政治导向是对思政课教师的基本要求，也是思政课把道理讲深、讲透、讲活的前提条件。习近平总书记在学校思想政治理论课教师座谈会上明确提出"八个统一"，在思政课改革创新过程中，首先需要坚持做到政治性与学理性的统一，这是开展该课程建设的重要前提条件。党和国家在高校思想政治理论课建设中，对于"讲政治"是高度重视的，并将其作为一贯追求。进入 21 世纪，在关于加强学校思想政治理论课建设和教师队伍建设的各种文件中，"讲政治"同样被置于首要地位。中共中央宣传部、教育部印发的《中共中央宣传部教育部关于进一步加强高等学校思想政治理论课教师队伍建设的意见》（教社科〔2008〕5 号）中明确指出，思政课教师必须坚持正确的政治方向，具有良好的思想品德，并要做到热爱马克思主义教育事业，具备扎实的马克思主义理论基础以及相应的科研水平和教研能力。[1] 教育部印发的《新时代高校思想政治理论课教学工作基本要求》（教社科〔2018〕2 号）指出，在开展思政课教育的过程中，要始终坚持马克思主义的基本立场、观点、方法，在政治立场、政治方向、政治原则、政治道路上同以习近平同志为核心的党中央保持高度一致。[2] 同时，新时代以来，历史虚无主义等社会思潮及其变种在社会上的蔓延，对思想政治理论课教学提出了一定的挑战。思想政治理论课教师必须在教学实践中明确政治导向，严肃政治纪律，以马克思主义的基本观点和方法为指引，保证正确的育人方向。

（二）讲道理必须能够提供深刻的思想见解

思想政治教育课程的教学过程中，不仅要有理论知识的讲解与传授，还要有理论的阐释和知识体系推演的体验，更要体现对思想的引领和价值的塑造。思想性决定教学的深度以及对学生启发的广度，这实际上是思政课教学首要的价值指向。在教育教学过程中强调思政课程的思想性，这也是党和国家对思政课提出的基本要求。习近平总书记在学校思想政治理论课教师座谈会上强调："推动思想政治理论课改革创新，要不断增强思想政治理论课的思想性、理论性和亲和力、

---

① 中共中央宣传部教育部关于进一步加强高等学校思想政治理论课教师队伍建设的意见［EB/OL］．（2008 - 09 - 23）．http：//www. moe. gov. cn/jyb_xxgk/gk_gbgg/moe_0/moe_1964/moe_2541/tnull_41238. html.

② 教育部关于印发《新时代高校思想政治理论课教学工作基本要求》的通知［EB/OL］．（2018 - 04 - 24）．http：//www. moe. gov. cn/srcsite/A13/moe_772/201804/t20180424_334099. html.

针对性。"① 思想性是思想政治理论课教学改革创新的首要旨归，为思想政治理论课教师提升专业素养划出了重点。社会主义现代化建设的伟大实践，对学校思想政治教育不断提出新问题、新要求，也给思想政治理论课建设不断提供新内容、新途径、新条件。进入新时代以来，世情、国情、社情复杂变幻，各种思潮风起云涌，只有坚持正确的指导思想，才能保证思想政治理论课教学的正确方向。从学生角度看，只有思想政治理论课教师的讲授能够深入思想深处、讲出思想高度、讲出思想价值，才能够增强学生对教学的认同，也才能发挥思想政治理论课的思想教育作用。思政课的关键内容在于"思"，如果缺少思想魅力，那么课程的感染力就会降低。思想政治理论课要把道理讲深、讲透，教师应当紧密把握时代脉搏，充分理解思想的时代土壤，丰富阅历和知识，并以新时代中国特色社会主义思想为引领，提升思想政治理论课教学的思想层次，丰富创新能力。

（三）讲道理必须培育阐释经典理论的深厚功底

思政课要把道理讲深、讲透、讲活，使思想政治理论教育具备穿透力和说服力，教师必须具有能够满足时代要求的经典理论阐释能力。思政课教师须拥有深厚的传道情怀，同时也需要具有坚定的信念，矢志不渝献身于马克思主义的教育传承。教师只有具备良好的马克思主义理论学养，能够全面、深刻地理解并切实地信仰马克思主义理论，才能在教学中娴熟地运用马克思主义理论体系的内容与方法，在讲授中充分体现马克思主义的真理性和道义性。新时代思政课教师的创新能力必须体现鲜明的真理性。这里的"真理"指的就是马克思主义经典所具有的时代价值以及科学价值。思想政治理论课的科学性正是以马克思主义的真理性为深厚奠基。思想政治理论课的思想性和政治导向都必须建立在真理性的基础上才具备实践可能。如果高校思想政治理论课教师没有真正地理解马克思主义理论，或只停留在肤浅的表面，那么不仅无法真正阐释马克思主义经典的时代价值，而且无法借助这一科学武器达到立德树人的终极目的。从这个意义上讲，教师在经典理论阐释方面的能力直接制约了思想政治理论课的育人效果。特别是在这个日益复杂的时代，面对学生越来越多的思想困惑，要想充分发挥马克思主义经典的科学价值和时代价值，体现思想政治理论课的真理性，教师必须培育阐释经典理论的深厚功底，具备精深的马克思主义理论素养。

---

① 习近平主持召开学校思想政治理论课教师座谈会强调　用新时代中国特色社会主义思想铸魂育人　贯彻党的教育方针落实立德树人根本任务［N］．人民日报，2019－03－19．

（四）讲道理必须拥有丰富的学科知识

思想政治理论课是理论与实践相结合、知识与价值相统一的课程，其丰富的知识内涵要求思政课教师必须具备丰富的学科知识，才能满足新时代的育人要求。随着时代的变迁、社会的飞速发展，当前大量新生事物不断涌现，这对思政课教师的知识体系也提出了新的要求。思政课教师必须树立终身学习的理念，用辩证思维、历史思维去看待问题，不断拓展知识视野、国际视野和历史视野，这样才能把一些道理讲明白、讲清楚。思政课教师只有具备广阔的视野和丰富的学科知识，才能不断增强知识创新能力。思政课教师必须重视知识的习得和运用，最大限度地提高自我价值创造的能力，用动态开放的知识结构来应对不断变化的高校思想政治教育工作环境，不断增强知识创新能力。以课程为核心，思想政治理论课教师的学科知识大致分为两类：一是课程教学知识，即与四门骨干课程及"形势与政策"课程相关的专业知识；二是其他相关学科知识，如历史学、哲学、教育学、心理学、文学，乃至自然科学及新兴学科领域知识。只有不断补充和完善自身的知识结构，思想政治理论课教师才能为教学内容的设计和教学活动的开展奠定丰厚的知识基础，做到"以理服人"。只有不断丰富知识储备，完善知识体系，思想政治理论课教师才能够以知识为依托将思想政治理论课教学的价值性与知识性真正统一起来，并以知识创新为驱动，不断实现综合创新能力，打造深受学生欢迎的思想政治理论"金课"，进而达到把道理讲深、讲透、讲活的目的。

（五）讲道理必须锤炼教学创新能力

思政课要把道理讲深、讲透、讲活，关键在于沟通心灵、启智润心、激扬斗志。针对新时代学生的学情，思政课教师要不断提升教学模式创新能力，满足学生个性化以及多样化的发展需求。在教育教学活动中，需要更新教学理念，加强教师主导、学生主体的互动交流模式，创新课上课下、线上线下、校内校外有机结合的教学方式方法等。[①] 需要结合学生的身心成长规律，联系学生的生活实际，运用科学的方式，不断融入新的教学手段，探索新的教学方法。通过采取翻转课堂、对分课堂、混合式教学等新的教学模式，在积极发挥教师主体性作用的同时，制定个性化的学习策略，有针对性地采取适切手段调动学生的学习积极性

---

① 王让新. 马克思主义理论学科视域下"马克思主义基本原理概论"课教学的思考 ［J］. 思想教育研究，2014（8）：53-56.

和主动性。思政课教师通过教学模式创新，可以将学校小课堂与社会大课堂有效结合，用丰富的社会案例与实践经验，在学校课堂中建立起立体丰满的教学知识体系，并将学校课堂中的疑难问题放入社会大课堂中进行有效解答，将理论性与实践性结合起来。通过教学模式创新探索，思政课教师可以在坚持统一的教学目标的同时，在教学手段、教学方法、教学评价方面，制定有针对性、个性化的策略，让教学内容和过程更容易为学生接受和喜爱。同时，通过课堂讨论、社会调查、小组研学、情景展示等丰富多样的形式，提高学生参与课堂教学的积极性，进而推动思想政治理论课实现"理论性和实践性相统一""统一性和多样性相统一""主导性和主体性相统一"。

总之，思政课教师只有全面提升专业素养，锤炼教学创新能力，才能把道理讲深、讲透、讲活，进而发挥思政课启迪心智、滋养心灵的作用。这就要求思政课教师加强理论学习、注重社会实践、强化自我修养、培育创新思维，不断提升自身的内在素质，努力做"传道授业解惑"的"经师"和"人师"相统一者，坚持以"绵绵用力，久久为功，止于至善"的发展精神，潜心将每一堂思政课讲好，开发出更多的"金课"。

提升大学生思想政治理论课获得感的三个着力点

习近平总书记在全国高校思想政治工作会议上指出，思想政治理论课应在改进过程中加强，增强思想政治教育的亲和力和针对性，积极满足学生成长和发展的需求和期待。① 这一讲话为高校思想政治工作的改进指明了方向。为了全面贯彻全国高校思想政治工作会议的精神，要求打好高校思想政治工作的攻坚战，并强调"这个攻坚战不是全面攻坚，是质量攻坚，要把'到课率''抬头率'作为重要显性指标，把'入脑''入心'作为重要隐性指标，突出'教材、教师、教学'三个关键环节，提升学生满意度"②。其中的"学生满意度"是"学生获得感"的另一种表述形式，关乎思想政治教育质量提升与发展的核心要义。为此，探讨思想政治理论课获得感有着重要的意义。

在很大程度上，获得感指的是主体的一种受益感。增强大学生学习的获得感是贯彻"学生主体"的根本体现，是课程教学改革的重要目标。思想政治理论课的获得感是学生受益于此课程带来的满足感，也是一个内涵丰富的概念，可以分为直接获得感和间接获得感，又称短期获得感和长期获得感。具体地说，它要求学生学会用马克思主义的立场、观点和方法思考、分析和解决问题，不断提高思想道德素质，成为具有崇高理想、信仰和道德素质的社会主义事业的建设者和接班人。③ 提高学生学习获得感有三个关键：一是关注学生的成长发展需求和期待，培养学生的综合素质和实践能力；二是提升教师的专业素养和敬业精神，加强教学"供给侧改革"；三是探索有利于培养学生健全的主体人格的教学改革模式。

---

① 高校思政课要打好质量攻坚战 [N].光明日报，2017 - 04 - 21.
② 高校思政课要打好质量攻坚战 [N].光明日报，2017 - 04 - 21.
③ 阎国华.高校思想政治理论课获得感的内在要素与形成机制 [J].思想理论教育，2018（1）：66 - 71.

一、着眼于学生成长发展需求和期待，培养学生的综合素质和实践能力

思政课的根本任务在于育人，教师要懂学生，知道学生的需求在哪里。只有不断增强学生的理论素养和思维能力，引领学生树立科学的世界观、人生观和价值观，才能让学生真正有所收获。近年来，在思政课教学改革中，一些新的方法和手段不断出现，包括多媒体的应用、慕课、微课等，然而教师的主导性仍然过强，学生的主体性发挥不足。为了增强大学生思想政治理论课的获得意识，使他们感到思想政治理论课是"学有所得"和"学有所用"的课程，从而实现从"要我学"到"我要学"的转变，引入自主学习模式是高校思想政治理论课改进创新的必然选择。笔者认为，通过大学生自主性的学习实践，运用马克思主义理论分析国情、针对问题，更容易唤起大学生对马克思主义实用性和价值性的认同。韶关学院遵循地方大学生的特点，不断探索和创新思想政治课程建设。这种探索兼顾了课程的理论深度、价值高度和生命厚度，使学生收获了思维训练、价值引导和生命智慧。

思想政治理论课社会实践教学是思想政治理论课的重要组成部分，是实现高校思想政治理论课教学目标的重要手段，是实现素质教育的重要途径，也是培养新时期大学生综合素质的必由之路。为了贯彻理论联系实际的基本原则，我们坚持实施培养学生实践能力的教育方针，引导学生通过参与校内外实践活动，提高对科学理论的理解和把握，进而自觉运用科学理论指导他们的思维和行为。通过多种渠道，运用各种方式发展学生的主体能力，进而由单纯的知识教育提升到为学生终身发展和精神成长服务。也正是在这种主体性的驱动下，韶关学院大学生的思想政治觉悟不断提高。他们在教师的引导下，通过自主学习习近平总书记系列重要讲话精神，增强自己的使命感和责任感，积极向党团组织靠拢，有的学生申请加入和已加入党组织。他们关注国家和民族利益相关的大事，逐步培养起爱国奉献精神。有80多位学生在实践教学征文比赛中获奖、30多位学生被推荐参加第十四届"挑战杯"广东大学生课外学术科技作品竞赛项目。我们的毕业生受到用人单位的广泛好评，为服务区域经济社会发展和创新型发展战略作出了卓越贡献。

二、加强教学"供给侧改革"，提升教师的专业素养和敬业精神

理论素养高、敬业精神强的教师会通过增加教学内容的吸引力、教学方法的亲和力来增强思政课教学的魅力，提升学生的获得感。[①] 思政课不是简单的知识传授，更重要的是价值观引领，帮助学生树立正确的三观，所以要求教师有坚定的理想信念，即传道者首先要明道信道。思政课是一门意识形态属性非常强的课程，要求教师始终与党中央保持高度一致。要把新时期党的十九大精神和习近平新时代中国特色社会主义思想与思政课无缝对接，把党的最新精神和最新理论成果第一时间传递给学生。

思政课还是一门理论课，要求教师必须把理论讲深、讲透、讲彻底，力求理论的深刻性、新颖性与表达的通俗性、生动性的统一。思想政治教育切忌"照本宣科"，教师必须不断追踪人文社会科学的最新成果，了解学生的心理与价值世界的脉搏。尽管青年大学生了解世界并不深入，但他们生活在后喻文化时代，他们获取各种信息具有独特的条件。各种复杂的原因使他们在接受思想政治教育时存在一些认知上的差距和障碍，教育者要设法将高深的理论用通俗化、生动化的形式演化但又不失其高深的品格，在生动活泼、喜闻乐见的表现形式中内含着深刻性。

思想政治教育的目的是使受教育者发展智慧，具有反思自身存在、崇德向善与欣赏美的能力，意识到在历史进程中个人主观努力的作用，以及在适应社会的过程中，敢于否认存在，超越存在，突破客观局限、摆脱被动局面的能力。思政课教师必须对自己的职业有高度的热情、有崇高的境界。

三、探索教学方式方法改革的新模式，塑造学生健康的主体人格

为充分调动大学生学习思政课的积极性、主动性，激发他们的主体参与意识，发挥好高校思想政治教育主渠道的作用，思政课教师一定要掌握必要的教学艺术和教学方法。主体参与教学满足了学生自我表达和自我成长的愿望，学生在

[①] 李娟. 大学生获得感视域下高校思政课教学效果提升策略探微 [J]. 高教学刊, 2017 (24): 168 – 170.

自我表现中不知不觉成了参与者，为学生创设从不成熟走向成熟（心理、品质、人格）的机会与条件。学生的心灵感悟是在积极参与中激发的，学生的主体参与为他们的体认与感悟创造了契机。

为了增强学生的获得感，提升教学实效性，韶关学院一直坚持探索思想政治理论课教学内容和方法改革的新模式。通过各种渠道和环节调动学生的学习积极性，增强学生的主体参与意识，培养学生的主体能力，塑造学生的健全人格，树立正确的世界观、人生观和价值观。第一，拓展课程学习的资源和途径。教师通过开设个人教学博客以及积极吸收 MOOC、微课的合理元素等途径以拓展课程学习的资源和路径。第二，优化课堂教学模式，从以"教"为中心向以"学"为中心转变。采取多种主体性教学形式，如"学生主讲式""热点讨论式""分组辩论式""案例分析式""情景模拟式""角色体验式"等教学形式。第三，在理论研究的基础上进行教学实践改革。成立了一批服务于课程教学的自治学生社团，建立了校外博物馆、北伐纪念馆、市检察院反腐败教育基地等七个实践教学基地，开展校内外各类实践活动。将本土文化融入思想政治教育，不仅可以提高实践教学的实效性，而且可以丰富学生的课堂教育，实现教学模式的多元化，使思想政治教育充满生机和活力，切实提高思想政治课的针对性和实效性。开展思想政治理论课社会实践教学，可以让大学生了解国情、了解民情、了解社会、分析社会、发现自身的不足，从而更好地铭记党的革命优良传统和奋斗精神，正确认识党的路线、方针、政策，弘扬时代精神、社会主义核心价值观，坚信中国共产党领导，坚持走中国特色社会主义道路，坚定实现中华民族伟大复兴的共同理想和信念。

关于增强高校思想政治理论课实效性的几点思考

经济全球化、政治多极化、社会信息化必将导致全球文化的冲突与融合。各种文化和信息的交流与传播，使高校思想政治理论课教学经历着前所未有的变化和考验：在国际层面意识形态领域的斗争中，以及在国内层面全面建设社会主义现代化强国的实践中，都要求思想政治理论课在思想上、政治上引领大学生的未来发展，把马克思主义理论教育和人才培养结合起来，通过科学的理论武装来促进大学生的全面发展和健康成长。在实际教学过程中，我们要积极应对面临的挑战，提高教学的针对性、实效性和吸引力、感染力，以新世纪德育主导思想作为课程教学的价值取向，不断探索思想政治理论课教学改革，促进课程的可持续发展。

一、 联系现代教育发展形势，凸现课程教学的价值取向

1. 落实高校德育课程教育的个性化，实现课程教学理念与现代教育发展趋势的和谐

21世纪教育发展的主要趋势表现为：一是教育民主化；二是教育信息化；三是教育的可持续发展；四是教育个性化。个性化教育是一种以培养人的完美个性为根本目的，充分尊重学生的个性差异，发挥学生的主动性和创造性的教育，其基本特征是民主性、和谐性和创造性。[①] 知识经济和信息时代要求高校将培养学生发现新知的敏锐思维和独到的创新能力作为工作重点之一，这也正是以往高校德育所忽略的。所以，高校德育必须紧跟时代的步伐，与时俱进、

---

① 高翠欣. 试析高校德育课程教育的个性化 [J]. 学校党建与思想教育, 2006 (11): 39–40.

转变观念，注重将提高学生综合素质与个性化教育相结合。学生之间的个性差别是必然的，个体和个体之间没有绝对相同的，这是教育个性化的生物学依据，也是德育教师必须遵循的学生身心发展规律之一。马克思把人的个性发展作为人的全面发展的重要内容，他把人分为"有个性的个人"和"偶然的个人"①，认为"有个性的个人"是与社会关系、交往条件相适应，对社会关系有自主性的个人；而"偶然的个人"则是与社会关系、交往条件不相适应，对社会关系没有自主性，处于被奴役地位的个人。高校德育教师在教学中，应该尊重学生个性思维能力，尊重学生自由意志，把学生看作是独立思考和行动的主体，帮助学生发现自身的优势，将其个性潜能发掘出来，从而使每个个体都能得到最充分和最全面的发展。

2. 树立科学发展与和谐发展的思想观念，促进大学生全面和谐发展

教育应当促进每个人的全面发展，即身心、智力、审美意识、个人责任感、精神价值等方面的发展。德育坚持全面发展，就是按照人的本质，"以一种全面的方式，也就是说，作为一个完整的人，占有自己全面的本质"②。坚持协调发展，是指人在发展过程中与所处环境的和谐，要教育学生与社会协调发展，促进学生社会化；要促进学生与自然协调发展，注意环境与生态保护，培养生态文明；要引导学生自身协调发展，做到身与心、德与智、知识与能力、理论与实践等各个方面的平衡发展。坚持可持续发展，是指眼前发展与长远发展的结合，不断促进学生实现自身超越的发展状态。③

构建和谐社会，首先是要培养和谐的人。对高校而言，确立促进大学生全面发展、个人才能多样化的德育目标，为构建和谐社会培养和谐大学生具有重要的意义。在高校所有的课程教育中，马克思主义思想政治理论课程教育是直接针对人的教育。马克思主义思想政治理论课程在帮助人的世界观、人生观和价值观的形成和发展方面，最突出地体现在对人的四个方面的全面提升上：一是将经验感性状态的盲目自发的人提升为理性品行状态的清醒自觉的人；二是将致力于追求物欲功利的人提升为注重追求精神伦理的人；三是将人格依赖性的人提升为具有人格独立性、自主自由性的人；四是将在人格和素质方面具有片面性的人提升为

① 周世兴. 论马克思的"有个性的个人"［J］. 教学与研究，2007（12）：28-34.
② 吴向东. 论马克思人的全面发展理论［J］. 马克思主义研究，2005（1）：29-37.
③ 郑永廷，江传月，等. 主导德育论——大学生思想政治教育一元主导与多样发展研究［M］. 北京：人民出版社，2008：57.

全面发展的人。①

3. 以社会主义核心价值体系作为课程教学的价值主导，引领社会道德风尚

建设社会主义核心价值体系，其基本内容包括马克思主义指导思想、中国特色社会主义共同理想、以爱国主义为核心的民族精神和以改革创新为核心的时代精神、社会主义荣辱观。而且，这四个方面内容是相互联系、相互贯通的，是党的指导思想、社会主义理想信念、中华文化的优秀传统以及社会主义精神文明的要求的有机整合，最大限度地体现了社会的多元诉求。我国社会主义改革和发展进入了关键时期，经济体制深刻变革、社会结构深刻变动、利益格局深刻调整、生活方式深刻变化，这一切既给人们的价值观念和思想活动带来了巨大的活力，也带来了空前的冲击，尤其是对当前大学生的影响更大。当前大学生思想不断解放，传统道德体系逐渐瓦解，价值观念日趋多元。在多元思想的交融碰撞中，迫切需要整合多元价值取向，形成科学的核心理念，为大学生指引正确的方向。社会主义核心价值体系是社会主义先进文化的灵魂，它体现了人类文明发展和社会进步要求，在社会生活中具有重要的行为规范作用。② 高等学校作为人才培养的摇篮，担负着创造文化，引领社会道德风尚，推动社会文明进步，引导人们树立社会主义主流价值取向的重任。以社会主义核心价值体系作为高校德育课程教学的价值主导，能够更深层次地影响青年学生的思想意识与行为方式，从而造就社会主义事业的合格建设者和可靠接班人。

二、 实现教材体系向教学体系的科学转化，满足教学主体的求知需求

教材，指用于教学的、为实现教学目的的、由各种载体所表现的材料，如文字的、影像的、实物的、多媒体的等。教材体系指某一门或某一类课程的各种类型和形式的教材系统，它是某一门或某一类课程的教学目的和标准的载体系统，如核心教材（可称教科书）、教学指导书、教学参考书、学习参考书、教学案例分析等。教学，指以课程和教材内容、教学手段等为中介的师生主体双方的教与学的共同活动，是实现课程标准的基本途径。教学体系指由教学主

---

① 方世南．高校马克思主义思想政治理论课程改革创新研究［M］．北京：人民出版社，2007：110.
② 吴倬．关于社会主义核心价值观问题的理论思考［J］．教学与研究，2008（6）：92－96.

体（主要指教师和教学组织）设计的使各种教学要素朝向实现教学目标的合理组合，它是统一运作的有机系统。① 思想政治理论课新教材给教师留下了比较充分的空间。教材虽为一课之本，但只是教学内容的浓缩和教学思想的主要体现者。以教材为依据，绝不是以教材为教条，而应在教学实践中把教材中的基本观点和提供的基本素材创造性地转化为课堂教学内容，从根本上解决从教材体系到教学体系的转化问题。探索专题式教学是选择、拓展教学内容和建构教学体系的有效措施之一。教育者必须树立资源意识，在教学过程中结合改革开放和全面建设小康社会的现实不断获取新的德育内容，不断开发、创造、利用新的德育内容。在教学过程中，教师要善于抓住现实社会生活中学生经常遇到的、普遍关心的和感到困惑的热点、难点问题，运用科学的理论对其进行深入透彻的分析，揭示问题存在的原因及实质。丰富教学内容既要把握其知识性、重视内容的系统性，又要把握其思想性，寓思想性于知识性之中，使学生在掌握理论知识的基础上坚持正确的学习方向，真正激发学生学习思想政治理论课程的积极性。②

　　当前大学生的求知需求总体呈现出多样性和务实性，主要表现为知识需求更加实用、成功需求更加强烈。在教学过程中，要充分发挥教师的主导作用，找准理论学习活动与大学生成长进步的结合点，把我们要说的同大学生想听的结合起来，把逻辑的力量同情感的力量结合起来，使教与学在和谐的气氛中进行。首先，大学生思想政治教育内容应该体现时代性。在思想政治理论课课堂教学中，向大学生传授马克思主义的科学理论知识，并结合新的实际对马克思主义作出富有新意的阐明，用新的实践经验丰富马克思主义的理论内容，赋予马克思主义以新的时代感，让青年学生从现实生活和发展的角度去把握马克思主义的基本观点和方法，从而更清楚地认识国家发展的大局，更准确地把握世界发展的总趋势。其次，思想政治理论课课堂教学内容要体现大学生职业发展的要求。大学生对自己的专业发展、职业定位存在很多困惑，他们急需对社会职业发展的认识。为此，思想政治理论课课堂教学要关注大学生今后的职业发展，指导他们树立科学的人才观念和就业观念，提高他们的就业竞争能力。最后，思想政治理论课课堂教学内容要能为大学生认识各种新事物、新知识提供科学指导。在当今全球化背

---

① 陈秉公．试论思想政治理论课教材体系向教学体系转化的规律性［J］．思想理论教育导刊，2008（9）：42－47．

② 骆郁廷．高校思想政治理论课程论［M］．武汉：武汉大学出版社，2006：127．

景下，教师可通过对具有中国特色的高校思想政治理论课内容与世界各国的德育内容的比较分析，拓宽大学生的国家意识和全球视野，让大学生学会用辩证唯物主义的观点看问题，以提高他们认识新事物和新知识的能力，从而满足他们的求知需求。

三、 改进教学方式方法， 加强实践教学环节， 实现课程教学与人才战略的和谐

今天的青年学生在日常生活中其价值追求是多元的，这些多元的价值追求与我国主流意识形态所倡导的信仰和价值观之间可能存在着一定的冲突，通过传统灌输式的课堂教学去改变这些情感、信仰和价值观是有较大难度的。教学可以以这些冲突为纽带，寻找使学生在政治、思想、道德以及各方面修养上走向成熟的突破口，并通过适当的方法来教育引导。这对于增强思想政治理论课教学的时效性与实效性将起到非常重要的推动作用。

为提高授课质量，思想政治理论课教师要多用疏导的方法、参与的方法、讨论的方法开展教育活动，选用研讨式、相互质疑式、辩论会等多种鼓励学生积极参与的教学方式方法，坚决改进和摒弃以往教学中的"填鸭式""一言堂""照本宣科"等各种压抑学生积极性的教学方式方法。要大量融入具有生活气息的教学典型案例，通过学习理论来分析案例，运用案例来掌握理论。要尽可能增加大学生在思想政治理论课教学过程中的体验机会，让大学生带着问题和思考到教学中来，师生共同探讨和研究教学热点、难点问题，通过分析研讨，使学生体会理论本身的魅力。

对德育课程进行改革，使课程植根于社会生活和实践的沃土，要求学校德育应以培养学生的自律意识和能力为主，使学校德育由传统的他律模式转化为自律模式。① 大学生热切希望深入社会生活，了解社会发展趋势，我们应顺应学生的成长特点，为学生提供更多的实践机会，让学生自己到社会生活中寻找思想问题的答案，提高学生对理论的理解和运用的能力，如指导学生通过实地调查、问卷调查、网络调查等，完成调研报告的撰写工作；指导学生结合对经典著作和文献资料的阅读、研究、讨论，进行实际调研，完成研究报告、学术论文的撰写工

---

① 李玉堂，王莎. 高校增强德育实效性的课程改革与实施方略［J］. 当代教育论坛，2007（14）：73 - 74.

作；指导学生通过参与志愿服务、公益活动、科技文化活动等，完成调研报告的撰写工作。① 实践出真知。思想政治教育的实用性与优越性是不能仅仅通过课本上的知识与课堂上的教学来深入贯彻的。只有使学生深入社会，深入实践，才能培养学生观察问题、发现问题，并根据实际情况和主体要求解决实际问题的能力，培养学生把理论与实践相结合进行创新的能力，从而为经济社会的不断发展造就大量具有创造活力的人。

---

① 杜惠平，魏钢，曾维伦，代金平．高校思想政治理论课实践教学新模式［J］．中国德育，2007（3）：48－50.

走出课堂教学的话语困境

——关于高校思想政治理论课育人实效性的思考

在《现代汉语词典》中，话语指"言语；说的话"①。从语言学的角度，有语言学家（如：Leechetc. 1982）认为，话语（discourse）指书面语言和口头语言。② 话语既表示一种行为过程，也表示行为的结果。思想政治教育是一门应用话语体现理论说服力的学问，具有使用语言进行交往，运用话语说事达到教育目的、提升效果的特性。高校思想政治理论课教学是大学生思想政治教育的重要组成部分，更是对大学生进行系统马克思主义理论教育的主渠道和主阵地，它关系到为谁培养人和培养什么样的人的问题。高校思想政治理论课教师在课堂上运用马克思主义的立场、观点、方法分析社会政治、经济、道德、法律、文化等现象和问题，在对学生进行思想政治理论教育的过程中，其话语的说事能力和水平直接决定了思想政治理论课教学的实效性。本文将尝试以高校思想政治理论课课堂教学中司空见惯的话语现象作为切入点，审视师生之间的话语现状，揭示教师和学生在课堂教学中的各自存在状态和生活方式，探讨当前高校思想政治理论课课堂教学中存在的实际问题，以期在"05方案"新课程体系下建构真实的课堂，提高课堂教学的效率与质量，帮助大学生明确正确的政治方向，树立科学的世界观、人生观和价值观，形成良好的思想政治素质，从而提高思想政治理论课育人的实效性。

一、 话语与思想政治理论课课堂教学话语界说

话语是"人们在特定的历史条件与社会环境下，决定自己该说什么，怎么说

---

① 现代汉语词典［M］．北京：商务印书馆，1996：547.
② 黄国文．语篇分析概要［M］．长沙：湖南教育出版社，1992：3.

193

的潜在制约机制"，它是社会生活和交往的重要决定因素。话语都指向一定的言说对象，它主要包括具体的人和物，以及抽象的观念性存在。言说过程实质是言说主体对具体的人和物，以及抽象的观念性存在，进行描述、解释，并赋予意义的过程。课堂教学话语系统的构成要素主要包括：课堂教学言说主体、课堂教学言说对象、课堂教学言说主体描述、解释课堂教学言说对象所使用的语言，以及生成的关于课堂教学言说对象的意义。[①] 话语权是一个人说话的权利，它体现的是作为一个独立的社会个体，在特定的社会背景中，自主地对现实生活，实践活动进行真实、具体的表白，理性或感性地反映自己的理念、思想、态度、价值的权利。[②] 也就是说，话语作为个体呈现自我的方式，在"谁说话（who）""怎样说话（how）"和"说什么话（what）"中表现出个体在具体场域中的地位、身份与资源。高校思想政治理论课教师作为社会生活中的一员，处于社会话语场中的特定位置。这个特定位置是由他的社会角色确定的。因此，思想政治理论课教师话语具有特定的话语结构。首先，作为知识的传递者，教师话语中应该包含对教材的诠释，这是教师职业的基本要求，这部分话语是代表社会发出的。其次，思想政治理论课教师话语中还应该包含作为社会个体的"我"的话语，反映了教师个体对课程的参与而不仅仅是执行课程，这部分话语是代表教师个体发出的。思想政治理论课课堂教学作为师生之间以话语交流为中介，以理解为指向的交往实践活动，必然少不了师生之间的言语对话。对话和独白是话语的两种基本形式，只有在对话交往中拥有自主言说的权力，主体间才能以话语真实地表达各自的思想感情，并相互交流、共同提高。

二、 高校思想政治理论课课堂教学中的话语困境

目前，在人们越来越感受到德育的重要性的同时，却发现部分青年学生正在逐渐丧失精神上的文化底蕴，越来越找不到自己的信仰基础。究其原因，与当前思想政治理论课教师教学话语的单向灌输和忽视学生的主体性有关。单一的说教灌输，使德育丧失了它的生活基础，变成了没有道德情感和道德意志的抽象的东西。课堂教学中由于忽视学生的能动性和创造性，学生会处于"失语"的状态中，他们不能表达自己的真情实感，不能与教师进行心灵的沟通和交流。高校思

---

① 李森. 论课堂教学话语系统及转换 [J]. 当代教育科学，2003（2）：6 - 7.
② 蒋茵. 遗忘与追寻：关于教师话语权问题 [J]. 当代教育科学，2003（14）：11 - 13.

想政治理论课教学内容不仅是党和国家的意识形态的体现，同时也是大学生成才的内在要求。大学生学习思想政治理论，特别是中国化的马克思主义的新成果，能更清楚地认识当前中国发展的大局，更准确地把握未来发展的大势，提高自己的政治素质、理论素质、思想水平和实际能力，从而为自己的成才奠定扎实的基础。教师要将马克思主义及马克思主义中国化理论，包括各种教育理论内化为大学生的理论信念和思想政治觉悟，化作指导他们人生和社会生活实践的精神力量，使思想政治理论课真正成为大学生感兴趣的课程，其中必然存在一个理论如何有效应用的重要环节。教学话语作为联系教材内容与授课对象（学生）的中介，只有借助一种恰当的话语范式才能实现理论的"文本"与"生活世界"根基的真正契合。从这种意义上说，教师话语的说事能力和水平直接决定了思想政治理论课育人的实效性。当前，在高校思想政治理论课课堂教学中，教师话语体现的观点较为陈旧、内容体系不够鲜活、理论与现实生活实际脱节，缺乏说服力和感染力。思想政治理论课对教师而言，因缺乏理论的说服力而逐渐丧失对理论的自信和教学的激情；对学生而言，因教材内容的理论抽象和教学语言的理论灌输而逐渐失去其学习的主动性和积极性，更谈不上创造性学习了。笔者认为，造成这一症结的主要原因在于，传统的思想政治理论课教学过程中存在"文本"式话语范式的弊端。所谓"文本"式话语范式，核心就是从定义到定义、从理论到理论；教学方法偏重单一文本理论灌输的"一言堂"，教学信息单向传递而非双向交流；教学内容则是就文本解释文本，就理论讲理论，课堂教学变成了纯粹的文本理论和实际现象简单罗列的"原理＋实例"的模式，甚至变成了"故事会"。① 具体表现如下：

（一）话语的形式：教师话语霸权的隐现

在后现代哲学视域中，语言和权力之间有着密切的联系。当代社会学家布迪厄（P. Bourdieu）认为，语言就是"温和的暴力"（the gentle violence）。在布迪厄看来，语言关系总是符号权力的关系，通过这种关系，言语者及其各自所属的各种集团之间的力量关系以一种变相的方式表现出来。在《关于语言的话语》中，后现代哲学家福柯（M. Foucault）指出："在任何社会里，话语一旦产生，立刻就受到若干程序的控制、筛选、组织和再分配。"他认为，话语中包含着权力，话语言说的实质就是权力的运作，即在特定的情境中形成一种控制性的关系

---

① 胡绪明. 论高校思想政治理论课话语范式的转换［J］. 黑龙江高教研究，2007（9）：153－155.

和行为。话语不仅仅是语言，一种话语就是一种调控权力之流的规则系统。① 教师话语霸权，就是指教师以其独特身份控制、支配话语，并将自己的思想、观点强加于学生的权力。教师课堂话语霸权主要有三种表现形式：一是教师对课堂话语的完全支配，课堂教学成了教师单独表演的天地，学生无权提出自己的见解和疑问；二是教师按照学生学习成绩的优劣分配其话语权利；三是学生课堂话语权利的假性赋予，教师在课堂上象征性地向学生发问，并引导学生按照教师预先的设计进行回答，对于学生的不完整、模糊或错误回答，教师往往持否定、排斥甚至批评的态度。笔者根据最近几次随机听取的高校思想政治理论课课堂教学实录，选取其中师生交流的话语进行分析，发现师生双方的言语交往呈现出单向化和单一化的特点，课堂教学话语几乎成为缺乏反馈和交流的教师独白演说。弗兰德斯将教师的课堂讲话分为"直接教学"（包括讲授、指导、批评或维护权威）与"间接教学"（包括接纳感受、表扬或鼓励、同意或运用学生的观点、提问）两大类。她通过观察研究发现，教师的课堂讲话大部分属于"直接教学"中的"讲授"，而在属于"间接教学"的教师讲话中，最多的则是"提问"。② 有效提问是一项很难的、非常重要的专业技能，非专家教师由于缺乏各种交流和激励的技巧，通常不能自如地提问。他们倾向于很少与学生互动交流，不能用学生的视角观察世界而富有想象力地认同学生，因而课堂潜伏着严重的话语霸权。师生的话语是丰富多彩的，教师要追求的不仅是一种对话交流的方式，更重要的是这种平等、和谐的氛围。这种氛围能够让学生的个性得到张扬，能够形成师生互动的学习环境，能够使我们的课堂走向精彩。

（二）话语的内容：教师个人话语权的虚无

教师的话语实际上是由诠释性话语和个体性话语共同组成的。个体性话语是教师作为社会个体根据个人对现实生活和社会实践的认识和领悟渗透到课程中去，教师话语与专家话语同时成为课程话语中不可或缺的内容。迪尔凯姆认为，话语本身有一种定位优势，在过分强大的、异己的社会面前，人的主体性就被消解了。个人话语权依附于制度性权力，其个人话语则被权势话语所掩盖。在传统思想政治理论课课堂中，教师作为主体进入课堂教学的话语场中，特定的话语情境（教育机构）、特定的话语内容（教科书）、特定的话语方式（教育方法），都

---

① 艾莉森·利·布朗. 福柯［M］. 聂保平，译. 北京：中华书局，2002.
② 吴康宁. 教育社会学［M］. 北京：人民教育出版社，1998：349－350.

严格规定了教师的话语范围。但如果不能把自己对社会的看法、观点、价值观等内化到教学中，而仅仅充当社会意识与学生之间的桥梁和媒介的角色，教师也就丧失了作为一个主体展示个体精神的话语权，从而使得教育的理性话语游离于学生所在的真实的社会生活之外。德国著名哲学家胡塞尔说："通过一种高于生活的素朴性反思，正确地向着生活的素朴性回归，是唯一可能的一条克服那种处于传统的客观哲学的所谓'科学的特性之中的哲学的素朴性道路'。"在一定意义上，他深刻地指出了课堂教学话语的生活性还原的价值。以课程教材编制者为课堂教学言说主体、文本形式的课堂教学话语系统的基本特征，是理论化、抽象性和简约性。教师以课程教材编制者为课堂教学言说主体的课堂教学话语系统的生活性还原，是学生内化课堂教学言说对象的过程。在课堂教学实践过程中，如果思想政治理论课教师并没有将社会意识、观念、价值观等内化为自己知识结构的一部分，将自己内化了的知识与学生的生活实际结合起来，以便于用自己的话语来表述抽象的知识，那么教师作为桥梁和中介的作用仅仅体现在将知识完整地、原始地呈现给学生，而不是通过自己的思想将自己的个性化话语作为学生学习和感悟的工具。①

三、 走出思想政治理论课课堂教学的话语困境

加强高校思想政治理论课的改革，已经被中央提到实施"马克思主义理论研究和建设工程"的高度，而且中宣部、教育部适时地出台并实施了"05方案"。《中共中央、国务院关于进一步加强和改进大学生思想政治教育的意见》要求，思想政治理论课教师要"充分发挥学生学习的主体作用，激发学生学习的积极性和主动性。教学方式和方法要努力贴近学生实际，符合教育教学规律和学生学习特点，提倡启发式、参与式、研究式教学。要研究分析社会热点。要多用通俗易懂的语言、生动鲜活的事例、新颖活泼的形式，活跃教学气氛，启发学生思考，增强教学效果"。

有学者研究认为：纵观"05方案"整个体系，新课程教材话语体系的特点体现为三个结合：即马克思主义的基本理论与党的创新理论相结合、马克思主义的基本理论与高校思想政治理论课的思想政治教育功能相结合、马克思主义的基本理论与大学生关心的实际问题相结合。任何一种理论一旦作为理论本

---

① 丛海燕. 论教师话语的失却与重建［J］. 当代教育论坛, 2006（2）: 99－101.

身，只能是对"生活世界"之丰富性的某种抽象，只能是以纯"文本"形式而存在。教学话语作为联系教材内容与授课对象（学生）的中介，只有借助一种恰当的话语范式的中介才能实现理论的"文本"与其"生活世界"根基的真正契合。如何走出思想政治理论课教学的话语困境，有效发挥课堂教学作为高校思想政治教育主渠道的作用，笔者认为，实现课堂教学话语范式的转换是非常必要的。

（一）加强教学对话

思想政治理论课具有强烈的意识形态性，是集中体现主流意识形态的课程，体现了社会主义大学的本质特征。因此，思想政治理论课的开设和课程内容带有某种强制性。同时，由于思想政治理论课教学不同于一般自然科学甚至哲学社会科学，具有鲜明的实践性，需要内省、内化而实现教育目标。这就决定了在教学中教师不可能采取外压的方式，单向地讲授灌输，而只能是平等、真诚地与学生对话。人是思想的动物，更是语言的动物。教师不能在实践中不合理地以自我权威为中心，要努力改变"一言堂、独角戏"的课堂教学局面；同时也要摒除固定地以小部分人为中心进行言语交往，增强教师与学生、学生与学生等各个参与主体之间的交往对话，建立起民主、平等、对话与交流的话语秩序。这种发生在教学过程和教学情境中的对话，是指师生围绕共同关心的话题各自以自己的视角和经验，用自己独特的表述方式，通过心灵的沟通、思想的碰撞、意见的变换，实现知识的共有与个性的全面发展。

（二）激活主体意识

言语作为教育交往的文化性客体中介，从属于外部组织与内部组织。从前者来讲，要注意控制教育规模，同时教学活动的方式、组织形式、教室内的空间布局要多样化、弹性化，从而加强师与生、生与生之间的直接言语交往。要真正实现教师在课程中的话语权，就要使教师的主体意识充分觉醒。

1. 教师要明确自己的主体性，努力建立主体间的对话关系

只有当教师意识到自己是一个主体性的人的时候，他的自我意识才能觉醒，才能主动去获取信息、积极探求新的知识，才能意识到要维护自身的话语权利。教师正确地认识到自己的话语权利之后，才能从权势话语的遮蔽之下走出来，建立一种真正意义上的平等、民主和独立的主体间的对话关系。教师应该能够容忍不同的观点和不同的声音，真正实现在师生思想的碰撞中构建、生成知识，而不

是用自己的权威将知识灌输给学生。

2. 教师要有将知识内化和活化的能力

强调教师的话语权，并不意味着教师可以在课堂上海阔天空、无拘无束地讲话，而是要求教师的个人话语不仅是要把教育内容呈现给学生，更要求教师把自己对社会意识形态的理解、对价值观的理解、对崇高理想和信仰的理解，以及对自己专业的反思批判与更新融合建构成自己的话语体系。同时教师要对知识进行再开发和再创造，从而内化到自己的价值体系中去，以使得教师的话语彰显教师个人的精神和活力。联合国教科文组织在《学会生存》中指出："教师的职责现在已经越来越少地传递知识，而越来越多地激励思考，除了他的正式职能以外，他将越来越成为一位顾问，一位交换意见的参加者，一位帮助发现矛盾论点而不是拿现成真理的人。"在新的课程观下，知识的传递已经不是教育教学的最终目的，人的培养则成为教育应该达成的终极目标。在课堂教学过程中，教师除了有阐释课程的话语之外，还应该展现有个性的话语，要将自己的人格魅力、渊博的知识与所教的课程联系起来，不仅要清晰地传达课程中要求的知识，而且要善于引导学生将知识内化到自己的知识结构中；不仅要将静态的知识传授给学生，还要使学生的人格受到熏陶、精神得到陶冶；不仅要将知识传授给学生，而且要提高学生人文素养和道德修养。这就要求思想政治理论课教师努力在教学中提高自己的反思批判能力，充实自己的个人话语，提升个人话语的意义内涵。高校思想政治理论课教师在课堂教学中要富有成效地运用自己的个体性话语，就应积极更新观念、博览群书、勤于思考，自觉地提高自己的精神境界，增强自己的人文素养和道德修养，形成有个体特色的话语结构。

（三）回归生活世界

大连舰艇学院方永刚教授生前在认真学习、大量研究的基础上，积极宣传党的创新理论，发展党的创新理论，取得了众人瞩目的良好效应，充分展现了其文本话语和话语说事水平。方永刚精神同时也启示我们：思想政治理论课完全可以走出"说教""灌输"无为论的封闭循环，走向开放，融入大众化的社会生活，提高时效性，增强针对性，实现创造性。只有在生活世界的言语交往中才能真正达到言语内涵的丰富，课堂教学言语的运用也必须指向人生的意义，把人当作言语主体，在言语交往中体悟人生意义，进而把握自我、超越自我、完善自我。① 为此，广大思想政治理论课教师要进行思维方法和话语方式的转换，以高校思想政治理论课程内容体系为支撑和依据，本着"学术问题通俗化、严肃话题（政治话题）生活化、复杂问题简明化、马克思主义中国化"的基本原则，大胆地借鉴和使用一些符合马克思主义中国化和时代精神的社会畅行的精选话语，包括从互联网上精选的言论以及经遴选的大量的题材和教育素材，通过归纳提炼和抽象形成理性化、通俗化、生活化的思想政治教育新话语，应用于课堂教学过程中，从而将学术性话语体系向生活性、形象性的课堂教学话语系统还原②，使青年大学生能通过课堂获得更多对生活的真正感悟。同时，要有效地发挥课堂教学作为思想政治教育主渠道的作用，引导学生主动去探索生活中的真、善、美。

---

① 姚本先，刘世清.教育交往中的言语困境探讨［J］.课程·教材·教法，2004（2）.
② 林宁，李宪伦.思想政治教育话语学构想与探析［J］.学校党建与思想教育（高教版），2007（8）：43－45.

研讨式教学提升高校思政教育实效性的研究

——以"中国近现代史纲要"课为例

一、 "纲要"课与大学生思想政治素质教育

"中国近现代史纲要"（简称"纲要"）是高校思想政治理论课程体系中的一门必修课，它要求学生在正确了解国史、国情的前提下，确立并增强对中国共产党，对马克思主义和对社会主义的信念，把自己锻造成具有坚定的马克思主义信仰的中国特色社会主义事业的建设者和接班人，达到思想政治教育的目的。邓小平同志说过："要懂得些中国历史，这是中国发展的一个精神动力。"① 以中国近现代史作为思想政治教育内容，其目的是通过历史教育，使广大青年了解近现代中国社会发展和革命发展的历史进程和内在规律，树立正确的历史观，坚持正确的政治方向等。高校思想政治理论课的任务是通过建构大学生的政治理论知识，为其确立正确的世界观、人生观、价值观奠定坚实的基础。"纲要"课就是通过大学生对中国近现代以来革命、建设和发展道路的认识，一方面掌握该课程的知识体系，另一方面不断促进大学生的思想、情感、意志、价值观的正向发展，即提高大学生的思想政治素质。思想政治素质有着深刻、丰富的内涵，主要包括政治素质、思想素质、道德素质、法律素质、心理素质和创新精神。思想政治素质教育是一种主体性教育，其实质是一种培养人的主体意识、主体地位、主体能力的教育。它既重视知识的传授，也重视能力的培养，更重视价值观的培育。价值观是人的思想政治素质的核心，虽然在实践的层面上，"知识"的传授和学习具有基础性和前提性，但是"价值观"却能为人们提供行动的方向和动力。中国

---

① 邓小平文选：第3卷［M］．北京：人民出版社，1993：358.

特色社会主义核心价值观的确立是大学生思想政治素质教育目的根本所在。[①]
"纲要"课程的开设对于全面提高大学生的思想政治素质具有重要价值，在培养
大学生的爱国主义精神，增强大学生的社会责任感和历史使命感，提高大学生的
道德品质等方面有非常重要的意义和作用。[②]

二、 研讨式教学在思想政治素质教育中的运用

研讨式教学是根本不同于注入式讲授的一种新的教学模式。它注重发挥学生
的主体精神，突出学生的主体地位，通过教师的引导促使学生主动学习、分析和
讨论，进行知识的建构。具体来说，研讨式教学是将问题研究与讨论贯穿于课程
始终，在学习过程中创设一种有助于探索研究的开放情境和途径，激发学生学习
兴趣，按照"指导选题—独立探索—小组交流—大班讲评—总结提高"等五步
骤，让学生在自我学习中实现自我教育、自我提高，培养思考问题和解决问题的
能力。笔者在"纲要"课教学中实行研讨式教学改革，有效地调动了学生参与
课堂活动的兴趣，通过对大学生进行全面的培养和陶冶，增强了思想政治素质教
育的实效性。

（一） 充分发挥学生主体性，创新自我教育机制

现代教育理论认为，在教育活动中应尊重学习者的主体地位，发挥学习者的
主体作用，充分调动其主体性、积极性和创造性。"纲要"课作为高校必修思想
政治理论课之一，担负着德育教育的重要作用，但由于受到传统观念和教学模式
的影响，课堂"抬头率"不高，主体性缺乏，教学的主渠道作用难以发挥。研
讨式教学主张改变"填鸭式"的传统教学模式，使教师与学生处于一个平等对
话的语境中，以提高学生的综合素质为基本出发点和主要归宿。在"纲要"课
教学中，教师可以针对影响中国"数千年之未有之变局"中的一些重大历史事
件及历史人物提出质疑和新鲜观点，激发学生学习兴趣，让学生在鲜活有趣的视
觉主题下获得自觉的思考空间，从而积极参与、主动探究。在此过程中，培养学
生多方面的能力，即自学能力、思维能力、写作能力、口头表达能力、教学能
力、研究与创新能力，同时满足其强烈的求知欲和高涨的学习热情。因此，在
"纲要"教学中，教师要较好地掌握实行研讨式教学的方法及其宗旨，以尊重学

---

① 邓小平文选：第 3 卷 [M]．北京：人民出版社，1993：358.
② 严考亮．高校《中国近现代史纲要》课程的德育地位与价值探析 [J]．教育探索，2007（7）：105.

生的个性和创造性为前提，引导学生进行相关的资料收集、归纳演绎等实践活动，使学生真正"学会学习""学会研究""学会创造"，不断提高运用科学的历史观和方法论分析和评价历史问题、辨别历史是非和社会发展方向的能力，提高综合素质。

（二）引导学生对重要历史问题或观点进行研究探索，帮助青年学生正确认识现实

研讨式教学主张将研究式与讨论式相结合。通过这一模式的实施，教师将教学目标与学生的身心特点和实际要求结合起来，与学生进行信息交流碰撞，强化学生的主动性、参与性与创新性，让学生自觉自愿参与中国近现代历史进程中一些历史事件和历史人物的研究探索。古人说："灭人之国，必先去其史。"反过来，"卫国"就要"护史"。从这个意义上讲，中国近现代史的教学具有"护国"功能，能够为建设中国特色社会主义提供精神动力和智力支持。历史是认识现实的基础和前提，只有正确地认识历史才能更好地理解现实。通过讲授中国近现代史纲要，就是要让学生找出贯穿其间的历史线索，从而达到理解的可能。如：反侵略战争的失败原因及教训，资产阶级共和方案为什么在中国行不通，为什么在近代中国有马克思主义的传播、有中国共产党的诞生、有社会主义新中国的建立？这些问题在研讨式教学实践中都引起了学生情感共鸣。在对这些历史问题或观点进行质疑和思考的过程中，学生不再感觉思想政治理论课就是"服从"的过程，在生动了解国情、国史的同时，更深刻地领会近代中国人民的这部屈辱史与奋斗史。学生在参与问题研讨过程中，用今天的思想去理解昨天的事情，结合今天的中国现实，学会用历史的眼光看待社会现实问题，从而认同今天政治存在的合理性，增强民族自尊心、自信心和自豪感，培养民族责任感和民族忧患意识，树立正确的世界观、人生观和价值观，从而较好地实现这门课程思想政治素质教育的目的与功能。①

（三）通过有针对性的观点交锋加强教学交流，帮助学生形成正确的历史观及对一般事物的正确看法

学理上对近代中国历史脉络、历史走向进行分析，使学生理解近代中国的主

---

① 戴立文.认清历史使命，培育民族精神——基于《中国近现代史纲要》课的现实思考［J］.皖西学院学报，2007（3）：125.

203

题为什么是民族独立、人民解放、国家富强；理解为什么在应对此"三千年之未有之变局"的过程中，各种势力此消彼长，而马克思主义及其武装的中国共产党能崛起壮大，社会主义为什么会得到中国人民的接纳与拥护，从而走上社会主义道路。通过开展研讨式教学，学生有了表达自我认识和思想的机会，教师可以通过学生的表达了解学生在理想信念、人生观、历史观诸方面的真实想法和状况，以及他们对国史、国情的认知和态度。唯物史观的养成必须通过对具体历史问题的学习和探究来训练。教师应该充分利用中国近现代史中丰富的材料与事实正确地阐释马克思主义的唯物史观，激发学生的爱国热情，树立民族自豪感，抵御各种不良文化和意识形态带来的冲击。比如，有的学生对殖民主义给中国人民带来的灾难存在错误的认识，还有的学生受"告别革命论"观点的影响，对中国革命的历史必然性有所怀疑。这时就需要教师在研讨式教学过程中，通过引入大量的史实并从理论上做出深入的辩证分析，帮助学生澄清模糊认识，批驳错误观点。当前和平与发展是世界主题，但意识形态的斗争却愈演愈烈。西方国家对我国的西化、分化图谋从未停止，各种反动势力利用先进的技术手段对我国进行思想渗透和信仰的攻击时刻没有松懈，这就要求高校思想政治理论课充分发挥主渠道的作用，在培养大学生的思想政治素质上只能加强不能放松，要将培养坚定走中国特色社会主义道路的接班人作为长期的战略性任务。要注重学以致用，教育引导大学生用马克思主义的方法论认识世界、改造世界，学会辨别意识形态领域的错误观点，端正政治方向。作为思想政治理论课教师，必须要有一定的政治敏锐性，在原则问题上决不能退缩与忍让，要及时有针对性地对学生进行教育引导，帮助学生在国际国内复杂形势下，分清大是大非，自觉抵制和反对各种错误思想的影响。

融入地方特色文化资源
提升思想政治课实践育人的有效性

　　习近平总书记在全国教育大会上的重要讲话思想深邃、内涵丰富，其中强调指出，教育必须把培养社会主义建设者和接班人作为根本任务，坚持立德树人，在增强学生综合素质上下功夫，教育引导学生培养综合能力，培养创新思维。[①] 这是习近平新时代中国特色社会主义思想在教育领域的集中体现，为新时代教育事业的发展指明了方向，也深化了人们对教育改革发展的规律性认识。中宣部、教育部印发的《普通高校思想政治理论课建设体系创新计划》指出，高校思想政治理论课课程改革要"以推动综合改革创新为动力，逐步构建重点突出、载体丰富、协同创新的思想政治理论课建设体系"[②]。实践教学作为课堂教学的延伸拓展，是加强高校思想政治理论课理论教学以及实现高校实践育人目标的重要手段，是培养学生创新意识和实践能力、实现素质教育的重要方法，也是增强新时代高校大学生综合素质的必由之路。

一、思想政治课实践教学对实现高校人才培养目标的价值意蕴

　　实践教学是指除理论讲授之外，所有与实践有关的教学方式。它不仅体现在强调学生主体性和参与性的课堂教学之中，而且体现在课堂外的实践活动和其他社会活动中。思想政治课校外实践教学的重点是帮助学生加深对教学重点和难点

---

　　① 习近平. 习近平在全国教育大会上发表重要讲话：坚持中国特色社会主义教育发展道路　培养德智体美劳全面发展的社会主义建设者和接班人［EB/OL］.（2018 - 09 - 11）. http：//edu. people. com. cn/n1/2018/0911/c1053 - 30286253. html.

　　② 中央宣传部. 教育部关于印发《普通高校思想政治理论课建设体系创新计划》的通知［EB/OL］.（2015 - 10 - 23）. http：//www. jyb. cn/info/jyzck/201508/t20150817_ 634058. html.

问题的理解与掌握，起到巩固课堂学习效果的作用。只有针对现实问题，立足中国特色社会主义伟大实践，拓展丰富的实践课程内容空间，整合实践课程资源，探索有针对性的实践育人形式，才能真正实现思想政治理论课实践教育的目标。马克思主义认为，实践是人改造客观世界的物质活动，具有物质性和现实性。实践是人所特有的对象性活动，将思想政治教育贯彻于大学生社会实践的全过程，提高了思想政治理论课的教学效果，解决了理论教学与客观实际相结合的问题。① 在丰富多彩的社会实践中，坚持理论与实践相结合的教育方针，充分彰显学生主体性，激发学生学习兴趣，培养学生的理论思维能力、创新意识和探索精神；同时引导大学生开阔自己的视野，努力提高明辨是非的能力，致力于求真求善，全面提高自身综合素质，展现出甘于奉献、勇于担当的良好精神风貌。思想政治课社会实践教学的开展，有利于引导大学生正确认识国情、体察民情，增强社会责任感，进而拥护党的路线、方针、政策，提升对中国特色社会主义道路的自信，增强对中国方略的认同；有利于当代大学生明确作为时代新人的责任和担当，促进他们从情感上认同信仰、从行动上践行社会主义核心价值观，成为中国特色社会主义事业的合格建设者和可靠接班人，从而实现高校人才培养目标。

二、 地方特色文化资源给高校思想政治课实践教学改革提供契机

韶关文化既保留了岭南文化的一般特征，又展现出了自己独特的文化结构和文化形态特征。它主要包含舜韶文化、南禅宗佛教文化、历史名人文化、瑶族文化、工矿文化、山区生态文化、红色文化等多种优秀的思想政治教育资源，其核心价值观是开放包容、和谐、善美等传统精神。用善美和谐传统加强乡情教育、生态文明教育、真善美的道德教育，既是韶关得天独厚的文化资源优势，也是时代赋予韶关每一个教育者的神圣使命。因此，梳理和整合韶关本土的历史文化，注重把善美和谐的地方文化精神引入课堂，将它贯穿到思想政治理论课教学中，教育大学生以真善美面对人生，培养爱国、爱乡、爱家的情怀，对于高校思想政治课实践教学改革和创新具有重要的现实意义。

地方特色文化资源的引进给思政课教学模式的创新提供了契机。在传统的高校思想政治课教学中，教师一般倾向于课堂理论教学，注重知识传授和价值观的

---

① 李木柳. 对高职思政课实践教学内涵及路径的探析［J］. 职教论坛，2012（23）：35 – 36.

引领，相对来说情感培养受到忽视。近年来，韶关学院结合自身实际，明确规定了思想政治理论课实践教学学时、学分和具体操作流程。同时，注重加强组织和管理，积极引导大学生走出校门，深入广大城乡社区和工矿企业，认真体验中国改革开放和现代化建设的生动实践和巨大成就。①学校推行的思想政治课实践教学模式，是通过社会实践、地方考察、社会调查和校园实践活动等方式直接带领学生去实地体验，而不再通过课堂教学来讲授有关教学内容。这种教育改革模式，既能提高思想政治课实践教学的实效性，又能拓展学生的课堂教育，实现教学模式的多样化，使思想政治课教学充满生机与活力。

（一）引入地方特色文化资源，拓宽学生的情感体验渠道

知识和价值观接受的过程必然涉及情感。融入地方文化资源，可以使思想政治理论课实践教学模式为学生获得情感体验进一步提供了现实路径。韶关古称韶州，相传舜帝南巡曾经过此地登韶石山而奏韶乐，隋代因州治北韶石山而改名为韶州。从"舜帝南巡奏韶乐"到以"韶"为州名，从韶音缥缈到韶文化的落地生根，以韶乐传说为源头的舜韶文化演化成为韶关历史文化的核心部分，千百年来一直浸润着韶关的城市性格，对韶关传统文化的形成以及现代精神文明建设产生了深远的影响，造就了韶关虞舜之帮、百善之地的"古虞名郡"名城形象。韶乐的和谐善美精神成为韶文化的精神内核，是不同于其他地域文化的重要地方特色。南禅宗佛教文化及其他宗教文化构成了韶文化精神层面的重要补充。粤北是中原文化和岭南文化之间的主要通道、海上丝绸之路的陆上重要节点，而慧能、张九龄、余靖等都是岭南人杰，影响广泛。在讲授"思想道德修养与法律基础"这门课程中"培育践行社会主义核心价值观"等有关内容时，教师可以从文化自信层面讲到我们为什么要坚定核心价值观自信。为传承和弘扬优秀的民族传统文化，让学生体验传统文化的魅力，提升学生的民族文化认同感，可以带领学生到韶关市非物质文化遗产遗址或有关历史文化遗址、博物馆参观并现场进行讲解。

（二）引入地方文化资源，为开展思想政治课实践教学提供鲜活的教材

学生亲临物质文化遗址场所，可以更好地感悟鲜活的实践教学素材。在近现

---

① 张昌林.高校思想政治理论课分类实践教程［M］.南昌：江西人民出版社，2016.

代历史的重要转折时期，以革命传统为基因的红色文化、以工矿精神为激励的韶关工矿文化，进一步塑造了韶关勇于担当、坚韧奋斗的精神气质，勾勒出韶文化的历史风骨和时代风貌。为充分发挥粤北红色革命文化资源优势，可以组织学生参观新丰革命烈士纪念碑、抗战时期粤北广东省委旧址、地处南雄的油山革命根据地和水口战役纪念公园，参观毛泽东、朱德、陈毅等人在韶关的革命活动旧址，参观孙中山以韶关为根据地二次誓师北伐之纪念场馆——北伐战争纪念馆，让学生到现场接受中国革命道德教育和爱国主义教育，帮助学生确立献身中华民族伟大复兴中国梦的坚定信念，激发实干精神，成为走在时代前列的奋进者、开拓者和奉献者。

（三）引入地方文化资源，为思想政治课实践教学的开展提供新的方法和路径

通过开展思想政治课实践教学，引导把学习书本知识与投身社会实践结合起来，培养学生独立思考和勇于创新的能力。为了引导学生运用思想政治课中所学理论和观点，教师可结合地方文化资源选择一些具有思想启迪和探究价值的课题，如"粤北绿色发展与韶关生态文明示范区建设""韶关乳源过山瑶文化的保护与传承发展""粤北地方历史文化与社会主义核心价值观的培育"等，指导学生结合社会实践撰写调研报告或小论文，挖掘地方文化资源的精神实质。要求学生通过阅读有关文献、听学术讲座、调查访谈、互联网搜索等多种方式搜集资料，对资料去粗取精、分析甄别，对数据进行分析处理，最后在小组成员充分探讨基础上，形成观点、撰写文章。这种学生亲身体验的实践教学方式，使思想政治教育的内容更丰满、形式更接地气，充满生机和活力。

三、加强制度建设，推进地方特色文化资源与思想政治课实践教学的融合

思想政治理论课教学应积极利用地方文化资源，加强体制机制建设，创建具有地方特色的实践教学模式，实现从形式、内容到方式方法的创新，提升高校思想政治课实践育人的有效性。

第一，要加强实践教学师资队伍建设。目前，高校思想政治课实践教学人员主要由高校思想政治课教师组成。必须更新思想观念，组织各文化资源管理部门专业人员参加思想政治课实践教学队伍，内外共同努力，发挥最大的教育协同

作用。

第二，应加快实践教学基地建设。目前，许多高校思想政治课实践教学没有固定的实践教学基地，或实践教学基地管理混乱。因此，有必要通过对当地文化资源的调查研究，与有关单位合作建立一些稳定的实践教学基地，形成长效育人的实践教学资源。

第三，要研究制定具体务实的实践教学规划。高校和特色文化资源方必须联合起来，遵循地方院校大学生的思想心理特点和思想政治课实践教学规律，共同研究制定详细的实践教学规划，使学生在实践中增长见识，提高学生分析社会现实问题的能力，不断增强获得感。

第四，要建立与完善实践教学考评机制及保障机制。地方高校应重视思想政治课实践教学的考核评价工作。只有通过科学合理的评价机制，教师和学生才能认真对待地方特色文化资源的各项实践教学活动。实践教学的考核与评价应着重考查是否有教师实践教学工作合格评价机制，是否有学生实践教学成果验收评价机制等，使考核评价机制标准化、规范化。思想政治理论课实践教学与地方文化资源融合的成功与否，还取决于思想政治课实践教学保障机制的建立与完善程度，包括组织保障、后勤保障、制度保障等。这就要求高校思想政治课实践教学单位与地方文化资源部门在整合联动中加强内在协调以及相关规章制度的制定和贯彻执行。

后　记

　　《价值引领　润心铸魂：新时代大学生思想政治教育实效性提升研究》一书，是我长期关注和从事大学生思想政治教育研究的成果结晶，对提升大学生思想政治教育实效性以及构建新时代高校思想政治教育话语体系是一种有益探索。

　　多年来，我致力于大学生思想政治教育研究、高校思想政治理论课改革创新及其实践。本书是我基于社会主义核心价值观的前瞻性和科学性，把社会主义核心价值观培育有机融入新时代大学生思想政治教育，凝练形成在高校思想政治教育与核心价值观研究方面的理论阐释和实践探索成果。全书主要由"高校思想政治教育理论与实践研究"（上篇）、"新时代大学生核心价值观培育探微"（中篇）、"高校思政课教育教学实效性提升探索"（下篇）三个部分构成。本书立足于新时代背景，坚持马克思主义的立场、观点、方法，从理论和实践层面多角度探讨如何强化大学生核心价值观引导、创新发展高校思想政治教育，进而真正提升大学生思想政治教育的实效性，实现育人过程的启智润心、培根铸魂。

　　作为该研究领域相对比较系统的初步探索，本书一定存在诸多不足，但如果能为全面深入开展新时代大学生思想政治教育实效性研究提供一定的借鉴，必将倍感欣慰。真诚地期待各位专家、学者和广大同仁不吝赐教。

　　本书的出版，得到韶关学院省级重点学科"教育学"冲补强项目经费的支持。在书稿撰写和出版的过程中，学校领导、同事和家人都给予了大力支持，暨南大学出版社黄斯编辑倾注了大量心血，在此一并致以诚挚的感谢！感谢长期以来关心支持我的各位师长、各位同仁！感谢一直支持我的学业、工作并作出了大量奉献的我的家人！

杨红英

2022 年 7 月 20 日